亨利·福特

福 特 自 传

不忘初心，进无止境

[美]亨利·福特◎著 陈永年◎译

華文出版社
SINO-CULTURE PRESS

图书在版编目（CIP）数据

福特自传 / (美) 亨利 · 福特著；陈永年译.
-- 北京：华文出版社，2017.9（2022.2重印）
ISBN 978-7-5075-4475-6
Ⅰ. ①福… Ⅱ. ①亨… ②陈… Ⅲ. ①福特（Ford，Henry 1863-1947）—自传 Ⅳ. ①K837.125.38

中国版本图书馆CIP数据核字（2017）第192560号

福特自传

著　　者：（美）亨利 · 福特
译　　者：陈永年
出版策划：李金水　蔡荣建
责任编辑：胡慧华
出版发行：华文出版社
社　　址：北京市西城区广外大街305号8区2号楼
邮政编码：100055
网　　址：http://www.hwcbs.cn
电　　话：总 编 室 010-58336239　　发 行 部 010-58336267
责任编辑 010-58336209
经　　销：新华书店
印　　刷：三河市明华印务有限公司
开　　本：710×960　1/16
印　　张：20
字　　数：273千字
版　　次：2018年1月第1版
印　　次：2022年2月第2次印刷
书　　号：ISBN 978-7-5075-4475-6
定　　价：46.00元

序 言

宗旨和理念

美国现有的进步确实是够惊人的，但是当我们把已经做到的和将要去做的相比较时，我们过去的成就简直不值一提。

现在，世界上许多国家都在热火朝天、跃跃欲试地发展，从这些国家已经取得的成就可以看出，这将是一个大有作为的时代。

当我们提到越来越多的电力、机器以及工厂时，有人会想到一幅冷漠的金属世界图画，巨大的工厂取代了树木、鲜花、鸟儿和绿地，因此他们便认为我们生活在一个由金属机器和血肉机器组成的世界里。

对于这种论断我不敢苟同。我认为，除非我们对机器和机器的使用了解得更多，除非我们更好地理解生活中的机器，否则我们不可能有时间去欣赏树木、鸟儿、鲜花和绿地。

我想，我们总认为在生活和生存手段之间存在着一些矛盾，却因为这种想法失去了许多生活的乐趣。我们浪费了那么多的时间和精力，以至于没有时间和精力去享受生活。

电力和机器，金钱和商品，只有作为使生活更加自由的手段时，才是对我们有益的。它们只是达到目的的手段而已。

比如，我并不认为以我的名字命名的机器仅仅是一台机器。如果它只是机器的话，我就会去做别的事了。我会将它当作体现我的商业理念的具体证据。

我希望我的理念远不止是一种商业理念——这个理念将把这个世界变得更适合生活。福特汽车公司的成功不同于一般的商业成功，只是因为它以通俗易懂的方式证明，我的理念直到现在依然是正确的。

如果仅仅是出于自私的考虑，我是不会要求改变现存的组织方式的。如果我只是要钱的话，那现在的社会体系已经很好，它能给我带来巨大的财富。但是，我所关心的是服务。

目前的社会体系并没有提供最好的服务。因为它鼓励浪费，使很多人不能从为社会服务中得到相应的报酬，因此它是没有发展前途的。这是一件需要进行更好地计划和调整的事。

亨利·福特（Henry Ford，1863—1947）

我并没有和那些嘲弄新观念的人争吵。我认为，对所有的新观念持怀疑态度，并且坚持让每种新观念都阐明自身的优势，比起围着新观念团团转要好——怀疑主义，如果我们谨慎地看待的话，那么将是文明的平衡轮。目前世界所面临的大多数紧迫问题都来源于我们接受新观念时，没有事先小心地调查它们是不是好的观念。一种理念不会因为它是新的，便必然是好的，也不会因为它是旧的，便必然是坏的。一个理念是否行得通，事实是最好的证据。

理念就其自身来说，有着不同一般的价值，但理念毕竟是理念。几乎每个人都可以想出一个不同的理念——重要的是把它运用到实践中去。

我现在最感兴趣的是证明我们付诸实践的理念是可以在很大的范围内适用的——它们并不是关于汽车和拖拉机的特殊理念，而是有着普遍的自然本性的东西。我完全肯定它的自然本性，我要证明这一点，使它不是作为一个新的理念，而是作为一种自然本性而被人们接受。

最自然的一件事就是工作——我们应该认识到，只有通过诚实劳动，才能获得财富和幸福。人类的问题主要来自于总想逃避这一自然规律。除了完全接受这一自然规律之外，我没有什么别的建议。

我们必须工作，这一点是毋庸置疑的。我们所有已经取得的成就，都是持之以恒努力的结果。既然我们必须工作，那么最好能做得聪明一些。因为我们工作得越好，我们的生活就会变得越好。我认为所有这些都是普通人的基本感觉。

我并不是一个改革者。我认为，这个世界上的改革已经太多了，我们给改革者的关注太多了。有两种改革者，他们都是制造麻烦的人。一种是那些自称为改革者的人，想打碎现存的事物。他们是那种因为衬衣领子上的扣子和扣眼不吻合便要撕碎衬衣的人，却从来想不到可以将扣眼做大一点，这种改革者在任何时候都不会明白自己正在做什么。

经验和改革无法并存。在事实面前，一个改革者无法使他的狂热情绪保持在白炽状态，他必须不顾事实地采取行动。

自1914年以来，很多人接受了新品牌的技术产品，第一次用他们的脑子进行思考了。他们睁开眼睛，发现自己正置身于世界中，然后，他们带着独立的兴奋，认识到自己可以批判地看待世界。当他们这样做时，就会发现整个社会都错了。

作为社会制度的批判者，总有骄傲的沉醉感——骄傲是每个人都享有的权利——最初是不平衡的。那些年轻的批判者是非常不平衡的，他们强烈地希望破除旧秩序，建立新世界。

还有一种改革者，但他们从不自称为改革者。像那些激进的改革者一样，他们也很独特。

那些激进者没有经验，也不想有经验。而这一种改革者却经验丰富，但这并没给他们带来好处。他们想要回到原来的环境中，并不是因为那种环境是最好的，而是因为他们熟悉那种环境中的一切。

有一种人是为了创造一个更好的世界而砸烂现存的世界。另一种人则是要紧紧抓住现在这个如此美好的世界，让它永远保持这样——直至腐烂下去。第二种观念的来源和第一种观念是一样的——都是由于不用眼睛去看，仅仅闭着眼睛说瞎话。

我们完全可能做到砸烂这个世界，但不可能建立一个新的世界；阻止这个世界向前发展也是可能的，但无法阻止它倒退——倒向腐烂。以为把一切都颠倒一下，每个人就会得到一日三餐；或者以为一切都腐烂了，就可以得到6%的利息——这都是非常愚蠢的。

总的来说，改革者和反对者同样都脱离了现实——脱离了社会最基本的功能。

社会最基本的功能就是促进农业、工业和交通的发展。没有这三者，社会群体的生活是不可能正常的。它们使这个世界凝聚在一起。

种植东西、制造东西和运送东西，这些就像人类的需要一样永恒不变，同时又像所有现代化的事物一样处于时代的前端。它们是物质生活的本质。当它们停滞下来时，群体生活便停顿不前。

在目前体制下的世界，情况确实有些混乱，但只要基础稳定，我们就有希望把事情做得更好。

人类最大的幻想是自以为能改变基础——争夺社会进程中主宰命运的角色。社会的基础是人，以及种植东西、制造东西、运送东西的方式和工具。只要农业、工业和交通依旧存在，我们这个世界便会经历各种经济或社会的变化而存在和发展。我们以自己的劳动来为世界的发展服务。

人类有很多工作要做，商业是工作的一种。投机是早已存在的——但那不是商业，它只不过是一种或多或少的贪污行为，用法律的手段不能根除它，法律对此几乎什么也做不了。

法律做不了任何建设性的事情，它从来就只是一个警察。因此，指望我们各州的首府或华盛顿去做那些并不能通过制定法律所能做的事，那是在浪费时间。

如果我们还指望通过立法来治愈贫困或铲除特权，那我们就只能看到贫困的蔓延和特权的泛滥。我们对华盛顿的指望已经够了，对立法者的指望也已经够了——当然这个国家还不像别的国家那样过多地指望法律，让法律去做那些它本身做不了的事情。

当你让整个国家——就像我们的国家——的人们认为华盛顿是天堂、那里居住着万能者时，那么你就在让这个国家进入依赖状态，这会给未来造成恶果。

我们的援助者不会来源于华盛顿，而是我们自己。当然，我们的帮助可以流向作为物流分配中心的华盛顿，我们的努力在那里集合起来，为了大众的共同福利而努力。我们可以帮助政府，但政府不能帮助我们。

“在企业中少一些政府干预，在政府中多一些对企业的考虑”是一个很好的口号。这并不主要是因为它对于企业或政府有利，而是因为对人民有利。

商业并不是美国成立的理由。《独立宣言》并不是一份公司章程，美国《宪法》也不是一份商业计划书。合众国——包括它的土地、人民、政府和商业——只是为了使人民的生活变得更好。政府是公仆——它永远不能是别的什么，只能是公仆。

当人民成为了政府的附庸时，那些带有报复性的法律便开始运作了，因为这样的关系是违反自然的、不道德的和反人道的。

没有商业，我们便无法生活；没有政府，我们也无法生活。商业和政府作为仆人，都是人民所需要的，就像水和谷粒一样，当它们成为主人时，便破坏了自然法则。

国家福利应服务于大众——即作为个人的我们。这是它应该做的。

政府总是会轻易地许诺，但不会兑现。他们会把庄严的信口开河当成货币使用，就像欧洲一样（全世界的银行家只要有利可图便玩弄花招）。但是只有工作才能兑现诺言——这一点每个人心里都明白。

一个像我们这样头脑健全的人，是不可能想到要去毁灭经济生活运行的基础的。大多数人都知道不能不劳而获，无中生有，并且也感到——即使他们不知道——金钱不等于财富。

对于那种不需要做任何事情就能各取所需的一般理论，普通人本能地不会相信，即使他找不到反对的理由。但是，只要他知道这种理论是错的，便足够了。

目前，美国的社会秩序总体上是笨拙、愚蠢的，而且在很多方面都不完善，但它比别的国家有优势——它还能运行。

毫无疑问，我们的秩序会逐渐地发展成一个新的秩序，这个新的秩序也将能够运行——但它自身发展所产生的因素要少于人们给它带来的因素。

我们的制度能稳定，它是错的吗？当然，它是错的，有一千个错！它是愚笨的吗？当然，它是愚笨的。从所有的理由来看，它都应该被推倒。但它没有被推倒——因为它与某些经济和道德的基础相一致。这种经济基础便是劳动。

劳动是人类的特点，它使得地球对人类来说成为有用之物。正是由于人的劳动才会有收获，这就是经济基础；我们每个人都在使用我们不能创造的原材料进行劳动——这些原材料当然是自然提供给我们的。这种道德基础便是人的劳动权利。

因此，如果我们不能生产的话，我们就不能拥有——但也有人说如果我们生产的话，那也只是在给资本家生产。但我认为，正是因为他们提供了更好的生产方式，才成为资本家，这些资本家也是社会的基础。事实上，他们所做的事情不只是为了自己，也是为了别人的利益而管理财产。

那些由于金融业务的操作而成为资本家的人只是暂时的恶人。如果他们的钱被用于投入生产，那他们就根本不是什么恶人；如果他们的钱是用来使财产分配变得更复杂——即在生产者和消费者之间树起障碍——那么他们便成了邪恶的资本家。

当金钱被更好地投入到生产中时，就不存在邪恶的资本家。当人们完全认识到通过劳动，也只有通过劳动才能获得健康、财富、幸福时，金钱才会被更好地用于生产之中。

一个愿意工作的人却不能工作，并由此获得相应的认可和报酬，这是毫无道理的。同样毫无道理的是，一个能工作但不想工作的人，却能获得不应有的报酬——他应该可以从社会中获得与他对社会的贡献相当的报酬，但如果他什么都不付出，那么就什么也得不到，只有挨饿的份儿。

如果我们坚持每个人都有权利得到他不应该得到的——只是因为确实有些人得到了他们不配得到的——那我们便无法维持秩序了。

再也没有什么比坚持“所有人都平等”的理论更荒唐、更有损人性的了。最明显不过的是所有的人并不平等，任何试图使所有人都平等的民主概念只会阻碍发展进步。

每个人不可能提供相等的服务。能力大的人要比能力小的人少。一群能力小的人有可能打倒一个能力大的人——但这么做，他们便同时打倒了自己。因此那些能力大的人可以领导一个群体，使那些能力小的人不费什么力气就可以轻松生活。

因此，那种把所有人的能力无论高低全都削平的民主观念，只会造成大量的浪费。

没有任何两样事物在本质上是完全一样的。我们制造的汽车是可互换的，所有的零部件都能用科学分析、最好的机器、最好的工艺做得几乎一模一样。用不着任何的装饰，两辆并排而放的福特汽车看起来肯定一模一样，它们如此相像，以至于能把其中一辆的零部件卸下来装进另一辆上。但是，它们也并不是完全一样，它们会有不同的道路习性。一些曾驾驶过上百辆、甚至上千辆福特汽车的人，曾说没有两辆车是完全一样的——如果让他们把一辆新车驾驶一个小时或不到一个小时，然后再把这辆车与另外一些同样只驾驶过一小时、条件相同的车混杂在一起，虽然他们无法用肉眼认出他们曾驾驶过的那辆车，但他们只要一试，便可以分辨出来。

我一直在说的都是指一般的事情。现在让我们来说得更具体一些吧。

一个人应该依靠与他提供的服务相对应的报酬生活。在这个时候来谈论这一点，显然是一个好机会，因为在我们刚刚经历过的时代中，大多数人都将提供服务排在了最后——我们到了一个没有人在意花费和服务的时代。

只顾追求利润对商业来说也是不利的。没有必要的卖出或买进对商业是有害的。因为商业只有像小鸡一样，必须用爪子在地上刨来刨去才有所收获的时候，才是健康发展的。

事情来得太容易了，价值与价格之间的诚实关系被抛到了一边，不用再去“迎合”公众了，在很多地方甚至有“公众该受谴责”的舆论。这一切对商业来说是极为有害的，可是还有些人把这种病态称为“繁荣”。这并不是繁荣——这只是追逐蝇头小利。

除非一个人的头脑中一直都在考虑一个计划，否则他很容易为金钱所累——一心只想着赚更多的钱，完全忘了在赚钱的同时应该把人们所需要的东西给他们。

建立在赚钱基础上的商业是不安全的。这是一件难以捉摸的、变幻莫测的事，它极少能有一年的稳定发展时间。

商业的实质功能是为消费者提供产品，而不是赚钱或者投机。为消费而生产意味着产品要质优价廉——产品是用来为公众服务的，而不只是为生产者服务的。如果金钱来自正当的途径，那么产品同时就会为生产者服务。

生产者的兴盛与否取决于他为消费者提供的服务的质量。只为自己而生产，他也许能兴盛一时；如果他真的如愿以偿，那也纯粹是偶然情况。当人们一旦醒悟过来，认识到他们付出后却没有得到相应的服务时，这位生产者的末日便指日可待了。

在繁荣时期，大部分生产都用来为自己服务，而当人们醒悟的那一刻，很多生产者便被迫倒闭了，于是他们说自己进入了“萧条期”。

但事实上，他们并不是真的进入了“萧条期”，他们只不过是想混淆是非，但他们不会得逞，因为金钱的贪婪者是肯定得不到金钱的。但是，当一个人为公众利益提供服务——也就是去做自己认为该做的事情时——那时金钱就会自动向他滚滚而来。

金钱作为服务的结果，会自然到来。金钱是绝对要有的，但我们不要忘记，获取金钱的目的不是为了安逸，而是为了提供更多的服务机会。

在我看来，再也没有比安逸更可怕的事情了。在文明社会中，游手好闲者没有位置，我们任何人都没有权利无所事事地打发时日。任何想废除金钱的计划，都只会使问题变得更加复杂，因为我们必须要有衡量价值的标准。但认为我们目前的金钱体系是交换的完美体系，这一点是很令人怀疑的。这个问题我将在后面的章节中讨论到。

我之所以反对目前的金钱体系，最重要的一点是它成了一种只为自己利益着想的代表，它阻碍了生产，而不是在加速生产的发展。我将以简单化的方式来阐明这一观点。

普通人的钱已经是很少了，却还要花很多钱去买生活必需品（除了那些每个人都有权享用的奢侈品以外），因为所有的东西在生产出来时，总比需要的更为复杂。我们的衣服、食品、家具——所有这一切都可以做得比现在的式样更简单，同时又更美观。毕竟物品是在过去以某种固定的方式做出来的，制作者从此以后便一直沿袭下去。

我并不是说我们应该采用多变的风格来制作产品，没有必要那样做。例如衣服不能做成开口的袋子，这可能很容易做成，但穿起来却不方便；毯子用不着做成有很多边穗的样子，但我们对印第安风格的毯子便不能以这样的标准来要求了。

真正意义上的简单，是指能够提供最好的服务，并且用起来最为方便的东西。激烈改革的困难之处在于他们总是坚持为了使用某种已经设计好的东西，要求人们必须改变自身。

从一件合适的东西开始，加以分析研究之后，找出能去除其完全没用的部分，这种方法可以应用到一切事物上——一双鞋、一件衣服、一座房屋、一台机器、一条铁路、一艘轮船、一架飞机。当我们去除无用的部分时，便把必要的部分简单化，我们也就削减了制造成本。

这是一个很简单的逻辑，但奇怪的是，人们总是想使生产工艺变得更廉价，而不是想使这件东西变得更简单。其实，首先应该从一件东西开始。

首先，我们要知道它是不是按最好的方式制造的——它是否提供了最好的服务？

其次，要知道它的材料是最好的，抑或仅仅是最贵的？

最后，要知道它的复杂部分和重量能不能去除，诸如此类。

给一件机器加上多余的重量，就像给马车车夫的帽子再加上帽徽一样荒唐。然而事实上还远不止于此：帽徽可以帮助车夫辨别自己的帽子，而多余的重量只意味着浪费精力。

我无法想象"力量来自重量"这一错觉是从何产生的。对于打桩机来说，这是对的。但是如果没有什么用处，我们为什么要去移动一个重家伙呢？在交通运输中，为什么要给本身已很重的机器加上多余的重量呢？为什么不将其用来提高机器的载重量呢？

这好比胖子跑得不如瘦子快，但我们制造的大多数交通工具十分笨重，好像死沉的脂肪会增加速度一样！我们国家很大一部分贫困就起源于运送这些多余的重量，终有一天我们会知道如何去掉这些多余的重量。

就以木材为例吧。就某些用途来说，木材是我们所知道的最好的材料，但木材的使用特别浪费。如福特汽车上的木材就含有30磅的水，但我肯定还有某种比这更好的制作方法，既可以让我们获得同样的力量和弹性，又不必承受多余的重量。

农民们总是把他们的日常工作过于复杂化。我认为一般的农民只将他所花的力气的5%用在了该用的地方。如果一个人采用这种方式去经营他的工厂，那么工厂中就会到处挤满了人，但是欧洲最糟糕的工厂也不如一般的农场那么糟。

农场中电力的利用率是最低的。他们不仅一切工作都用手来做，而且极少想到合乎逻辑地安排工作。例如一个农民在做杂务的时候，会在摇摇晃晃的梯子上爬上爬下10多遍；他常年提水，却不会想到用水管浇水。他的全部想法是，当有许多的工作要做时，便雇佣新的人手。他认为把钱用在设施上是一种浪费。因此，农产品的售价都比它们本来的价格要高，而农场的最大利润却比它们应有的利润低。这是一种浪费行为，它使得农产品的价格高而利润低。

在狄尔波恩我自己的农场里，我们都用机器来做一切，因而减少了很多的浪费，但我们还没有达到真正的经济效益。我们还需要花5—10年的时间，来研究寻找什么才是真正该做的。

与我们已经做过的相比，我们还有更多的事情未做。但在任何时候——无论庄稼的收成如何——我们都能获得最好的利润。因为我们不是农民——我们是农场中的工业家。

一旦农民把自己看作工业家，看到存在于材料和人力上的可怕浪费，那时，我们农产品的价格就会低得使所有的人都能吃得起；那时，利润会如此之大，以至于农业将被认为是最安全，而且最有利可图的行业之一。

不知道将会出现什么，不知道真正的工作是什么，不知道完成这些工作的最好方法，这三者正是农业被认为是无利可图的行业的原因所在。

没有任何人可以承受得起农场的经营方式。农民们依靠运气和祖辈的保佑来生活，他们不知道怎样进行经济合理的生产，怎样将产品推向市场。一个既不知道生产，也不知道销售的工厂主将无法维持生存，但农夫却能够维持下去，这就足以说明农业是多么有利可图的产业。

其实，在工厂或农场中获得低价高产的做法——低价高产意味着每个人都可以获得更多——非常简单。其困难之处在于一般做法总是将相当简单的事情复杂化。对此，我们可以举“改进”为例子来说明。

当我们谈论“改进”时，我们头脑中经常想到的是一件被改变了的东西——一件“改进”的产品是“被改变了”的产品。但我的看法却不是这样。

我总是要在开发出最好的方法后才开始制造产品。当然，这并不意味着一件产品永远不会改变。我认为在你满意地找到最佳使用方法、设计和材料之前，不要去制造某件产品，从最终效果看来这是最经济的方式。如果你的研究还不能使你有这样的自信，那么可以继续研究，直到你感到自信为止。

开始生产的着眼点应集中在产品上面。工厂、组织、销售、资金计划将围绕着产品而自动形成。你首先得把柴刀磨快，最后你将会发现这样节省了时间——即磨刀不误砍柴工。对产品没有足够的认识就匆忙组织生产，这是很多企业失败的原因。

人们似乎认为重要的是工厂、商店、资金或管理。其实，最重要的是产品，在设计完成之前就紧张地投产，这一切都是在浪费时间。在我制造出T型车之前——也就是今天被命名为福特车的车型——我花了整整12年的时间，才觉得它令我感到满意。直到我们有了一种真正的产品以后，我们才试着开始真正的生产，之后这种产品没有在根本上做过改变。

我们经常检验新的想法。如果你去过狄尔波恩附近的道路，你就会发现各式各样的福特车。它们是实验品——并不是新型号车。我不想让任何好的想法随便就溜走，但我并不急于判定一个想法是好或坏。因此，如果一个想法看上去不错，或看上去具有可行性，我便做些必要的试验，从不同的角度来检测这个想法。

但是，检测一个想法和对一辆车做出改动，可不是同样的事情。大多数生产者都急于经常改变他们的产品，而不是改变其生产方式——而我们恰恰走的是相反的路线。

我们最大的改变常常是在生产方式方面，并且从未停止过。我想，从我们第一次制造现在这种型号的汽车到目前为止，没有一种生产操作方式是相同的，这正是我们可以如此廉价地进行生产的原因。同时，汽车本身只有很少几处改变，这些都是出于使用起来更加方便的考虑，或改变设计以增强力量。

随着我们对使用材料的了解越来越深入，汽车上的材料也在逐渐发生变化。同时，为了防止因为某种特殊材料的短缺而使生产受限制或使成本增加，我们找到了大部分部件和材料的替代品。

例如，钒钢是我们在生产中所用的主要钢材，用这种钢材我们可以达到以最轻的重量获得最大的力量。但如果将我们的整个未来都托付在钒钢上，这就不是一件好事，因此我们找到了钒钢的替代品。我们所使用的钢材都是特殊的，并且其中的每一种钢材我们至少有一种或好几种有相同功能、被检验过的替代材料。其他的所有材料和部件也全都是如此。

最初，我们自己很少制造零部件，也不生产发动机。现在，我们自己生产整个发动机和大多数零部件，因为我们发现这样可以将造价降得更低。同时，我们这样做也是为了自己能够生产所有的零部件，从而不会因为市场危机或其他厂家不能履行订单而影响我们的生产。

比如，在战争期间，玻璃的价格会大幅度地提高。我们是全国最大的玻璃消费者之一，而现在我们建立了自己的玻璃生产厂。假如我们将所有的这些精力都用于改变产品，那么就不会有什么大的发展。

我们没有改变产品，但是我们却把精力用于改进生产上。刀最重要的部位是刀刃。如果说我们的企业有一条基本原则的话，那就是这一点。如果没有锋利的刀刃，就不是一把好刀——不论它多么漂亮，制作时所用的钢是多么好，被打造得多么好，那也只能算是一块废金属。所有的变化中最重要的是它所能做的——而不是设想它能做的。如果一把锋利的刀轻轻一砍便能做到的事，为什么要使用一把钝刀费很大的力气去完成呢？

刀是用来砍东西的，不是用来锤东西的，锤东西只是它偶尔被使用的功能。所以，如果我们在工作，那我们为什么不专注于工作，并以最快的方式做好工作呢？

商品的锋刃在于它能打动消费者。不能令人满意的产品是锋刃很钝的产品。为了让这钝刀有用，必须浪费很大力气。

一个工厂的锋刃在于工人和操作的机器。如果工人不努力，机器也不会有用。如果机器不好，工人再努力也没用。因此，一个人如果使用多于必要的力气去完成一件事，那就是在浪费。

因此，我们的宗旨和理念的根本点就是：浪费和贪婪妨碍了真正意义的服务。

然而，浪费和贪婪是不必要的。浪费主要是由于人们不明白他们正在做什么，或者对他们所做的事毫不上心。贪婪则只是一种目光短浅的行为。

我总是努力在材料和人力两方面，以最小的成本生产，然后以最低的利润价格进行销售，通过销售量来获取好的利润。在生产过程中，我付给工人们最高的工资——这也是最大的购买力。由于统一了最低成本和最低利润的销售，我们可以使产品在销售与购买力上协调一致。

这样，每一个与我们生产相关的人——不论是管理者、工人还是消费者——都可以为我们提供更美好的生存环境。

我们的生产是为了向人们提供服务——这就是我谈论它的唯一理由。这些服务的原则包括如下几点：

第一，对未来毫不畏惧，对过去充满敬意。

一个害怕未来、害怕失败的人，会使他的行为处处受到限制。失败是更富智慧的行为，是再次开始的唯一机会。诚实地面对失败并没有什么不光彩，丢人的是害怕失败。

过去的一切只有对进步指出了可能的途径和方式时，才是有价值的。

第二，不要理会竞争。

不论是谁，如果能将一件事做得更好，就应该由他去做。试图不让另一个人从事商业是犯罪——因为他为了个人的利益而企图降低别人的条件——用权力而不是用智慧。

第三，把服务置于利润之前。

没有利润，企业就无法存在。获取利润并不是注定错误的，但利润必须依靠良好的服务而获得，诚实经营的商业企业不可能得不到利润回报。利润不能是基础，它必须是服务的结果。

第四，生产不是低价买进高价卖出。

它是这样一个过程：以公平的价格买进原料，以尽可能低的成本把这些原料转化成可消费的产品，再把它交给消费者。赌博、投机和损人的交易，只会阻碍这一过程。

以上这些原则是如何得出来、总结出来，并被普遍应用的，这将是下面各章要谈论的话题。

福特自传

目 录

第一章

事业的开端

1921年5月31日，福特汽车公司已经生产出了它的第500万辆汽车。它和那辆30年前研制的，即1893年春天第一次生产出的令人兴奋的汽油马车一起，被陈列在我的博物馆里。当“吃米鸟”飞临狄尔波恩时，我正驾驶着它，这些“吃米鸟”总是在4月2日来到这里。

这两种交通工具的外表完全不同，结构和材料大部分也不相同，但是在制作原理上，它们却是出奇的相像——除了那辆老汽油马车上有一些条纹，而在我们的现代汽车上却没有。

我们的第一辆汽车，也就是说汽油马车，虽然它只有两个汽缸，但是1小时可以跑20英里，可以凭借它的小油箱装载的3加仑汽油行驶60英里，并且现在仍然和它当年制造时一样，性能保持良好。

童年时代的福特

一般来说，生产方式和材料上的发展，要远远快于在产品基本设计上的发展。福特汽车的整个设计都更加完美了。现在的福特车——也就是T型车——有4个汽缸和一个自动式发动机，这使它行驶起来更加方便和容易。它在设计上比第一辆车更为简单，它身上的每一处几乎都可以在第一辆车上找到相应的部位。

设计的变化来源于制造

过程中积累的经验，而不是在生产的基本原则上予以改变。我把这作为一个重要证据，证明如果有了一个好主意，最好是集中精力把它完美地做出来，而不是把时间花在四处闲逛，寻找出更好的主意上。一次只坚持一个主意，这是一个人能做好事情的最重要的基础。

早年的农场生活，使我产生了这样一种想法——应当使用更好的运输方法和工具来进行劳作和生产。

我于1863年7月30日出生于密歇根狄尔波恩的一个农场里。我关于农场的最初记忆，是那里有太多的活儿要做。直到现在，我对农业仍然有这种感觉。

有人说我的父母很贫困，我们早年的日子很艰难。事实上，我父母虽不能说很富裕，但也谈不上贫困。与密歇根的农民们相比，我们还是很富有的。

我出生时的房子现在还在，这座房子和整个农场仍然是我所拥有的财产中的一部分。

那时候，在农场——我们自己的和别人的，都有非常多的而且很艰难的手工劳动要做。在很小的时候，我就开始想也许会有更好的方法来做农场这些事情。正是因为这一点，使我开始对机械充满了兴趣——我母亲总是说我天生就是机械师。

当我什么都还没有的时候，我便有一个放满了各式各样的金属片和工具的小房间。那时候，我们没有像今天这样的玩具，所有的玩具都是自己制造的。我当时的玩具全都是这些工具——直到现在它们还是我的玩具！因为每一台机器都离不开各式各样的部件。

在我早年的岁月里，第一件最重要的事情是：有一天，当我们赶车去镇上时，在离底特律大约8英里的地方看到了一台道路用的蒸汽机车，那时候我只有12岁。

第二件最重要的事情是：在同一年里我得到了一块手表。

我至今还记得那台蒸汽机车，就好像昨天刚见过它似的。因为那是我第一次见到不用马拉的交通工具，它的主要功能是能够带动脱粒机和风车。

它看上去很简单，将一个便携蒸汽机和汽锅安在轮子上，后面有一个水箱和煤车箱。我看过很多用马拉的蒸汽机，但这一台却用一条链子连接着蒸汽机和上面装了汽缸的马车车架的后轮。蒸汽机放在汽缸的上面，由一个人站在汽锅后面的平台上不断地铲煤，观察活塞的变化，并掌握方向。

这台蒸汽机车是由尼古拉—谢巴德公司制造的。当时，我第一眼就看到了它。蒸汽机车停了下来，让我们的马车过去，正在驾马车的父亲还未来得及知道我要干什么，我已经跳下马车，和那位机械师交谈了起来。

早期的蒸汽机车

那位机械师很高兴地向我介绍了一切。可以看得出，他为它感到骄傲。他还给我展示了如果把链子从驱动轮上卸下来，再套上带子，就可以带动别的机器运转。他告诉我，蒸汽机每1分钟可以转200圈。链条的副齿轮是可以改变的，这样可以使蒸汽机仍在运行，而车却可以停下来。

蒸汽机的这一项功能，被运用到现代汽车上了，虽然方式不同。不过对于蒸汽机车来说，这一点并不重要，因为它可以很容易被发动和停下来，但这一点对于汽油发动机来说却很重要。

正是这台蒸汽机车使得我对自动运输工具产生了浓厚的兴趣。我打算仿照它制造一台，几年之后，我真的造出了一台，并且运行得非常好。

从12岁的孩提时代开始，一直到今天，我最大的兴趣就是希望能够制造一种能在道路上行驶的机器。

每次到镇上去时，我的口袋里总是装满了各种金属小零件。我总是想修好那只坏了的手表，在13岁时，我终于第一次把那只坏表修好了，并且它还能报时。

在我15岁时，我几乎可以修任何坏表了——虽然我使用的工具极为简陋。然而，事实上只要我们愿意笨拙地摆弄东西，就可以学到很多知识。因为我们不可能从书本上学到所有东西是怎么制造出来的——一个真正的机械师应该知道任何东西是如何制造的。

机械对于一个机械师来说，就像书籍对于作家一样。他可以在摆弄它时从中得到很多感想和领悟。如果他是个有头脑的人，他便会灵活地运用这些感想和领悟。

从一开始，我对农场的工作便没有什么兴趣，总是想从事和机械相关的事情。父亲并不完全理解我在机械方面的兴趣，他希望我能够成为一个农场主。

当我17岁离开学校时，便去德里多克机械厂的机械加工车间当学徒，父亲便认为我是没有可能成为他所希望的农场主了。

很快，我便顺利地通过了学徒期——就在我的3年学徒期尚未结束时，我就成为了一名合格的机械师——由于我喜欢精细的工作和手表，我常常在夜里去一家钟表店修表。有一段时间，我想我一定修了300多只表。

我认为我可以自己造出仅售30美分的表，并且我差点就着手去做了。

但我没有做，因为我想表并不是大家所普遍需要的，一般来说人们用不着买它。我当时是怎么得出这个惊人的结论的，我也无法表达出来。

因为我并不喜欢珠宝店中的普通工作或修表工作，除非有特别难修的表，我才愿意去做。即使在那段修表的时间里，我也想做一些大难度的修理工作。

那时候正好要开始实行铁路标准时间。以前只有太阳时间，就像我们现在的夏令时间一样，有好长一段时间铁路时间和地方时间总是有差别。我苦思冥想了一段时间后，成功地制造出了能准确表示两种时间的手表，这种表有两个表面。这引起了附近的人们极大的好奇。

在1879年，也就是在我第一次见到尼古拉—谢巴德蒸汽机4年之后，我终于获得了一次自己驾驶这样的蒸汽机车的机会。在我的实习期满后，我便在西屋公司的代理机构中当了一名机械专家，为他们装配和修理道路机。

他们所生产的机器和尼古拉—谢巴德公司的机器几乎是完全一样的。只不过他们把蒸汽机放在前面，把汽锅放在后面，用一条传送带将动力传到后轮上——虽然这种前驱功能只是在制造时的偶然发现，但它每个小时在路上能走12英里。有时候它还可用作拖拉机来运载重货。如果机器要做脱粒活，他们就把脱粒机和别的装备套在这台机器上，从一个农场走到另一个农场。

这台机器使我感到不便的是它那过重的重量和过高的花费。它甚至有好几吨重，只有那些拥有大量土地的农场主才有能力拥有它；并且仅仅是那些以脱粒为业务的人，或有风车的人，或是需要便携动力的人才需要用它。

在那段时期之前，我就产生过制造某种轻便式的蒸汽机车以取代马车的想法，特别是当我看到把马车当作拖拉机来干那些特别艰难的犁地的活时。

正如我模模糊糊记得的那样，也可用这种轻便式的蒸汽机车来运送货物。制造一种不需要马的货车是大家的普遍想法。很多年之前人们便在谈论将有一辆不需要马拉的车子——事实上是从蒸汽机被发明后，这一话题便一直在被讨论。但最初对于用车子运货的想法，在我看来还不如用车子耕地的想法那么现实，因为耕地是农场中最难的农活。

由于我们当时的道路条件很差，人们也没有到处走动的习惯。对于农场来说，汽车最重要的功能是它扩大了农民的活动范围。我们认为如果不是有什么紧急的事情，人们是不会到镇里去的。我们每星期出门的次数几乎不超过一次。当天气不好的时候，我们甚至不出去。

我作为一个成熟的机械师，在农场里又有一个相当理想的工作室，因而对我来说，要制造一辆蒸汽货车或拖拉机并不是一件很难的事。只是当我在制造的过程中，突然冒出来一个想法，认为也可把它用于道路的交通运输中。

我很肯定地分析出，使用马车需要照料和喂养马，而养马并不合算。因此最好的办法就是设计并制造出一种蒸汽机车，它可以非常轻便，并用来带动一般的马车或用来耕地。

我认为最重要的应当是先造出拖拉机。我最迫切的想法就是把农场的苦活累活从农民们的血肉之躯上解除掉，将农活更多地交给钢铁和发动机去做，然而环境却迫使我首先去进行道路交通机械的发明。

后来我发现人们对在道路上行驶的机器的兴趣要远远大于对能干农活的机器的兴趣——事实上，如果不是由于汽车一步步地拓宽农民们的眼界，轻便农用拖拉机还是无法被应用到农场中去。

当然，这都是后来的事情了。而我当时却自认为农民们应该对拖拉机更感兴趣。

终于，我制造出了一辆能够跑动的蒸汽机车，它有一个用煤油来加热的汽缸，能产生很大的动力，并且很容易控制——蒸汽活塞是很容易进行控制的。但是，汽缸却很危险。

由于要获得很大的动力，同时又不能有太大重量的动力装置，就使得蒸汽机必须在高压下工作才行。操作者坐在一个高压的汽缸上并不是件很好的事情。为了使它更加合理和安全，就需要增加一些多余的重量，而这又正好抵消了高压所带来的经济效益。

在两年的时间里，我不停地实验使用各种汽缸——蒸汽机的控制问题非常简单——最后，我放弃了用蒸汽机来制造道路交通工具的所有念头。

在英格兰，这时已经造出了一种能沿着一定道路拖拉一列货车的机车，同时也毫不费力地制造出了可以在大农场中使用的大型蒸汽拖拉机。但是我们那时并没有像英格兰那样好的道路，我们的道路简直会使最强有力的、最重的拖拉机颠成碎片。并且在我看来，生产那些只有少数富裕的农场主才能购买得起的大型拖拉机，并不是一件有意义的事情。

我始终没有放弃不用马拉车的理想。我在西屋公司的代理机构所做的工作，更加证实了蒸汽机不适合制造轻便交通工具的想法，这正是我为什么在这家公司待了一年就离开的原因。因为大型拖拉机和蒸汽机都不能教给我更多的东西，我不想在那些没有发展前途的事情上浪费时间。

几年以前，当我还是学徒工的时候，我在英格兰的一份出版物《科学世界》上读到过有关介绍英格兰制造的“无声气体发动机”的文章。我想那就是自动发动机。文章说，发光的气体在发动机中运行，有一个大汽缸，动力是间断性供给的，因此需要有一个特别重的飞轮。考虑到它的重量，平均每磅金属产生的动力还不如蒸汽机大，而使用发光气体则更使它没有可能用于道路交通工具中。它之所以使我感兴趣，是因为我对所有机器都感兴趣。

我通过在商店买来的美国和英国杂志，了解到了发动机的发展历程，并想从中找到使用带有挥发性的汽油形成的气体，让其代替发光气体的相关内容。虽然内燃发动机的想法并不是很新鲜，但这是第一次做出的实际努力，并将把它推向市场。

当然，它们引起了人们的兴趣，但不是热情。我不知道有谁想过这种中断性内燃发动机除了有限的用途外，还能做别的什么。所有的聪明人都认为这种发动机还不如蒸汽机，但是他们从没想到过这种发动机却可以为我们开辟出一条新的道路。

这往往就是聪明人做事的方法——他们如此聪明和现实，以致他们总是知道为什么某些事情是做不到的，他们总能知道事物的局限性。这也正是为什么我从不雇佣那些过分聪明的专家的原因。如果我想用什么不公平的方式来扼杀我的对手，我就会把这些专家送给对手。虽然他们有那么多的好建议，但我可以肯定他们什么也不会做成。

既然内燃机使我感兴趣，我便继续关注它的发展，但也只是出于好奇。直到1885年或1886年，当蒸汽发动机不符合我要制造的车辆的动力要求，而被我放弃之后，我才不得不开始四处寻找别的动力发动机。

在1885年，我在底特律的伊格尔钢铁厂修理过一部自动发动机。对于它，镇上的人一无所知。由于当时有人说我能做这工作，虽然我在此之前从未摸过这种发动机，但我还是接下了这项任务，并修好了发动机。这给了我一次仔细研究最新发动机的机会。

在1887年，为了检验自己是不是真正地弄懂了发动机的原理，我仿造“四周自动发动机”造了一台同样的发动机。

“四周”的意思是指活塞在汽缸里经过来回4次而推出一次动力。第一次是把空气吸进汽缸中来，第二次是压缩汽缸中的空气，第三次是气体爆发或动力移动，第四次是排出废气。

这个小发动机模型运行得非常好。它有1英寸的直径和3英寸的冲程量，整个过程是用油进行操作的，虽然它不能释放出多大动力，但与市场上的发动机相比来说要轻得多。

后来，我把它送给了一个年轻人，他好像是想用它做点什么事情。那个年轻人的名字我忘记了，而且这台发动机最后被毁掉了。这是我第一次和内燃机打交道。

后来我又回到了农场，原因当然是为了做实验而不是干农活。现在我已经成了一个多面手的机械师，我有了一个一流的车间，代替了早年的玩具室。

我父亲说只要我放弃做一名机械师的理想，便给我40英亩的木材种植地。当时作为权宜之计，我同意了，便开始伐木出售，这给了我结婚的机会。

我做了一架风车和一台便携式马达便开始砍树，并把所有木头锯成木料。第一批木料中的一部分被用于盖新农场的房子，在那座房屋里，我开始了婚姻生活。

当然，它不是一座很大的屋子——只有31平方英尺，而且只有一层半高——但它对我来说是一个舒适的地方。我给它加做了一个车间，在我不砍木头的时候，我就在那里设计我的内燃机，研究它是什么式样以及如何运行的。

我浏览了所能找到的一切资料，但我认为最大的知识来源于实际工作。内燃机是一种神秘物——它并不总是像它本应该的那样良好运行。你可以想象一下，那些最早的发动机是怎么运行的！

就在1890年，我开始研究并实验双缸发动机。指望用单缸发动机来推动运输是不切实际的——飞轮的重量太重了。从制造第一台四周奥托型发动机起，到研制双缸发动机中间的这段时期，我做了大量的探索性实验。我知道我的出路在哪里，我认为双缸发动机可以用于道路交通工具中。

最初，我只想把它加载到自行车上，用曲轴将其直接连接起来，自行车的后轮作为平衡轮，运行速度只能由节气门来调整。但我从未实施过这一设想，因为我很快便清楚地认识到发动机、汽油箱和各种必需的控制装备，对一辆自行车来说负荷太大了。

使用两个汽缸的计划，是想在一个汽缸传出动力的时候，另一个汽缸则排出废气。这自然用不着使用那么重的飞轮。

我开始在农场的车间里进行着这种实验，后来底特律爱迪生电气公司向我提供了一份工程师和机械师的工作，每个月45美元的薪水。我接受了这份工作，因为它的工资比农场的收入高得多，我决定不管怎样也要离开农场的生活。

诞生第一辆汽车的砖屋

木头全都砍完后，我们在底特律的巴格利街租了一套房子。同时还带来了那座车间，我把它设在房子后的砖屋里。

在开始的几个月里，我在电灯厂上夜班，因此我几乎没有时间进行实验。但此后，我改上白班，于是每天夜晚以及每个星期六的夜晚，我便忙着研制这种新的发动机。

我不认为这很艰苦，对我来说，任何感兴趣的工作都不会是苦差事。我对最终的结果充满信心。因为如果你努力工作，成功总是会来临的。

对于我的研究，我的妻子甚至比我还要自信，这真是一件难得的事，她总是那样信心百倍。

一切必须得从起点做起——那也就是说，虽然我知道有不少人同样对无马的车感兴趣，但我无法了解到他们正在做什么。我所要解决的最大问题，是如何点燃和熄灭火花，以及减少多余的设备重量。至于传送、转向装置及一般结构等方面，我可以吸收蒸汽拖拉机上的做法。

在1892年，我成功地造出了我的第一辆汽车，但直到第二年的春天，它才令我满意。

这辆汽车的外表看上去很像一辆马车。但它有两个汽缸，有2英寸半的直径和6英寸的冲程量，并排地放置在后轴上。

我用买来的一根蒸汽发动机的废管子做成中间轴，它能发射出4马力的动力。动力由一根传送带从马达传输到中间轴，再由一根链子从中间轴传到后轮上。

车子上可以坐两个人，座位挂在一根柱子上，人就可以坐在椭圆形的弹簧上。它有两个速度——一个速度是每小时10英里，另一个速度是每小时20英里，可以通过改换传送带而获得不同的速度，这要依靠调节驾驶座前的操纵杆做到这一点。当把操纵杆往前推时，就产生高速；往后拉时，便是低速行驶；操作杆直着向上，发动机便一直空转着。

发动汽车时需要用力转动马达，而此时离合器要松开。需要把汽车停下时，只要把离合器合上，用脚踩住刹车就行了。当然，它没法实现倒车，除了传送带从节气门处可获得的两种速度外，也没有别的速度可选择。

这辆车的铁架、座位和弹簧是我买来的，轮子是28英寸的带橡胶胎的自行车轮。平衡轮是我自己用一个模子做的，其他精巧的机械零件也都是我自己做的。我发现汽车中一个必需的装置是补用齿轮，当转弯的时候它可以把相同的动力用在后面的两个齿轮上。

整辆汽车共重达500磅。装在座位下面的一个油箱一次可以装载3加仑汽油，这些汽油通过一根管子和混合阀门传送给马达。点火装置使用的是电火花。

最初，机器是由空气进行冷却的，或者准确地说，根本就没有冷却装置。我发现汽车在跑1个小时或1个多小时的时候，马达就会热起来，于是我就把汽缸周围用水围起来，把水放在汽车后面汽缸上的水箱里来起到冷却作用。

几乎汽车上所有需要的各种各样的部件，都是事先计划好的。而且我也总是以这种方式做任何事情，我先是做出计划，在开始动手之前，就准备好事情的每一个细节。否则，在工作已经进行时，却还在改变计划，以致最后造成了前后不一致，这样就会浪费大量的时间。

这种浪费显然是不应该的。许多发明家的失败就是因为他们理不清计划和实验的区别。

在制造中，我所遇到的最大的困难，就是找不到合适的材料，其次是合适的工具。

在设计的细节上有一些方面是需要调整和变化的，但对于我来说，最大的困惑是，我没有时间和金钱去找到每个部件所需的最好的制作材料。

但是在1893年春天，汽车终于能令我比较满意地行驶在道路上，并且给了我更多的机会，让我可以检验道路交通所需的设计和材料。

第二章

福特自传

从商业中获取的有益知识

我的“汽油马车”是底特律的第一辆汽车，也是很长时间以来唯一的一辆汽车。它被别人认为是令人讨厌的东西，因为它总是发出很大的响声，惊吓其他的马匹，而且它也时常堵塞道路交通。当我把它停在镇上的什么地方，而再要把它开走时，它的周围必定会有一大群围观的人。即使我把它仅仅停留几分钟，一些好奇的人也总是想去开动它。后来，我就带上一条链子，不管把它停在什么地方，我都用链子把它锁在电线杆上。

随后不久，警察就来找我麻烦了，我还不知道究竟是为什么。在我的印象中，那时候还没有交通工具限速方面的法律。但他们声称不管怎样，我得首先从市长那儿得到特别的许可才行。因而在一段时间里，我曾经是美国唯一持有执照的司机。

福特驾驶他的第一辆汽车到处行走

在1895年—1896年期间，我开着那辆汽车跑了大约有1000英里。然后，我以200美元的价格把它卖给了底特律的查尔斯·安斯利。这也是我的第一笔汽车交易。

当然，我造这辆车的目的并不是为了出售，而是为了进行实验，因为我想造一辆新车。既然安斯利想买，而我又需要这笔钱，于是我们很快谈好了价格。

然而，用这样一种方式来制造汽车不是我所想要的。我希望能进行大批量的汽车生产，但在此之前，我得生产一些其他的东西——毕竟过于匆忙将会导致得不偿失。

在1896年，我开始制造我的第二辆汽车。它和第一辆汽车很像，只是重量更轻一些，它同样是靠传送带进行驱动的。直到后来我才放弃使用传送带，其实除了很热的天气外，传送带还是很好的——这也正是后来我采用齿轮的原因。从这辆车的制造上，我又学到了很多东西。

那时候美国以及外国的很多人也在设法制造汽车。1895年，我听说有一辆德国来的奔驰车，在纽约的马西商店里展览。我专程跑去看了，结果发现它根本就不值得看。

它也使用传送带驱动，但重量却比我的车重多了。我一直都在为使汽车更轻便而努力，而那些外国制造者似乎没有认识到轻便的意义。

在我的家庭车间里，我制造出了3辆汽车，它们在底特律行驶了多年。我仍然拥有我所制造的第一辆车——因为几年之后，我又把它从别人那里买了回来——安斯利先生把汽车卖给了另外一个人。我仅花了100美元。

在这段时间里，我仍然保留了在电气公司的工作，月薪渐渐提升为125美元，并且成了总工程师。但是我的内燃机实验并没有得到公司董事长的欣赏，就如同我的父亲不欣赏我的机械才能一样。

我的雇主并不反对我做实验，而只是反对做内燃机实验。现在他的声音还时常在我耳边回响："电力，是的，将来的世界是电力的世界。但气体——却不是！"

他的怀疑主义——用中性的词来讲——是有一定根据的。实际上，还没有人对未来的内燃机有最准确的概念。我们正处于伟大的电力世界发展的前沿。一些相对激进的观点认为，通过电力所能做到的远比我们今天知道的要多得多。

我看不出如何利用电力来帮助我达到我的实验目的。即使架设空中电线更便宜一些，但也没有办法用它来驱动汽车运行，因为没有适当重量的蓄电池能用于汽车。一辆电车就有很多受限制的地方，包括与它所产生的动力成比例的大型电动设备。

我在此并不是说电力不行，但是我们还没有开始使用电力。我认为电力有电力的好处，内燃机有内燃机的优势。任何一项都不能代替另一项——这一点是非常肯定的。

我拥有了那台我曾经在底特律爱迪生公司掌管的电机。当我们开始建设位于加拿大的电厂时，我把它买了回来——它被电厂卖给了一座办公大楼。对其进行稍微修理之后便可使用，几年来它在加拿大电厂中运转得非常好。

由于企业的发展，我们需要建立新的电站，我把这台老马达放进了我的博物馆——狄尔波恩的一间屋子，这里面装满了很多珍宝般的机械零件。

爱迪生公司想提拔我为公司总监，但前提条件是我必须放弃内燃机的研究设计，把精力投入到他们认为真正有用的方面。于是我必须在汽车和工作之间做出选择。

我选择了汽车，放弃了工作，实际上这没什么必要去选择，因为我已经知道对汽车的研制肯定会成功的。我在1899年8月15日提出了辞职，全身心地投入于汽车制造事业中。

青年时代的福特踌躇满志，准备将自己的理想付诸实践

对我来说，这实际上是很重要的一次选择。因为我并没有多少积蓄，除了平时的生活费之外，其他钱全都用在了汽车实验之中。然而我的妻子也不同意我放弃汽车事业——尽管我们可能成功，也可能失败。人们也并没有产生对汽车的需求——在新产品产生之前，从未有过对新产品的需

求。汽车被人们接受就有点像最近我们接受飞机一样。

开始“不用马拉的车”被认为只不过是异想天开而已，很多聪明人还特别地做出解释，认为它只不过是一个玩笑。没有一个有钱人想过它将来会具有商业价值。

无法想象为什么每一种新的交通工具在开始时，都会遇到这么多的反对之声。甚至今天还有一些人摇着头，批判汽车的奢侈，不太情愿地承认汽车的用途。

在最初，几乎没有人能看到汽车业可以成为产业中的一大部分——最乐观的人也只是希望能生产出一种自行车的“亲戚”。当人们发现汽车真的能跑，制造者们在制造汽车时，最大的好奇就在于想知道哪辆车跑得最快。这种赛车的想法是奇怪的，然而又是自然而然地产生的。

我从未考虑过赛车的事情，但公众却把汽车看成一个快速的玩具，除此之外别无其他，因此后来我们也开始赛车了。

起初的汽车工业被这种赛车行为拖了后腿，因为制造者的注意力被引到如何制造速度更快的车，而并不是更好的车。这是投机者要的伎俩。

一群投机者开始动起了脑筋，当我一离开电力公司时，底特律汽车公司便开始开发我的汽车项目。

我作为总工程师，手头有少量的货物。在3年的时间里，我们继续制造一些和我的第一辆车相同的车。但我们卖掉的车很少，因此我几乎得不到经济援助来制造更好的可以大量销售给公众的车。

整个计划就是依照订单来制造，尽量从每一辆车上获得最高的利润。当时，主要的想法似乎就是为了挣钱。

除了机械制造方面之外，我没有别的权力。很快我就发现这家公司不是实现我的理想的场所，而只是一种挣钱的工具——而且也没有挣到多少钱。于是在1902年3月，我便辞职了，决心再不受别人的指挥和命令。

底特律汽车公司后来成为凯迪拉克公司，公司由里兰德所有，后来他也加入了汽车行业。

我租了一个店铺——它位于公园村81号，是一座只有一层的砖棚——在那里继续我的实验，并想看清楚工商业到底是什么。我想它肯定和我的第一次冒险所证明的东西是不一样的。

从1902年到福特汽车公司成立，有一年时间，实际上这一年是进行调查研究的一年。

在我那个小小的店铺里，我努力工作，开发了4个汽缸的发动机。在外面时，我便试图发现工商业到底是什么样子的，看看它是不是像我从第一次短短的经验中所感受到的那样，必定是自私自利的搜刮金钱的手段。

从我上面已讲的第一辆汽车，到我的公司成立，我一共制造了25辆汽车，其中19辆或20辆是在底特律汽车公司制造的。汽车的发展之路已经走过了它的最初阶段。

在这一阶段，汽车从仅仅能走，发展到了具有高速度的阶段。克利兰德的亚历山大·温顿——温顿车的创造者，那时他是全国的赛车冠军——表示愿意接受所有挑战者的挑战。于是我设计了一台比以前更简便的双缸密封式发动机。

我把这台发动机装进底盘架上，突然发现我的汽车也能获得较快的速度，便安排了一场和温顿车的比赛。我们在底特律的克罗斯颠的车道上举行了比赛。

最终我击败了他。这是我第一次赛车，而它也带来了人们唯一愿意看的广告。

除非汽车的速度快，除非它能够击败其他的赛车，否则公众对它会不屑一顾。这促使我产生了想制造出世界上最快的汽车的野心，促使我设法造出四缸发动机。但这是以后的事了。

在商业运作中，最令人吃惊的方面是，大量的注意力都是针对金钱的，只有少量的注意力是用于服务。但我认为这是和自然规律相反的。自然规律中，金钱应该是作为劳动的结果，不能是在劳动之前。

商业运行中的另一个让人吃惊的方面是，只要能把一件事做好，能挣钱就可以，而对更好的生产方式却抱着普遍的冷漠态度。

换句话说，就是一件物品被生产出来，并不是考虑它能为大众提供多大的服务，而主要看它能挣多少钱——因而对于顾客是否对产品满意并不会特别在意，只要能把东西卖出去就万事大吉了。

一个对产品不满意的顾客，商家不仅不认为他的信任被自己辜负了，反而是把他当作讨厌的人，或者是将他当作榨取二次金钱的来源——本来在第一次时就该把工作做好的。

比如，汽车一旦被卖出之后，商家就不关心它可能会发生什么事情，也不关心它每跑一英里会耗掉多少汽油，它确实能提供怎样的服务也不重要。如果它被损坏了，需要更换零部件，那么这只是购车人自己倒霉。

这种理论会导致人们进一步认为，以最高的价格卖零件是一桩好生意，因为既然顾客已经买车了，他需要汽车的零件，就会愿意为此付钱。因此，汽车业的发展并不是建立在诚实的基础之上，而且从生产的角度来看，它也不是建立在科学的基础之上，其他的行业也是如此。

也许人们还记得，曾经有过一段时期，很多公司是在金融界的支撑、扶持下才能够生存的。那些从前只局限于铁路行业的银行家，也开始关注工业了。

那时候，我的想法和现在一样，认为如果一个人把他的工作做好，他就会为此而获得好的回报，利润和资金方面的支持也就会滚滚而来；一个企业应该从低起点起步，不断地巩固自身的所得，并逐渐发展壮大。如果企业在发展过程中始终没有收获，那么这便是向其企业主表明，他是在浪费时间，因为他并不适合这一行业。

我从来没有改变过这些看法，但我发现这种认为把工作做好就可以从中获取所得的简单想法，对于现代企业来说不太适合。

那时候，最好的企业计划是一开始便尽可能地争取最多的资本，然后是尽量地出售企业的全部股票和债券。在扣除股票和债券销售的费用、宣传费以及其他各种开销之后，剩下的钱便是企业的利润。而且一个好的企业就是其股票和债券能以最高价并且可以大量出售的企业，因而在企业发展中重要的是股票和债券，而不是工作。好的企业不是指那些工作做得很好、能挣得公平利润的企业。

我不知道一家新企业或旧企业怎么能一方面希望获得最大的股票和债券利润，另一方面又能以公平的价格出售产品，我从未弄懂过这一点。我一直弄不清是根据什么理论，认为给企业投资金钱之后，就可以向其收取利润。

那些自称是金融家的人说，他们的钱值6%或5%或百分之多少的利息。如果一个人向某企业投资了10万美元，那么这个投资者便有权利向企业要求一笔收益，因为如果他不把钱投入企业中，而是存入银行或保险公司的话，他就能得到一定的利息。因此，他们认为从企业的运行费用中抽取一部分适当的收益是这笔钱应得的利息。这种想法是造成很多商业失败的根本原因。

金钱本身并没有一个特别的价格，而且金钱本身也没有价值，因为它自身什么也做不了。金钱唯一的用处就是可以购买劳动工具或原材料。因此，金钱的价值只在于它能帮助生产或购买，除此之外不会有更多的价值了。

如果一个人认为他投出去的钱能获得6%或5%的利息，那么他应该把钱投到他能获得回报的地方。投入工商业的钱不等于它本身能给工商业带来利润，或者说不应该是，因为它不再是钱，而是成了——或者应该成为——生产的发动机，因此它的价值在于生产之中——而不应当由某些并没有特定生产业务的行业规定它的数目。金钱的所有回报都应该在生产之后才兑现，而不应当是在此之前。

商人们相信，通过外界注入资金，便可以做任何事情。如果第一笔资金没有带来好的结果，那就再投入资金。这种再注入资金的行为简直就是把钱往水里扔。

在多数情况下，企业需要重新注入资金，肯定是因为企业管理不善。再投资的结果只不过是让那些无能的管理者把他们错误的管理方式持续得更久，不过是推迟对他的裁判而已。

这种再次投入资金的行为，不过是一些投机金融家们的错误之举。事实上，他们的钱只有用在真正能做事的地方，才会发挥作用，而企业如果不是管理不善，他们的钱也不会投进去，而那些投机金融家就据此认为自己投出去的钱在被使用——但这仅是他们的幻觉。他们没有团结起来共同努力，而只是把钱拿出来浪费了。

我早已下定决心，绝不会加入一个从一开始就急于挣钱的公司，也不会加入有银行家、金融家参与其中的公司。并且，如果不是建立一个以大众利益为目的的企业，那我根本就不会开始。

在我短短的经历中，以及周围我所看到的事情，足以证明只顾挣钱的工商业是不值得去为之工作的，并且对一个想做出一番成就的人来说，显然在这样的企业中也是不可能实现的。

同时，在我看来，这也不是挣钱的正确途径。我将证明什么是真正的挣钱之道。真正的工商业，其唯一的基础就是服务。做成一桩买卖之后，厂家和顾客的关系并未就此结束，事实上它才刚刚开始。

以汽车为例，把汽车卖给顾客，这只是对汽车进行某种介绍而已。如果汽车不能为顾客提供某种服务，对厂家来说，最好不要做出这种介绍，因为他将产生最差的广告效果，顾客会有极大的不满。

在汽车工业的早期，有一种很普遍的观点认为，把汽车卖出去就是真正的成功，至于此后买主手里的车会怎么样，却并不重要。这是目光短浅的销售态度。

如果一个销售商仅通过出售商品就获利，那就不能指望他会为顾客做出多大的贡献和努力。就这一点来说，我们后来为福特公司的销售而进行的大争论是对的。

我们的汽车在价格和质量方面无疑都具有市场，并且市场很大，但我们所做的却远不止这些。一个购买了我们汽车的人，也就有权利享受那辆车的良好服务。因此，如果他的车出了任何毛病，那就是我们的责任，我们将以最快的速度把这辆车修好，使其重新投入使用。

在福特公司的成功经验中，首次提倡产品的服务措施是一个突出的因素。在那个时期，大多数价格昂贵的车，其售后服务都很糟糕。如果购买后车坏了，只有依靠当地的修理工进行修理——事实上买主完全有权找厂家要求服务。

如果修理工恰恰是一位能干的人，而且手头又保存了不少的零部件（虽然很多车辆的零部件是无法互相更换的），那位车主就是幸运的。但是，如果这个修理工是个平庸之辈，对汽车的了解并不多，而且还有很强的金钱欲望，想方设法从每一辆到他这里来修理的车上榨取一笔大钱，那么即使车子只是受到轻微的损坏，也要等上好几个星期，并且在汽车被开走之前，得被狠狠地榨掉一笔修理费。

有一段时间，汽车修理工被认为是阻碍汽车工业发展的最大威胁。甚至到1910年—1911年，拥有汽车的人仍被认为是相当有钱的，因而他的钱理所当然可以被修理工刮走一部分。

在开始的时候，我们针对这一问题，提出了很好的解决方案。我们可不想让我们的销售量受到那些愚蠢、贪婪的人的不良影响。

几年之后，由于金融家对企业的控制，使得企业的服务措施被迫中断，因为金融家所指望的是马上得到美元。

如果在企业运作中首先考虑的是能挣到多少钱，那么企业的发展必然被金钱断送，除非碰到特别好的运气，有多余的钱用来为顾客提供服务。

我还注意到，很多从事工商业的人都有一种倾向，认为他们的工作过于劳累，他们现在工作是为了有一天能退休在家，靠积蓄而生活。生活对他们来说是一场战斗，越早结束越好。

这是我所不能理解的，因为我认为生活并不是一场战斗，除非是与我们消极的想法作战。如果腐朽是成功的话，那么一个人只要能够忍受无所事事的懒散生活就可以了。但如果发展才是成功，那么一个人就必须每天早晨清醒过来，并且一整天都保持头脑清醒。

某个大的企业的名称会成为精神的代名词，因为人们会认为他们可以以其优秀的管理办法把企业管理好。虽然那套管理方法在过去的日子是最辉煌的，但它的辉煌更多地在于它能够适应今天的变化，而不是盲目地照搬以前的管理方法。

生活，在我看来，不是指某个终点，而是一个过程。即使是自己感到已经“安居”下来的人，也并非真正安居下来了，他很可能是在后退。

万物都在运动，其意义就在于此。生活是不断向前的，我们可以先后两次住在同一条街的同一个地方，但住在那里的却不是同一个人。

我注意到，由于人们认为生活是一场战斗，并且这场战斗可能会由于自己错误的举动而导致失败，因而对一些旧的习惯和惯例会产生很大的热情。人们习惯于陷入陈规陋习当中，甚至没有鞋匠愿意用新的方法来缝鞋，也很少有工匠愿意在他的行业里开发出新的方法。

例如在改进工作方法的时候，指导工人尽量减少无用的工作，以避免疲劳，但对此反对最激烈的正是工人自己。虽然他们也怀疑这一举动是想从他们身上榨取更多的价值，但真正使他们恼火的是，这将干涉他们养成已久的习惯。

商人们只会随着他们惨败的商业而走下坡路，因为他们那么喜欢旧的一套，以至于没法跟上新的商业方式。

这种人随处可见，他们不知道昨日已经过去，当早上醒来时，他们头脑里装着的还是过去的观念。这几乎可以作为一条公式：当一个人要想寻找到他想要的方法时，最好先认真审视一下自己，看看自己的大脑是不是在不断更新。

如果一个人有一种被生活“套牢”的想法时，便存在着潜在的危险，它表明你已经失去了不断进步的思维方法。

金钱给人们带来的影响——迫切想从投资中谋取利润的心理——造成了对工作的忽视、轻率以及对服务的轻视等这些方面我看到过很多。这可能是企业遇到诸多困难的最根本原因。

它首先是造成低工资的原因——因为在错误方向上进行的工作，是不可能有高工资的。而企业如果不把全部的注意力都集中到工作上，那是不可能明确正确方向的。

虽然大多数人都想自由地工作，但在现行制度下，他们不可能自由地工作。在我的第一次工作经历中，我并不自由——我不能完全按照自己的设想去工作。

当时，一切计划都是为了挣钱，最后考虑的才是工作和服务。最奇怪的是，它坚持最重要的是钱而不是工作。大多数人认为把钱放在工作之前，并没有不符合逻辑——虽然他们都承认利润来自于工作。人们最大的愿望似乎是能找到一条挣钱的捷径，但却忽视了一条最明显的捷径——工作。

再来谈谈竞争问题。

我发现竞争总是被看作一种对自己的威胁。一个好的经理就必须通过人为的垄断方式，来击败他的竞争对手。这种观念是基于这一想法——任何商品都只有一定数量的人们会愿意购买，因此必须尽量把生意做在对手之前。

也许有人还记得，曾经有很多的汽车企业联合起来，组成了塞尔顿查营，这样一来他们就可以垄断汽车的价格和产量。他们的做法和很多行业联合会一样——持有这种想法的人认为，少量的工作而不是大量的工作可以获得更多的利润。我认为这种观念是非常陈旧的。

我那时候不明白为什么会有这种想法，现在也仍然不明白，为什么人们不考虑如何把自己的工作做好，却将时间浪费在竞争场上。

总有很多的人准备或急于购买你的产品，只要你能供给他们所需要的产品，并以适当的价格出售——这一点既适用于服务业，也适用于商品。

在这段思考的时期里，我并没有无所事事。我们制造了一台四缸发动机，并生产了两辆大赛车。我花了很多时间在我的事业上，我不相信一个人能离得开事业。人应该整天想着工作，并且整夜都梦见工作之事。

在上班的时间里工作，即每天早晨捡起工作，晚上再放下工作——直到第二天早晨再去想它，这是一个好习惯。这么做可能是最好的。

如果一个人准备一辈子都朝着别人指定的方向做事，当一个普通的雇员，那他可能成为一个负责任的雇员，但他不能成为一个部门主管或经理。

体力劳动者必须受到劳动时间的限制，否则他将会异常疲惫而不堪重负。如果他想一直做一个体力劳动者，那么当就寝的哨声吹响时，他就应该忘掉自己的工作而安心睡觉。

但是，如果他想向前发展，做更多的事情，那么就寝的哨声只是开始思考的信号——思考这一天的工作，并从中发现怎么才能把他的工作做得更好。

一个有工作能力和思考能力的人，是注定要成功的。

我并没有哄人！

那些全身心投入工作的人，那些从不离开自己工作的人，那些始终想赶在前面的人，并且也的确走到了他人前面的人，是不是一定会比那些只有在上班时间才动手动脑的人更加幸福呢？对此我也无法说明，也并不需要做出决定。

10马力的发动机没有20马力的发动机拉的东西多。那种下班之后什么都不想的人，正是自己限制了自己的马力。如果他满足于他所承载的重量，那是他自己的事情，但他不能抱怨别人增加马力，以致比他做得更多。

闲散度日和勤奋工作会带来两种不同的结果。如果一个人喜欢闲散，并自我放松了，那么他就没理由去抱怨，因为他不能既拥有闲散的生活，又拥有劳动的成果。

虽然在随后的每一年中，我都有新的认识，但这并没有改变我最初的观点。总体来说，那一年我对工商业的认识包括如下几点：

如果把金钱放在工作之前，就相当于破坏工作和毁坏服务措施的基础。

把金钱作为首先的考虑，而不是工作，这会造成对失败的恐惧心理。这种恐惧心理阻碍了企业的发展之路。它使人害怕竞争，害怕改变他的旧方法，害怕做任何会改变他现状的事情。

对于把服务放在首位的人来说，其道路都是很明确的——尽可能以最好的方式来工作。

第三章

开始真正的事业

在公园村81号的那座小砖房里，我有许多机会去设计一辆新车，并想办法进行生产。但是，即使在当时的情况下成立我所想的那种公司——在公司中关键性因素是把工作做好，满足公众的需求，但是很显然，在这种试验性生产的方式下，我不可能生产出可以低价格出售的好汽车。

大家都知道，一件事情第二次做的时候总是会比第一次做得更好。我不知道当时的生产为什么没有把这点当作一个基本事实来看待。可能是由于所有的厂家都急于生产能够出售的东西，他们没有时间做好充分的准备。

这种依订单生产而不是大批量生产的方式，我想是一种习惯、一种传统，它是从很早的手工艺时代就传下来的。我曾经询问100个人，问他们希望怎样制造产品，大约有80%的人不知道如何回答——他们把这种事留给你来决定，15%的人觉得，他们必须说点什么，只有5%的人真正有想法和理由。

95%的人是属于不知道并且承认不知道的，或不知道却不承认不知道的人，这些人构成了所有产品的市场。那5%需要特别产品的人，他们也许能够，也许不能够出得起特殊产品的价格。如果他们出得起价格，他们就能得到自己所想要的，但他们只构成特别有限的市场。

而那绝大多数占95%的人，也许有10%—15%的人会为质量而付钱。剩下的人，他们买东西时只考虑价格，而不问质量，但是这种人正在日渐减少。

消费者正在学会如何购买产品。大多数人在逐渐地考虑质量，并买那些同等价格中质量最好的东西。因此，如果你发现什么能给这95%的人以全面的服务，然后以最高的质量进行生产，并以最低的价格出售，你将面临一个巨大的需求，甚至可称为是普遍需求。

其实，并没有什么统一的标准，“标准化”这个词的运用很容易引起麻烦。因为它意味着僵化的样式、方法和通常性的工作，因此生产厂家可以选择最容易制造，同时又能卖到最高价格的产品进行生产。公众并不考虑产品样式，也不考虑其价格。大多数标准化的背后是为了能够获取最大的利润。

由于只生产一种东西，产生了一定的经济效益，使越来越多的利润持续地流入厂家手中。于是生产的产量变得越来越大，但他还不知道市场上已经塞满了卖不出去的货物。如果厂家降低这些货物的价格，也许这些货物能够卖出去。

购买力总是存在的——但购买力不会总是对降价做出反应。如果一种商品开始以过高的价格出售，然后由于企业的不景气，价格突然削减下来，人们的反应有时会令人非常失望。而这是有理由的，因为公众很担心，他们认为削价又是一套把戏，他们会坐等着真正的削价。去年我们看到了很多这样的事例。

与此相反，由于生产的效益而引起价格的降低，公众知道这是厂家的方针，会非常信任厂家，并迅速做出反应——因为他们相信厂家能给出真正的价值。

因此，标准化可以说是一桩坏事，除非它能降低所售商品的价格。价格的降低——这点非常重要——是生产的效益所产生的，而不是由于公众需求的下降，公众需求的下降只表明公众对产品的价格并不满意。公众将会感到奇怪，怎会需要花那么多钱来购买这些东西呢?

我认为标准化并不仅仅是找到最畅销的产品，将注意力集中在它上面，而应该是长期的计划——也许有的要计划好几年。

首先，要考虑什么东西最能满足人们的需要，然后考虑该怎么去生产它。这样，生产的具体过程会自然形成。

然后，如果我们把生产从利润的基础上转移到服务的基础上，我们便会拥有真正的工商业，其利润可以满足任何人的需要。

所有这些对我来说都是不言而喻的。要为社会上95%的人服务，是任何产业都要考虑的，它也是社会服务于工商企业的逻辑方式。我不能理解为什么所有的产业都未能做到立足于服务这一基础。

为了做到这一基础，需要做的就是克服自己总想抓住眼前的美元的习惯，总以为眼前的美元是世界上唯一的美元。大多数人在某种程度上已经克服了这种习惯。美国所有大型的成功零售商店，都是建立在这一基础上的。

唯一需要再加改进的是要除掉那种囤积物质、奇货可居、谋求高价的观念，以平常心态根据生产的成本来定价格，并且设法降低生产成本。

如果一件产品的样式经过充分的研究，那么这件产品的样式就会改变很小。但产品生产过程的改变会来得很快很彻底，这是我们的经验。关于它是怎么进行的，我在后面会讲到。

我在此需要强调的一点是：除非预先对一件产品进行了充分的研究，否则便不可能获得一件完美的、无可挑剔的，同时又吸引人们注意力的产品。

以上这些观念，是在我做实验的这一年中，在我的头脑中形成的。我做的大多数实验是关于赛车的。

那时候的人们认为一流的汽车应该是一辆赛车。我本来对赛车没有什么真正的兴趣，但是沿用自行车的思想，不少汽车生产厂家认为在车道上赢得一场比赛，可以有助于告诉观众一些关于汽车的优点，但我不认为任何其他的检测得出的结论会比这种检测得出的更少。但是，由于别人都在这么做，我也不得不加入。在1903年，我和汤姆·库珀一起，制造了两辆主要是追求速度的车。

它们很像，我们把其中一辆称为“999”号，另一辆则称为“飞箭号”。如果一辆汽车能以速度而知名，那么我也能造这样一辆汽车，使它在只要速度快便出名的地方出名。这两辆车就是这样。

我用了一台由4个大汽缸发出80匹马力的发动机——这在当时是闻所未闻的，这些汽缸的轰鸣声就足以把一个人吵得半死不活。车上只有一个座位，因为一辆车上坐一个人就足够了。

我试过那两辆车，库珀也试过，我没法形容那种感觉。驾驶其中的一辆车经过尼亚加拉大瀑布，可以说是件悠闲的事。

我并不想驾驶“999”号去赛车——虽然这辆车是我们制造的。库珀也不想去，他说知道一个人，这是个为速度而活着的人，对他来说没有什么东西是太快的。

库珀给盐湖城拍了封电报，于是来了一位名叫巴利·奥菲尔德的职业自行车赛手——他从未驾驶过汽车，但他又很想试试，他说对任何事情他都想试一试。

福特和赛车手巴利·奥菲尔德

只用了一个星期的时间就学会了驾驶汽车，那个人几乎不知道什么是恐惧，他学着去操纵这个怪物。今天即使跑得最快的车也根本没法与那辆车相比。

那时候的车根本就没想到要设置方向盘。所有我以前制造的车都只是装了一个很简单的方向柄，但在这辆车上，我装了一个双手握的方向柄，因为要控制行驶中的这辆车需要一个大汉的全身力气。

我们的赛车在克罗斯颠车道上跑了3英里，我们要让我们的车像一匹黑马一样。我们把各种结果的预测留给别人。

那时候车道修得并不科学，我们甚至不知道一辆车的速度到底能达到多快。奥菲尔德明白转弯意味着什么，当他坐在座位上，我摇着曲柄发动汽车时，他高兴地对我说："好了，这辆战车可能会要了我的命。但以后人们会说，当它带着我冲出围栏时，我快得要命。"

他跑开了……他根本不敢往旁边看一眼。在转弯处他也没有刹车，只是让它一直跑着——它也确实在迅速地跑。

在他到达比赛的终点时，后面的人落后了大约有半英里！

"999"号做到了它想要做的事情，它为我们的快速汽车做了广告。

赛车后的一个星期，我成立了福特汽车公司。我的职位是副董事长、设计师、机械师、总监、总经理。公司的资本是10万美元，其中我拥有25.5%。以现金方式投入的资本总额是28,000美元，这是公司从经营以外的基金中获得的全部的钱。

在开始时，尽管我有了以前的教训，但我仍想成立一个我参与其中，但又没有控股权的公司。但我很快就发现我必须要有控股权，因此在1906年，我用从公司挣得的钱买了足够的股票，使我拥有的股票份额达到了51%。没过多久，我又买了更多，使我的份额达到了58.5%。

公司的新设备和公司的整个发展资金都是来源于公司的收入所得。在1919年，我的儿子埃德塞尔买下了剩余的41.5%的股票，因为一些股东不同意我的经营方针。为了购买这些份额，他以每100美元原始股付12,500美元的比率支付，总共付了7500万美元。

在公司初创之际，公司和设备都说不上很完善。我们租用了马克大街的斯特拉劳木器店作为店面。在进行汽车设计时，我同时也制定出了生产的方法。

那时候因为我们没钱购买设备，整个车是按照我的设计制造的，但却是通过不同厂家制造的。我们所做的，就是以流水线的方式来组装汽车，也就是安装上轮子、车胎和车身。如果能确保所有的零部件都按照我设想的生产计划进行生产，那真是一种最节约的生产方式。

最低成本的生产将是这样的：整个产品不会是在同一座厂房里制成，除非是很简单的产品。现代的或者说未来的生产方式是在生产得最好的地方生产每一个部件，最后再把各部件组装成一个整体。这就是我们现在所要学习的方法，并希望它能长期发展下去。

不管是一家公司还是一个人，也不论是生产某件产品的所有部件的全部工厂，还是所有的零件由某个我们独自拥有的工厂进行生产，这两者并没什么区别——只要所有的工厂都采用了同样的服务方法。如果我们能买到和自己制造的一样好的零部件，不仅价格公道而且供货充足，我们就不会自己去生产，也不会尽可能制造一些不紧急需要的零件。事实上，把所有权进行更广泛地分散也许是一件更好的事情。

我一直在试着减轻汽车的重量。关于重量的问题有很多愚蠢的观点，当你考虑这些时，你一定会很奇怪那些愚蠢的言语怎么现在还在流行。“沉重的分量”这个词常被用来指一个人的精神装备，这是什么意思？没有人想要变得肥胖、身体笨重，那么为什么头脑却要变成这样？

然而，出于一些愚蠢的思考，我们曾将重量和力量混为一谈。早期的原始制造无疑与这有关，例如过去的牛车重达1吨，它这么重但却很脆弱！为了把几吨重的人从纽约市运到芝加哥，铁路就得造几百吨重的火车，其结果是损失了真正的动力，造成了大量动力的惊人浪费。

当力量被转变成重量时，降低利润的法则便开始生效了。重量转化为力量，对于蒸汽轧路机来说也许是值得的，但在别的方面便不值了。力量和重量本来就没有什么关联。

在这个世界上能够成功的人，他的精神必定是敏捷、轻快、强壮的；世界上最美丽的东西，它的身上所有多余的重量都会被消除掉。力量从来也不只是体现为重量——不论是人还是物。

有人向我建议增加汽车的重量或增加一个部分，而我所想的却是如何减少重量，减除其中的一个部分，因此我所设计的车比以往的任何车都轻。如果我能知道怎样才能做到更轻，它将会变得更轻——后来我终于获得了能制造重量更轻的汽车材料。

在我们公司开始的第一年，我们制造了A型车，敞篷式的卖850美元一辆，如有后座的则再加100美元。这种车型有一个双缸马达，能发出8匹马力。它由链条传动，有72英寸的轴距——这点被认为太长了——还有一个能装5加仑的油箱。

1903年福特公司生产的A型车

第一年我们制造并销售了1708辆车，这可以表明公众对我们汽车的反应有多好。

每一辆A型车都有一段历史。以420号车为例，加利福尼亚的科利上校在1904年买下了它。他用了几年后，又把它卖掉，买了一辆新福特车。

此后，420号车经常被转手，直到1907年它被一个住在雷蒙那附近深山中的名叫埃德蒙·雅各布的人买下。他在崎岖不平的道路上开着这辆车跑了好几年，然后他又买了一辆新福特车，并把旧车卖掉。

到1915年，420号车到了一个叫坎特罗的人手里，他把马达取下来，把它套在抽水机上用来抽水；他又给汽车底盘装上镶，由小驴拉着当马车用。

当然，这个例子的寓意表明：你可以拆开一辆福特车，但你永远没法消灭它。

在我们做的第一次广告中，我们说：

“我们的目的是制造并销售为日常的损耗和磨损而特别设计的汽车，它可作为商业用车、工作用车和家庭用车。这种汽车能获得一般人所满意的、同时又不会有被人们普遍指责的危险的高速。它的紧凑、简单、安全、舒适和新颖，它合理的价格——成千上万的人们都能承受这种价格，而人们对大多数汽车所标出的神话般的价格想都不敢想——所有这一切都会使它受到男人、女人和孩子们同等的喜爱。”

下面这些是我们所一直强调的：

好材料。

简单性——那时候的大多数车需要相当的技能才能驾驶。

发动机。

点火装置——它由两套六节干电池组成，自动供油。

简单而容易控制的传送——这点是非常典型的。

工艺。

请注意，我们并未寻求它的享受性，我们从来没有去寻求过。从第一份广告中我们便表明一辆汽车的价值在于它的实用性，我们这样说道：

“我们经常听到这样一句被人引用的古老格言：‘时间就是金钱。’但几乎没有商人和职业人士的行为表明他们真正相信这句格言中所包含的真理。

“那些经常抱怨时间太少，认为一周的天数太少的人，那些对他们来说浪费5分钟便相当于扔掉1美元的人，那些有时候延迟5分钟便会损失一大笔钱的人，还驾驶着危险的、不舒服的、很受限制的电车之类的交通工具。事实上，只要投入一笔相当合理的钱买一辆完美而高效的汽车，就能消除你的焦虑和不准时带来的烦恼，并为你提供随时可用的旅行工具。

“使你随时准备，随时都有把握。

“为你节省了时间和金钱。

“把你送到你想去的任何地方，再把你准时送回来。

“带给你守时的声誉。

“使你的顾客心情愉快，拥有购买的心情。

“它为了你的事业和快乐而制造。

“它为了你的健康而制造——带着你平稳地走过任何崎岖的道路，同时由于户外活动而使你的大脑清醒，它可使你的肺呼吸到新鲜空气。

“你可以选择速度。你如果愿意，可以在街上漫游。你也可以踩下脚踏加速杆，直到所有景色看来都一样，不过你得睁大眼睛数着掠过的路牌。”

以上是我们这份广告的要点。从一开始，我们所追求的就是如何更好地提供服务，我们从未费劲地去制造什么“运动车”。

我们的企业在魔术般地向前发展。我们的汽车获得了质量过硬的名声，它们是坚固的，同时又是简单的、制作精良的。

我正在努力设计，想开发出一种普及型的车，但我没有完成设计，我们也没有钱建立适合生产的工厂和购买设备，也没有钱来寻找最好和最轻的材料。

我们仍然不得不接受市场提供的仅有的材料，尽管这些材料是现有的当中最好的，但我们还没有设备来对材料进行科学检测或进行最初的研究。

我的同行们并不相信，我们有可能将汽车局限为一种单一的车型。汽车工业在走自行车业的老路。

在自行车业中，每一个生产厂家都认为有必要在每年推出一种新款式的自行车，并且使新型车与旧型车呈现出不同的样式，以致那些买了车的人总是把旧车扔掉又买新的。这被生产厂家们认为是一桩好买卖。

妇女订购她们的衣服和帽子也是出于相同的想法。但这不是一种服务，只是在寻求新奇的玩意，而不是提供更好的东西。

人们的一种根深蒂固的观念是：工商业不停地在出售东西，但并没有满足顾客的真正需求，而是首先用一件物品从顾客那里赚钱，然后再劝他们应该买一件新的、不同的物品。

那时候，在我的头脑中有一种尚未充分形成，而且也没有予以表达的想法是：当一种车型固定下来后，这种车型的每一个零部件都是可以更换的，这样这种车才永远不会过时——我的目标是让每一部车，或我生产的任何非一次性消费产品，都非常坚固，质量过硬，任何人买了一辆之后便用不着买第二辆。就像任何一种好机器都应该像一块好手表一样，可以长期地使用。

第二年，我们把资源分散到3种车型上。我们制造了一种4缸旅行车——B型车，售价为2000美元；C型车，其实它只是稍微改进了的A型车，售价比以前多了50美元；F型车，这是售价1000美元的旅行车。

由于我们分散了资源，提高了车的价格，因此我们卖的车要比第一年少，销售量是1695辆。

福特为B型车做的广告

那种B型车，也就是第一辆在一般道路上行驶的4缸汽车，我们必须为它做广告。赢得一场赛车比赛或创造一项比赛纪录，在那时候是最好的广告。

所以，我修好了“飞箭号”——即“999”号的双生兄弟——在纽约汽车展览会的前一个星期，我自己驾驶它在冰上走过了1英里的笔直检测线。

我将永远忘不了那次经历：

那冰面看起来非常平滑，平滑得如果我一旦越出了划线，肯定会成为一个最糟糕的广告。但实际上冰面非但不平，而且有裂缝，当我知道这些时，我已经开始加速了。

此时没什么可做的，只有沿着检测线向前走。我开着老“飞箭号”向前行进，在每一处冰缝，车都跳向空中，我都不知道它是怎么落回地面的。当车不在空中的时候，就在地面上滑行，我从头到尾都不知道自己是如何驾驶着它的——但汽车始终都沿着检测线。

它创下了一个传遍世界的纪录，这使B型车出了名，但这并不足以克服价格过高的缺点。任何特技和广告都不能长久地服务于销售一种商品，因为商业毕竟不是游戏，道德又开始起作用了。

随着我们企业的发展，我们的小木器店完全不够用了。因此在1906年，我们从资本中提取足够的钱，在匹科特街和波宾街的拐角处建了一座3层楼的工厂。这是我们第一次有了真正的生产设施，我们可以制造和装配很多的零部件了，虽然我们仍然还主要是一家组装厂。

在1905年—1906年，我们只制造了两种车型。一种是2000美元的4缸车，另一种是1000美元的旅行车，事实上这两种都是前一年的车型。这一年，我们的销售量下降到1599辆。

有人认为这次销售量下降的原因是我们没有推出新的车型。我想这是因为我们的车价太高了，它们不能吸引95%的人。第二年我改变了经营方式，并第一次获得了控股权。

在1906年—1907年，我们完全停止制造旅行车了。我们造了3种型号的敞篷车和小客车。这些车在材料、生产程序和组成配件上都完全一样，仅在外表上有些区别。

重要的是，最便宜的车售价仅为600美元，最贵的车也只卖750美元。结果我们卖掉了8433辆车，几乎是我们以前销量最大的一年的5倍！

我们最高的组装纪录是1908年5月15日，我们在6个工作日里组装了311辆车——当时几乎用上了我们的所有设备。工头有一块记数板，每一辆车装好后交给检查者时，他都在板上用粉笔记下，当时那块记数板几乎都写不下了。

随后在6月的某一天里，我们又组装了100辆车！

接下来的一年，我们告别了如此成功的项目。我设计了一种大车——具有50匹马力、6个汽缸的车，它能在道路上跑得飞快。之后我们继续制造小车，但1907年由于把精力分散到更贵的车型上去，这使销售量下降到6398辆。

我们已经走过了5年的试验期，汽车开始销往欧洲。我们的企业，作为从事汽车工业的企业，在当时被认为是特别兴盛的。我们有了很多钱。

实际上从第一年起，我们就有了很多钱。我们卖车是收现款的，因此我们从来没有借过钱，我们直接把车卖给购买者，没有拖欠的债务。因此，每一举动都在我们计划之内。

在我自己的工作范围之内，我总是能做得很好。我从未发现过有必要限制我的工作进度。如果你把注意力放在工作和服务上，财源的增长会快得让你来不及找到处理的方法。

我们在选择推销商时很小心。要找到一个好的推销商很困难，汽车业并不被人们认为是稳定的行业，它被认为是奢侈品，是为了享受快乐的工具。我们最后选定了代理人——我们所能找到的最好的人，并付给他们远比他们自己开业挣得还要多的工资。

开始，我们以工资的方式支付的钱并不多。但我们逐渐找到了自己的路，我们知道我们的路是什么，我们决定为服务支付最高的报酬，然后再得到最好的服务。

在对代理人的要求中，我们立下了以下规定：

上进的、跟得上时代的人，对商业具有敏锐的感觉。有合适的营业场所，外表干净整洁，为人令人尊敬。存有充足的零配件，可以很快地更换零件，能为他销售领域内的每一辆福特车提供积极的服务。有一个装备齐全的修理店，有能够进行必需的修理和调整的机器。有对福特车的结构和操作完全熟悉的机械师。配备一本综合账本和销售本，各业务部门的资金状况一目了然，以及将存货状况、现在的车主、将来可能的购买者都非常清楚地列出来。所有的地方保持绝对的干净。不允许有没擦洗过的窗户、布满灰尘的家具、肮脏的地板等现象。适当的招牌。保证绝对的公开交易，拥有最高的职业道德。

以下是我们颁布的总的指导原则：

经销商或推销商应该知道他的经营区域内的每一个可能购买汽车的人的姓名，包括那些自身根本没考虑过购车的人。对于这个名单中的每一个人，只要有可能，他就应该进行个人拜访，至少进行通信以表示关切，并做必要的备忘录，知道与每位受关注的居民相关的汽车情况。如果他的区域太大了以至于做不到这点，那么就缩小他的区域。

实行这种运作方式并不容易，我们公司遭到了很多的反对。那些强大的势力企图逼迫我们和“汽车生产厂家联合会”建立联系，然而这家联合会一直是在错误的原则指导下运行的——它认为汽车市场是有限的，因此必须垄断这一市场。

这就引发了著名的赛尔顿查营案。为了支持我们的辩护，我们的销售额受到了严重的影响。

事实上，直到最近才去世的赛尔顿先生与这一案件关系很小，主要是联合会想在专营的幌子下垄断汽车市场。

情况是这样的：

乔治·B.赛尔顿，是一位专利律师，他早在1879年便为一种东西提出申请一项专利。这项产品被称为是“一种安全、简单、便宜的道路机动车，它重量轻，易于控制，并有足够的动力爬上一般的坡度”。这份专利申请以完全合法的方式在专利局一直保持到1895年，直到它被授予专利。

在1879年——当这份申请提交时——对一般公众来说，汽车还是他们毫无所知的东西。但当这项专利被授予时，人们对自我发动式的交通工具都熟悉了，并且很多人——其中包括我在内——多年来一直在为马达发动而工作。

于是我们惊奇地发现，我所付出努力使之变成现实的东西，已经被包含在多年前的申请中了。但申请人只是把他的想法提出来而已，他并没做任何事情去使之变成现实。

我想，即使是在提交申请的1879年，申请中的任何一条也都算不上新颖。专利局许可组联合签发了一个所谓的“综合专利”，称这种综合为：有车厢，其车身是机器的，有方向盘、推动机械的离合器、齿轮和发动机。这使当时的申请成了合法的专利。

起初我们对于这一切并不在意，我认为我们的发动机和赛尔顿头脑里的东西没有任何共同之处。而那些受到专利权人的许可，自称为合法厂家的汽车厂商，组成了强大的联合会，在我们刚刚建立汽车生产厂时，便对我们提起了诉讼。

案件在缓慢地进行，其意图是要吓倒我们，使我们退出这一行业，但我们有大量的证词。

1909年9月15日，豪夫法官在美国地方法院发表了对我们不利的观点。那个合法的联合会便马上做起宣传来，警告购买者不要买我们的车。在1903年案子一开始时，他们也曾做过同样的事情。

当时有人认为我们会被赶出汽车业，但我绝对相信我们最终会赢得这一官司。我知道我们是对的，但面对第一个反对者时，我们还是受到了相当沉重的打击。即使当局没有签发对我们的禁令，相信也有很多购买者确实被吓得不敢买我们的车了，因为他们也受到了威胁。

有一种说法传开了，即如果案件最后的判决对我们不利，那么每一个拥有福特车的人都将会受到起诉。一些狂热的反对者们曾私下里放风，说这既是一桩民事案件，也是一桩刑事案件，任何一个买福特车的人可能同时也为自己买了一张监狱票。

为应对这些，我们选择在全国主要报纸上刊登4页公告。我们公布了案件的经过，表达了对获得胜利的信心。公告最后还说道：

“总而言之，如果有哪位想买车的人害怕我们的敌人，我们不但将给予他拥有600万美元财产的福特汽车公司的保护，还将给予他有600万美元财产的公司为后盾的个人保证。因此每一位福特车的车主都将受到保护，直到我们这1200万美元的财产被那些试图控制并垄断汽车行业的人攫走为止。

“只要你提出要求，这种保证书便可以给你。不要因为那些自称为‘神圣’的团体的声明，不得不花高价格买次品车。

“请注意：如果没有东部和西部最出色的专利诉讼方面律师的建议，福特汽车公司是不会发起这场战斗的。”

我们认为保证书能给购买者以安全感，因为他们需要信心，实际上他们可能并不需要这些。我们仍然卖掉了18,000辆车，几乎是上一年产量的两倍，大约有50个购买者要了这种保证书，也许实际上还少于这个数字。

事实上，再也没有什么能比这个案子给福特汽车和福特汽车公司做一个更好的广告宣传了。由于我们看起来受人欺负，我们得到了大众的同情。联合会有7000多万美元，而我们刚开始时还不到他们的零头。

对于结果我从未怀疑过，但这是一把本来不应该悬在我们头上的剑。打这一官司也许是美国商人团体做过的最卑鄙的举动，排除其他的因素不论，它可能是试图扼杀一种行业的最好例证。

我想对于美国的汽车厂商来说，我们最终能赢这场官司是他们的最大幸运。从此，汽车联合会不再是汽车业中的重要影响因素了。

到1908年，尽管有这一案件的影响，我们仍然制造了我想造的那种车。

第四章

生产和服务的秘诀

我并不是出于个人的原因而叙述福特汽车公司的历史，我从来没有说：“去吧，照这样去做。”我在这里想说的是，工商业以往的经营方法并不是最好的经营方法。现在，到了和这种经营方法彻底决裂的时候了，也正是从这时开始，我们公司取得了非同一般的成功。

我们严格地遵守行业习惯，并且我们的车比任何别的车都更加简单，我们也不用去关注外界的资金。除了这两点，我们和别的汽车公司并没有什么重要区别。

我们只是更成功、更严格地执行现金折扣政策，保证把我们的利润投入再生产，并且保持大笔的现金平衡。此外，我们参加了全面的汽车比赛，还通过做广告来进行促销。

除了车的基本结构简单之外，我们在设计上与别人的主要区别在于我们从没有制造那种用于享受的车。在市场上，驾驶我们的车和任何其他车一样有着愉快享受，但我们并没有设计纯粹的奢侈部分。

我们愿意为买主做一些特别的工作，我们会根据价格来制造特殊的汽车。我们现在已经是一家生意兴旺的公司，可以很轻松地坐下来说：“现在我们已经成功了。让上帝保佑我们所得到的吧。”

确实，有些人持一些特殊的立场。当我们的产量达到一天10,000辆的时候，有些股东开始感到严重不安了，他们设法使我停止管理公司。我回答他们说一天生产10,000辆只是一桩小事，我很久以前就希望一天能生产10,000辆时，他们震惊得说不出话来。

于是我开始认真考虑该怎么行动了。如果我顺从这些股东的观点，使公司保持原样，把我们的钱用于建造一些漂亮的行政大楼上，成天和那些看起来非常活跃的竞争者讨价还价，还不时地设计出新车型以满足公众的好奇心，成为一个环境安静的、受尊敬的企业，我将处于安静的、令人尊敬的公民的位置。

这些人想停下来，保持已经得到的，这是很自然的事情，我完全理解这种想过安宁生活而不想再劳累的人。但我从未这么为自己考虑过，我能理解这些想法，我也认为一个想退休的人应该完全摆脱工作。这种想法实际上包含着退休的倾向和保持控制力的倾向。

我认为我们现有的进步只是将要大干一场的开始，它仅仅表明我们可以开始提供真正的服务了。

这些年来，我每天都在考虑设计一种通用的车。人们对我们生产的各种车型都给予了强烈反响。对于服务用车和赛车，公路检查方面都给予了很好的指导。甚至在1905年，我的头脑里便有了很多关于我想制造的那种车的想法，但我缺少有力量而且轻便的材料。

后来，我偶然地找到了这种材料。

1905年，我在棕榈海滩参加了一次赛车比赛。当时发生了一次大的交通事故，一辆法国车被毁了。我们参赛的车是6缸高速K型车。我认为外国车有一些比我们所知的更小而且更好的零部件，那辆车报废后，我得到了它的一根阀门条杆，它很轻但很坚韧，我问别人这是用什么造的，没有人知道。于是我把这根条杆给了我的助手。

“搞清楚它，”我对他说，“这就是我们应该用在我们车上的那种材料。”

最后我们发现这是一种法国钢，它里面含有钒的成分。我们找遍了美国所有的钢铁厂，但是没有一家能生产钒钢。我在英格兰找到了一个知道怎样制造具有商业价值的钒钢的人，而接下来的问题是找到一家工厂来生产钒钢。

此时，又出现了一个新问题。钒需要华氏3000度的高温，而普通的高炉无法超过2700度。我找到了俄亥俄州坎顿的一家小型钢铁厂，向他们提出如果他们愿意为我们工作，我们将给他们提供担保。他们同意了。第一炉的加热失败了，钢铁里面几乎没有钒。我让他们再试一试，第二次炼出来了。那时，我们只有能承受6万—7万磅抗张强度的钢铁，但有了钒钢后，抗张强度达到了17万磅之高。

有了钒钢之后，我拆开了我们的车，仔细检测，以决定每一个部件用哪种钢材最好，看是要硬钢、强钢，还是有弹性的钢材。我想，在任何大型机器的历史上，是我们第一次科学地判断钢材的确切质量。

结果，我们选择了20种不同的钢材用于制造不同的汽车零部件，其中大约10种都是钒钢——只要是需要高强度而又轻便的地方便用钒钢。当然，它们并不都是成分一样的钒钢，其成分根据这一部件是要承受磨损还是需要弹性来确定——简单地说，根据它的需要而进行适当的变化。

在进行这些实验之前，我还在想，有没有超过4种等级的钢材可以用于汽车制造。根据后续的实验，特别是进行热处理后，我们能更进一步地增加钢的强度，因此可以减轻汽车的重量。

在1910年，法国工商部从我们这里取走了一个连接着轭轴的方向杆，拿它去和他们认为是法国最好的车上的相同部件相比较——结果每一种测试都表明：我们的钢更坚韧。

钒钢的使用减少了很多重量。我设想中的一辆通用车的要求，有很多已经实现了。首先设计必须保持平衡，因为一个零部件飞出就会造成人的死亡，如果一些零件比较脆弱就会使整个机器报废。因此，在设计通用汽车时，主要的问题就是考虑尽可能地使所有的部件能具有同样的强度——使整部汽车就像轻便马车一样。不过同时，这里面也有一些愚蠢的事情。因为一辆汽油发动机汽车本质上就像是一台精致的乐器，即使是那些有头脑的人也极有可能弄坏它，但当时我采用了这样的宣传方法：

“我们的汽车中只要有一辆被损坏，我们知道应该由我们承担其责任。”

自从第一辆汽车在街上出现的那一天起，它对我来说就是一种生活必需品。正是基于这种认识和信念，使我想去制造出最好的一辆车，即一辆能满足广大民众需要的车。

我那时和现在的所有努力都是为了生产一辆车——或者说一种车型——并且年复一年的压力都是、现在仍然是如何提高、改进和制造更好的汽车，同时把汽车的价格降得更低。

通用汽车必须具备以下这些特点：

将优质的材料用于提供完美的服务。钒钢是最强、最硬、使用时间最长的一种钢材，它构成了汽车的超一流结构。如果不考虑价格如何，它是这世界上最好的钢材。

操作的简单性，因为广大群众并不都是汽车机械师。

有足够的动力。

绝对的可信赖，因为这种车将有不同的用途，行驶在各种路面上。

轻便，福特汽车每一立方英寸的活塞排放量只能承受7.95磅的重量——这就是为什么福特汽车总能畅通无阻的原因之一。不管在哪里，在什么时候，你都可以看到它们越过沙地或泥地，经过坑坑洼洼的路面，或者在雪中、水中、上山，穿过田野和没有道路的平原——它们都畅行无阻。

控制性能好，它的速度掌握在驾驶者的手中，使其能够镇静安全地处理每一种紧急状况和意外情况，无论是在城市拥挤的街道上还是在危险的道路上都一样安全。福特车的行星齿轮传送控制系统，任何人都会使用，这就是为什么说“任何人都能够驾驶福特车”。现在它几乎随处可见。

汽车越重，在行驶时消耗的燃料和润滑油自然就越多。而重量越轻，行驶的费用便越低。在早些年，福特车重量轻这一点曾被人用来作为反对它的理由，可是现在，这一切都改变了。

我最终确定的车型叫作T型车，这种新车型的亮点是它构造非常简单。它如果被人们接受——正如我所希望的那样——我便只制造这一种车，然后进行生产。

这种车只有4个结构单位：动力系统、车架、前轴、后轴。所有这些都让人一目了然，它们之所以这么设计，就是为了让人们不需要什么特别的技能便可以对它们进行修理或更换。

那时候我就有过这种新奇想法，但我几乎没有说过，我认为可能由于它的零件非常简单便宜，那些昂贵的汽车修理将被通通取消。因为零件的造价很低，它会使买新车比修旧车更便宜。汽车可以通过五金商店来出售，就像买钉子和带子一样。

我想我作为一个汽车设计师，应该把车造得极其简单，以至于所有的人都明白它的一切构造。

这是一条双向的道路，可用于一切事物，即一件东西越简单，便越容易制造，就可以以更便宜的价格出售，因此也就更可能进行大量地销售。

在这里没有必要讲述一些具体的机械细节，但现在我们可以回顾一下我们生产过的各种车型。因为T型车是我们生产的最后一种车型，由它所带来的政策使得我们的企业超越了商业常规。如果把同样的观念用于实际中，将会使任何企业脱离一般的道路。

在开发T型车之前，我总共设计了8种车型。它们分别是：A型车、B型车、C型车、F型车、N型车、R型车、S型车和K型车。

在这些车型中，A型、C型和F型有着对称的双缸马达。在A型车上，马达安装在驾驶座的后面。而在其他的车型中，马达安装在前面的引擎盖下。

B型、N型、R型和S型车有着4缸垂直马达。K型车有6缸马达。A型车能产生8匹马力。B型车有1/4英寸的汽缸和5英寸的冲程量，能达到24匹马力。马力最大的是K型车，它有6缸发动机，能达到40匹马力。

最大的汽缸在B型车上，最小的汽缸配备于N型、R型、S型车，其直径为3.75英寸，冲程量为4英寸。

除了B型车以外，所有车的点火电门都是用干电池，B型车用的是蓄电池，而K型车的点火电门既包括电池又包括永磁电机——磁石电机作为动力系统的一部分，被装进了现在的车型中。

前4种车型的离合器是圆锥形的，后4种车型和目前车型的离合器都是多重盘形的。

所有车型中的传送装置都是行星系齿轮。A型车是用链条传动，而B型车是用轴传动，后来的两种车型都是链条传动，在那之后所有的车又都用轴传动。

A型车的轴距有72英寸；B型车是一辆特别好的车，它有92英寸的轴距，其他车的轴距为84英寸；K型车的轴距为120英寸；C型车的轴距为78英寸；现有车型的轴距为100英寸。

前5种车所有的装备都是要另外收费的，随后的3种车在出售时附有部分设备，而现在的车则附带了全部装备出售。

A型车重达1250磅。最轻的是N型车和R型车，它们的重量为1050磅，都属于敞篷车。最重的车是6缸发动机汽车，重达2000磅。现在的车重达1200磅。

实际上T型车的所有部分在以前的这种或那种车型里都已经有了，而且其每一个细节都经过实践的检验。对于它是否能成功，我们并没有抱任何侥幸心理。因为它肯定能成功，没有不成功的理由，它不是靠一日之功制造出来的。

它用了我那时候能用在汽车上的一切，再加上有特殊的材料——这些材料是我第一次获得的，在1908年—1909年，我们推出了T型车。

公司那时已经成立5年了。工厂最初的面积只有0.28英亩，我们第一年雇佣了311人，制造了1708辆汽车，还有一个分厂。到1908年，工厂的面积增加到2.65英亩，我们还拥有了自己的大楼，雇佣员工的数目增加到了1908人，制造了6180辆车，有14家分厂，成为一家很兴旺的企业。

1908年—1909年，我们继续制造R型车和S型车，即4缸敞篷车和小客货车，这两种车型在前一年的销售非常成功，售价为700美元和750美元。

但T型车超过了它们所有的总量，我们卖了10,607辆车——比任何一家汽车厂曾卖过的车都多，旅行车的价格是850美元。

在同样的底盘上，我们又装配了售价仅为1000美元的都市轿车，以及售价为825美元的小型客货车，售价为950美元的双门厢式小客车，售价为950美元的单排座敞篷轿车。

福特和他的T型车

在这一年度的最后，我知道是该着力推行新的政策的时候了。在我宣布我的新政策之前，销售人员被巨大的销售量所吸引，他们认为只要我们开发制造更多的车型，就能创造更大的销售量。

这真是奇怪的事情，一旦某项产品取得了成功，人们就会认为只要把这项产品改成一件不同的东西，就会取得更大的成功。人们总有一种随着时尚走的倾向，总想把一件好端端的产品加以改变从而毁了它。

销售人员坚持要增加车型。他们仅听从5%的特殊顾客的需求，只有这些顾客能够说出他们究竟需要什么。但销售人员忘记了另外95%的顾客，这些顾客只是购买，却没有任何挑剔。因此，除非一个企业尽最大努力地听取消费者的抱怨和建议，否则它就得不到改进。

如果产品在服务中有什么缺陷，必须马上对产品进行认真调查，但当建议只是关于汽车的款式时，就得弄清楚是不是纯属个人的奇思异想。而那些销售商总是倾向于迎合某些消费者奇异的趣味，而不是充分了解他们的产品，从而能对那些有奇思异想的顾客做出承诺，他们将满足顾客的每一项要求——当然，前提是他们能够接受满足这些要求的条件。

因此，在1909年的一天上午，在事先没有任何透露的情况下，我宣布以后我们将只生产一种车型，这种车型就是T型车，而且所有车的底盘都完全一样。

我说："任何顾客都可以给他的车喷上他想要的颜色。"

我不能说任何人都会同意我的想法，但我知道那些销售商是看不到生产单一车型所带来的好处的。情况还不止于此，他们对我的新政策根本就没有给予特别的关注。

他们认为，我们的车已经够好了，降低价格会影响销售量，那些要求高质量的顾客会被赶走，将没有别的顾客群来取代他们。

其实，他们对汽车工业还根本没有任何概念，汽车仍然被人们认为是一种奢侈品。生产汽车的厂家在宣传这一观念时起了不小的作用，一些"聪明人"甚至发明了"豪华车"这一名称，并且在广告中重点强调其豪华部分。

销售人员有理由反对我们的新政策，特别是当我做出以下的一些宣布时。

我决定为广大群众生产汽车。它会大得足以容纳家庭所有的成员，同时又小得可以由一个人驾驶和保管。

它用最好的材料制造，并且由最好的工人制造，由现代机械提供最简单的设计制造，但它的价格却非常低。

任何一个有一份好工作的人都买得起一辆车，因此能和他的家庭享受生活中的美好时光。

我的这份宣言并没有得到热情的支持，人们普遍的评论是："如果福特如他所愿的去做，6个月之内他就要破产。"

当时，普遍存在的观念是不可能用低成本制造一辆好汽车，并且也没有必要制造价格低廉的汽车，因为只有那些有钱人才能到汽车市场来。

1908年—1909年度超过1万辆车的销售量，这使我感到我们需要一家新工厂。现在我们有一个大型的现代工厂——匹克特街工厂，它与美国的任何一家汽车厂一样好，也许比它们还要稍稍好一点，但是我不知道它将如何应对即将到来的巨大生产量和销售量。

所以，我在高地公园买了60英亩土地，那个地方在当时被认为是底特律城外的乡下。所要购买的土地数量遭到了反对，要建一个大工厂的计划也遭到了他们的反对。原因是我们已经说过的："福特说不定何时就要破产了！"

这个问题不知道被问过了多少次。人们之所以质疑，是因为他们没有理解这是一个原则，而不是一个个人的行为——这个原则如此简单，以至于它显得有些神秘。

福特汽车公司位于底特律的新工厂

1909年—1910年，为了购买土地和建筑楼房，我稍微提升了一点车价。这是很公平的，结果也是有利的，对购买者并无损害。

好几年前，我也曾做过完全一样的事情，我没有像我每年习惯的那样降低价格——也许像这样的事情，可以通过借贷获得所需要的钱，但如果贷款，我们的企业就会承受连续的负担，而且以后的所有汽车都得承受这一负担。

我决定把所有型号的汽车价格都增加100美元，只有小型客货车增加75

美元，单排座敞篷轿车和都市轿车，则相应地增加了150美元和200美元。在这段时间里，我们卖掉了18,664辆车。

然后，在1910年—1911年度，由于我们有了新的生产设备，我把旅行车的价格从950美元减到了780美元，我们总共卖了34,528辆汽车——在原料价格和工资一直上涨的情况下，我们的车价却开始稳步下降。

我们把1908年和1911年进行对照：

工厂面积从2.65英亩增加到32英亩；

平均雇佣员工人数从1908人增加到4110人；

生产汽车的数量由6000多辆增加到近35,000辆。

请注意，人员的增加并不是与产量的增加成比例的。看起来我们好像是一夜之间便产量大增。这到底是怎么出现的呢?

简单地说，我们是通过采用一条不可避免的原则而达到的，是通过明智地使用动力和机器而获得的。

在一条小街上，有一个昏暗的小店，一位老人在此制造斧柄，劳作多年。他用风干的山核桃木制做斧柄，使用的工具有刨子、凿子和砂纸。每一个斧柄都经过认真地称、量，看它是否平衡，它们没有两只是完全一样的。斧柄的曲线必须合手，必须和木头的纹路一致。

从早到晚，这位老人都一直忙碌着。他的平均产量是一星期8个斧柄，每一个他卖1.5美元。还有一些斧柄是经常卖不出去的，因为这些斧柄不能保持平衡。

今天你花几分钱，就可以买到一个极好的由机器制造的斧柄，而且用不着担心平衡问题，它们全都一样——每一个都是完美无缺的。现代生产制作方法的应用，不但使斧柄的价格降到了只有原先价格的零头，并且还极大地提高了产品的质量。

正是把相同的方法应用到福特汽车的制造上，才使得从一开始车价就降了下来，并且提高了汽车的质量。

我们只是发展了这种观念——一个企业的核心也许就是一个观念。这个观念就是，一位发明家或一位喜欢思考的工人不断地想出一种新的方法，来满足人们的需要。人们需要这种观念来帮助自己。

用这种方式，某个人可以证明，或通过这种观念来发现一个企业的核心。但是这个企业的创造和发展壮大是和每个与它有关系的人息息相关的。

没有一个厂商能够说："我自己建起了这家企业。"他需要上千人来帮助他建立这家企业。它只是一件联合生产的产品，它所雇佣过的每一个人都对它做出了一些贡献。通过劳动和生产，他们使购买者不断地光顾这家企业，寻求它所提供的产品和服务，这样一来，他们便建立了一套传统——或者说一个习惯，同时也为他们提供了生活来源。

我们的公司就是通过这种方式成长起来的。在下一章里，我将讲述公司是怎样成长的。

与此同时，我们的公司成为了一个世界范围内的大型公司，在伦敦和澳大利亚都有分公司。我们的车出口到了世界上的各个地方，特别是在伦敦，我们的汽车像在美国一样有名。

由于美国自行车业的失败，把汽车打入英国市场时有一些困难。美国自行车并不适合在英国使用，于是有些销售商就想当然地认为美国的交通工具在英国市场上都不会有吸引力。

然而，我们的两辆A型汽车在1903年终于到达了英国。当时的报纸拒绝报道它们，汽车代理商也表示对它不关心，甚至还有谣言说，我们汽车的主要组成部分是弹簧和勾子，如果能在两周内不散架，那买主就算是幸运的了！

在第一年，大约12辆车被销售出去了。第二年情况稍微好一点。我可以肯定地说，就A型车的可靠性来说，它们中的大部分在20年后仍然可以在英国继续为人们提供服务。

在1905年，我们的代理商派了一辆C型车参加苏格兰的汽车可靠性检测。那时候，可靠性跑车在英国参加比赛比较流行。也许这是一种象征，表明一辆汽车毕竟不只是一个玩具。

苏格兰检测要求跑800多英里的崎岖山路，整个行程中，福特车只出现了一次非自愿的停车。从此我们开始了福特车在英国的销售。

同年，福特牌出租车第一次出现在伦敦。在随后的几年里，我们的销售量开始大幅度上升。

福特车还参加了所有汽车耐力和可靠性比赛，并且每次都取得了胜利。希尔顿的销售商让10辆福特车在南顿陡峭的道路上行驶了两天，结果每一辆都完好无损地完成了任务，最终的成果是——他一天就卖掉了600辆车。

1911年，亨利・亚历山大把一辆T型福特车开到了4600英尺高的本内维斯山的山顶。那一年在英国销售了14,060辆车，并且从那之后，我们再也用不着表演什么特技了。

最后，我们在曼彻斯特建立了自己的工厂。它最初纯粹是一家组装工厂，但是随着时间的推移，我们在那里逐渐地制造出越来越多的汽车。

第五章

改进生产方式

如果某种工具能节约10%的时间，或者能增加10%的成果，那么缺少它就意味着被抽取了10%的税。如果一个人的时间1小时值50美分，那么节省10%就意味着1个小时能增加5美分。如果一座摩天大楼的所有者能够增加他的收入的10%，那么为了知道如何去增加，他宁愿付出所增加收入的一半。他之所以能建摩天大楼，是因为科学已经证明了通过某种方式来使用某些材料，可以节省空间，因而增加租金收入。这样，一座30层高的建筑所占用的面积不必比一座5层楼高的建筑所占用的面积大。如果沿袭老式建筑的方式，5层楼的所有者就浪费了25层楼的租金。每天为12,000名雇员节省10步路，你就相当于节省50英里无用功和滥用的能量。

以上这些就是我的工厂在生产中所依据的原则，它们都是从实践中自然得出的。

例如刚开始时，我们尽力寻找机械师。但随着生产量的增加，很显然我们不但不可能找到足够多的机械师，而且生产中的熟练工人也不够。我们从中得出了一条原则，这条原则我在后面的内容中详细地说明。

有一点是不言自明的，即这世界上的大多数人不能靠智慧让自己过上好生活，但却能靠体力做到——那就是说，他们不能创造出这个世界需要的足够数量的商品，以便用这些商品来交换他们所需要的产品。

我听说过，事实上我也相信这是大家认可的观点，我们从工作中得到技能。但我们并不是这样，我们把技能投入工作之中，把更高的技能用于计划、管理和制造工具上，使这种技能的成果被那些没有技能的人享用。这点我也将在后面的内容中详细说明。

我们应当承认，人类在智力方面是有差别的。如果我们工厂的每一份工作都需要技能，那么这工厂就不可能会存在。即使花100年时间也训练不出

运用这些原则的结果是，减少了工人思考和步行的时间，把他的动作减到最低程度。在工作时，他几乎只用一个动作即可。

装配汽车底盘，在那些不懂机械的人看来，是我们工作中最有趣、也是最有名的操作。曾有一段时间，它的确是特别重要的操作，但我们现在把这些需要装配的零部件都运送到销售的地方。

1913年4月1日，我们第一次试验了一条装配线，我们用它来试验装配飞轮磁石电机。首先在一个小范围内实验所有想法，我们将会采用任何一种一旦被我们发现的更好的方法，但我们必须能绝对肯定新方法将比旧方法好，只有这样才能进行大的变革。

我相信这是安装在生产上的第一条流水线，它来源于芝加哥食品包装厂中使用的加工牛排的空中滑轮。

福特发明的流水线

我们以前用常规的方法装配飞轮磁石电机时，一个工人做完全部工序，一天9个小时能装35—40台，平均每20分钟组装一台。

后来，他所做的全部工作被分解成29道工序，这样装配时间被减少到13分10秒。然后在1914年，我们把流水线的高度提高了8英寸，装配时间又降低到7分钟。后来对工作行动速度的进一步提高，又使时间降低到了5分钟。

总而言之，试验的结果是：在科学研究的帮助下，一个人现在能做几年前4倍之多的工作。这条流水线是一种高效的方法，现在我们已经把它用于所有需要的地方。

发动机的组装以前是由一个人完成，现在被分解成84道操作工序，那些人组装发动机的数量是以前同等情况下的3倍。

在很短的时间内，我们又试验成功了装配底盘的方法。在装配底盘时，以前我们干得最好的是每台底盘平均用12小时28分钟。我们在试验时，用一条绳子和绞车沿着一条250英尺长的线拉动，6个装配者随着底盘一同走动，从沿着这条线放好的零件堆上取下零件装上。这项简单的试验便把每台底盘的装配时间降到了5小时50分钟。

1914年初，我们把流水线的位置提高了——我们采取了“与人同高”的工作办法。

有一条流水线离地面26.75英寸，另一条流水线离地面24.5英寸，它们分别适合身高不同的两组人员。这种和腰齐高的流水线安排以及进一步分解工序，使得每个人的动作都减少了，每台底盘装配所需的工作时间下降为1小时33分钟。

那时候，只有底盘在流水线上装配，车身则在约翰·R街再安装上，也就是从高地公园工厂前面经过的那条著名的街道，而现在我们则可以在流水线上装配整部车。

但是，绝不要以为所有的一切做起来会像听起来那么快，流水线传动的速度是通过细致的实验得出来的。

在飞轮磁石电机流水线上，我们最初设置的速度是每分钟60英寸，实验时发现这一速度太快了。然后我们又试了每分钟18英寸，但这又太慢了。最后我们决定每分钟44英寸，因为我们要求一个人在工作时能够保持不慌不忙，他能够有足够的时间，不多一秒也不少一秒。

我们测试出了每条流水线的速度，底盘流水线装配的成功使我们逐渐地改变了所有的生产方式，我们把所有的装配都设置在机械驱动的流水线上进行。例如底盘装配线，以每分钟6英尺的速度运行；而前轴装配线则以每分钟189英寸的速度运行。

在底盘装配线上，有45个独立的操作程序或操作站。第一道工序是在底盘框架上拧上4块挡泥板架。发动机的安装在第10道工序上开始。

在整个流水线上，有些人只做一个或两个小的操作，有一些人则做得更多。装零件的人并不需要拧紧它，因为也许要在后面好几道工序之后，这个零件的位置才能固定。一个装螺栓的人并不需要装螺帽，装螺帽的人也不一定要把它拧紧。

在第34道工序时，刚被装好的发动机才得到汽油，在此之前它已上了润滑油。在第44道工序，散热器装满了水。到第45道工序，汽车便开出了约翰·R街。

这样的做法也完全被用到了发动机的装配上。1913年10月，装配一台发动机还需要9小时54分钟。6个月后，由于采用了传动的装配线，这一时间已经下降到5小时56分钟。

车间的每一件东西都是依靠传动的。它被挂在空中的链条上，按照所需要的每个零件的顺序进行装配。它也可以用移动平台进行传动，也可以利用重力，但关键在于不能提升或运送任何材料。

材料由微型福特车底盘带动的小卡车或拖车运来，这种车能灵活、快捷地走到任何需要它们去的过道上。因此没有任何工人需要走动，去拿起任何东西，因为那是另一个不同的部门（运输部门）要做的事。

我们开始在一座工厂里组装整辆汽车。后来由于开始制造零件，我们便开始部门化，这样每个部门只是做一件事。正如现在工厂的组织结构，每个部门只生产一种零件或装配一种零件，因而一个部门自身又是一座工厂。零件进来时只是被作为原材料或铸件，经过一系列的机器和热处理，或者任何需要的处理之后，离开这个部门时，它已经是成品了。

福特公司的员工在进行流水作业

由于交通的便利，我们进行生产时不同的部门能组成一个整体。开始我并不知道如此精细的分工是否可行，但随着我们产量的增长和部门的增加，我们实际上从制造汽车变成了制造汽车零件。

随后，我们发现了另一种新的做法——那就是所有的零件不必都由一家工厂来制造。其实这也并不是真正的新发现，实际上在我第一次制造汽车时，便自然而然地出现了。

当时，我买了发动机和大约90%的零件来组装汽车，然后我们开始自己生产零件，于是我们就想当然地认为所有的零件都应该在一家工厂生产——这实际上和那种想在同一个屋檐下生产整辆汽车的想法一样。

我们现在的发展已改变了这种方式，如果我们需要建立更大的工厂，那只能是因为需要非常大的空间制造某一种零件，比如非常大的组合。

我希望随着时间的发展，高地公园的工厂将只需做一件或两件事情。铸造工序已经从那里迁到罗格河工厂去做了，所以，我们现在正在走开始走过的路，但不同的是，我们不是从外面购买汽车零件，而是在我们不同的工厂制造零件。

这种变化有着特别重要的影响，这点我将在后面的章节详细说明，它意味着高度标准化、高度分工的工业不需要集中在一家大工厂——这种大工厂会因为交通不便和住房等问题而阻碍其发展。

在一家工厂里，1000人或500人就足够了，这样才不会有上下班时的交通堵塞，也不会存在拥挤的居住环境，或在过于拥挤的情况下肯定会发生的非自然的生活事件。

高地公园的工厂现在有500个部门，在我们匹克特街的工厂里只有18个部门。而以前在高地公园的工厂里我们有150个部门，这一点也表明了我们在生产零件方面的发展有多快。

我们几乎没有一个星期不对机器或工作程序进行某些改进，有时候，这种改进甚至是违反所谓的“最佳车间实践”的。

我记得有一次，一位机器生产者被叫来参加一个关于制造一种特别机器的会议。当时的要求是每小时产量为200台。

“这肯定是搞错了”，那位生产者说，“你的意思是每天200台，可没有任何机器能够在1小时之内生产200台。”

于是公司的官员派人把那位设计机器的人找来，让他解释一下说明书。

那位设计者说："事情就是这样的，怎么啦？"

"它不可能做到。"那位制造者肯定地说，"任何机器都不可能做到这点，这是毫无疑问的。"

"毫无问题！"那位工程师叫道，"如果你愿意到一楼去看看，你会看到有一种机器能做到这点。我们制造了一台机器，已经能做到这点。现在我们需要生产更多像它一样的机器。"

当时工厂没有保存实验的记录，但工头和监工记住了所做过的一切。如果以前试验过某种方法并且失败了，那么会有人记住它，但我并不特别在意那些过去做过的事情，那时候我们反而迅速地积累了许多未能去做的事情。这就是详细记录带来的麻烦之一。

如果你记下了全部失败，那么你很快便会有一张单子，那上面的记载将使你感到不必再去试验任何东西——但事实上绝不是一个人以某种方式去做时失败了，那么另一个人这样做就肯定不会成功。

他们告诉我们，不能使用没有尽头的链条方法去铸造灰铁。我相信我们还有过一次失败的记录，但我们正在做这事。成功地完成这项工作的人，对以前的失败毫不知晓，也毫不在意。

还有人告诉我们，不能把铁水从高温炉里直接浇入模子。通常的方法是先将铁水变成生铁，让它们稍凉一会儿，然后再重新熔化后用来铸造。但在罗格河的工厂里，我们便直接从高温炉里将铁水浇入模子里进行铸造。

失败的记录——特别是一份权威的记录，确实会让那些年轻人吓得不敢再去尝试了，但我们总是能从我们盲目的冲撞中获得一些最好的结果。

我们中没有人是"专家"。而且一旦有人自认为是专家，我们便认为有必要摆脱他，因为除非他真正了解他的工作，否则不会有人自认为是专家。

一个了解自己工作的人，一定能看到他所需要做的事远远多于他已经做过的事，因此他总是不断向前进，而从不会有时间想到他有多能干、多有效率。

总是想着向前，想着干更多的事，这会使人的大脑认为没有不可能做到的事。然而，一旦一个人进入专家式的思维状态，那么很多事情就变得不可能了。

我不承认有什么事是不可能的。我认为这世界上没有任何人知道所有的事情，没有人可以明确地说出什么是可能的，什么是不可能的。正确的经验和良好的技术训练，可以扩大思维领域，缩小不可能性的数目——不幸的是，我们还没有这种训练。

大多数技术训练和一般的那种被我们称为“经验”的东西，只能提供一些以前的失败记录。这些失败记录没有被当作有价值的东西而加以利用，反而成为了对进步的绝对阻碍。如果有什么人自称为权威，说不能干这事或那事，他后面的一大群没有头脑的追随者就会齐声喊道：“不能干。”

以铸造为例。铸造是一个存在很多浪费现象的程序，它是一个古老的行业，已经积累了许多传统经验，这些传统使得要对它进行一些改进就特别困难。

在开始我们的实验之前，我猜想铸造方面的权威一定会宣称：“任何说能在半年之内创造出低成本的人都是骗子。”

过去，我们的铸造厂和别的铸造厂一样。当我们在1910年铸造第一辆T型车汽缸的时候，整个过程的每一项工作都是由手工操作的。我们用许多铲子和手推车来运送原材料，这工作在那时候既是技术活又是非技术活。我们有制模工，也有做体力活的工人。

现在，我们有5%的非常熟练的制模工和砂芯安放工，但其余的95%是非技术工——或者说得更精确一点，他们必须能熟练地进行一项操作，而这项操作即使是最愚笨的人，在两三天内也能学会。

模塑工作全部由机器来完成。我们铸造的每一个部件都由一个铸造小组根据生产计划需要的数目进行铸造，每个小组的机器只能铸造一种零件。这样，这个小组中的每个人就总是做着相同的操作。

小组的机器由一条悬挂的铁轨构成，上面间隔地挂着供铸造用的平台。在此用不着讲述技术细节，制模、放砂芯和包装砂芯都是在移动的平台上完成的。

当开始传动时，金属在一个地点被浇注进去，被浇注了金属的模子到达终点时已经冷却了，便可以开始自动清理、加工和组装，然后平台再为新的载货转动。

让我们再看看活塞杆组装的发展。

即使按照传统方法，完成这项工作也只需要3分钟，看来没必要再麻烦地去改进了。我们总共有两张长凳和28个人，他们在一天9个小时的工作中，装配175个活塞杆——这意味着每个活塞杆只需要3分5秒钟。因为没有检查，很多活塞杆由于质量不合格而被从发动机装配线上退回来。

这其实是一项很简单的操作。工人们只需将销子从活塞上拔出来，给销子涂上油；把杆插进去，再用销子穿过杆和活塞，拧紧一个螺丝，并打开另一个螺丝——这就是整个操作过程。

工头检查了整个过程，他不明白为什么这项操作要花费3分钟。他用一只秒表来计算和分析整个动作，发现一天9个小时中有4个小时是在来回走动。然而装配工人并没上别的地方去，只是为了拿到材料并运走成品，他就不得不移动他的脚。这整个工作中，每个人要做6个动作。

于是工头重新做了安排。他把整个操作分成3组，在凳子上装了一个滑轮传动装置，每一边坐3人，传动的尽头坐一个质量检查员。每个工人不再进行全部操作，而只进行1/3的操作，只进行不用移动双脚就能操作的部分。

他们由20个人减少到14个人。以前28个人的最高纪录是一天装175只，而现在，7个人在8个小时内却能装配2600只，更别提节约了多少人力！

油漆后轴曾经有一些麻烦，它需要用手工把它浸入一个油漆箱中，两个人要完成好几个操作。现在只需一个人，用一台特制的机器就能全部做好，这种机器是由我们的工厂自己设计和制造的。

现在，工人只需要在一条传送链子上挂好需要装配的后轴，传送链便把后轴带到油漆箱上。然后，两根控制杆再把套管插入勺柄的一头，油漆箱被升高6英尺，把轴浸没之后再回到原来的位置，再把后轴送往烘干炉。

整个操作过程现在只花13秒钟。

散热器是一件复杂的东西，它的焊接曾经被认为是一件需要技术的活。一个散热器里面有95根管子，用手工装好并焊接这些管子要花很多时间，并且既需要技术又需要耐心。

而现在这些工作全部都由机器来完成。它在8小时能安放1200只散热器内核，然后用传送带把它送往炉子内进行焊接。由于这不再是焊工的工作了，所以不需要任何技能。

我们曾经用气动锤把曲轴箱臂和曲轴箱铆在一起——这种气动锤在当时被认为是最新式的。它需要6个人抓住锤子，6个人抓住曲轴箱，结果出现了凹凸不平。现在一台自动压铆机只需一个人操作就行了，他什么也不用，一天所干的工作量是那时12个人所干的5倍。

在匹克特街工厂，从前气缸的铸造到最后完成，需要移动4000英尺，而现在它只要移动300英尺多一点。

我们不再靠人工传送材料，也不再需要手工操作，如果机器能够使它自动运行，那就让机器去做。没有一项操作能说已经是在采用最好的或最方便的方式进行。我们的工具中只有10%是特别制作的，其他的还都是常规机器，在经过调整后，才被用于特别的工作——这些机器几乎是一台挨一台地被放在一起。

我们比世界上的任何其他工厂在每一平方英尺的地面上所摆放的机器都要多。我认为不充分利用每一平方英尺的空间都是极大的浪费，这种浪费我们并不需要。

福特公司的机器一台挨一台

当然，所有的空间都被利用是指对一个人来说，空间既不会太大也不会太小。进行分工和再分工，使得工作正常进行，这些正是生产的关键之所在。

但同时也应该记住，所有的部件都是事先设计好的，以便它们能用最容易的方式制造出来。

节约情况又怎么样呢？如果以我们目前的生产量来估计，我们现在应该需要比20万还多的人力——假设现在我们生产一辆车雇佣的人和在1903年刚开始时生产一辆车所雇佣的人数相等——但那时候那些人只是进行组装，这种对比就显得更不公平了。而事实上，现在我们产量最高的时候一天生产4000辆车，而我们用于汽车生产的人还不到5万！

第六章

人才是最宝贵的

当一大群人聚集在一起工作时，最难对付的便是因此产生过多的组织和随之而来的繁文缛节。在我看来，没有什么比那种被称为具有“组织天才”的头脑更可怕的。这通常会导致巨大的官僚体系的诞生，就好像一棵树上沉甸甸地挂满了漂亮的、圆圆的浆果，每一个果子上都有一个人的名字或者一个办公室的名字——每个人都有一个头衔和一定的职责，他们的职责被严格地限制在他们的浆果的范围之内。如果一个助理工头有什么想法要告诉总负责人，他就要经过下级工头、工头、部门经理、助理总监，最后才能到达总负责人那里。也许到达总负责人的时候，他想要谈的内容就已经成了历史了。

一般来说，下层提供的信息需要6个星期才能到达董事会的董事长或主席手里。即使它到达了这些高高在上的官员手中，到那时，它的周围也已到处是批评、建议和评论了。因此，没有什么事情能在“官方的决定”下顺利进行，因为决定的时间早已过了他们实际应该行动的时刻。

在这种体制下，事情总是被推来推去，所有的人都在回避责任——按照那种懒观念来说，两个脑袋比一个脑袋好。

依我看来，一家企业并不像一台机器，它是为了让一群人聚集在一起工作，而不是为了让他们相互沟通信息。对任何一个部门来说，没有必要知道另一个部门正在做什么。如果一个人正在做他的工作，他将不会有时间去做任何别的工作。促使所有这些部门都为着同一个目标而合理地工作，这正是那些负责整个工作计划的人的职责。

没有必要召开会议来沟通个人与个人或部门与部门之间的感情。对人们来说，在一起工作时用不着彼此相爱。关系太好也许不是一件好的事情，因为这可能会导致一个人尽力去掩盖另一个人的错误——而这对两个人来说都是糟糕的。

当我们工作的时候，应该专心地工作；当我们玩的时候，就应该尽情地去玩。把这两者混同起来是没有用的。我们的主要目标应该是做好工作，并因此得到报酬。当工作完成之后，我们便可以开始玩了，但玩乐并不能在完成工作之前。

所以在福特工厂和公司并没有严格的组织，没有任何特别的职责被赋予任何职位上，没有一系列的上下级的权力等级，并且几乎没有头衔，也没有会议。我们需要的仅仅是职员。我们没有任何精细的记录，也没有那些繁文缛节。

我们要求个人对自己完全负责——也就是说，工人对他的工作绝对负责，助理工头对他手下的工人负责，工头对他的群体负责，部门经理对他的部门负责，总负责人对整个工厂负责。每个人都应该知道在他的责任范围内正发生着什么事情。

我这里说的“总负责人”，事实上并没有这样正式的头衔。由一个人负责管理工厂，已经实行多年了。他有两个人帮忙，这两个人也没有任何明确的职责范围，他们分别承担着属于他们的工作任务的特别部分。

大约6个具有助手性质的人与他们在一起，但他们也并没有特别的职责。“总负责人”的两个助手都自己在找事情做，我对他们的工作并没有任何限制，但他们都在最适合的地方工作，一个人查询存货和缺货，另一个人抓质量检查。

这看起来也许很危险，但实际上并不危险。如果一群人全部都想着把工作做好，那么完成工作不是件难事。这样做他们不会陷入权力限制的困境，因为他们不用去考虑头衔。相反，如果他们有自己的办公室和所有那一切，他们就会把时间浪费在办公室上，一心想为什么自己不能有一间比其他同伴更好的办公室。

因为没有头衔，也没有权力限制，所以没有了繁文缛节和想要胜过别人的想法。任何工人都可以在工厂里找任何人。因此，如果有个工人越过工头而直接去找工厂的头头，工头并不会为此而恼火，因为这已经成为一种习惯了。但工人很少这么做，因为工头自己知道如果他不公正的话，很快便会被别人发现，那么他将不再是工头。

我们所不能容忍的事情之一，便是任何形式上的不公正。一旦一个人开始随着权力的增大而自我膨胀，他就会被人发现，因此他就会离开权力，或者回到机器身边去。

大量的劳工动乱都是起源于那些下级管理人员不公正地行使权力，因此我担心，在很多工厂工人的确得不到公正的待遇。工作——并且唯有工作——才能控制我们，这也就是我们为什么没有头衔的理由之一。

事实上，大多数人都能做好工作，但他们常常被头衔弄昏了头。头衔的影响是很特别的，它经常被人们当作一种摆脱工作的借口。它几乎如同一枚徽章，上面写着这样的话：

“这个人无事可做，但他认为自己是重要人物，而别人都是无关紧要的人。”

头衔不仅经常会影响它的拥有者，并且也同样影响到别人。在人们心中再没有比这样的事实——即有官位的人反而不是真正的领导——更容易激起个人不满了。每个人都知道，一个真正的领导者应当是一个善于计划和命令的人。当你发现一个人是位真正的领导者时，你将会去问别人他的头衔是什么。当然，他自己对此也从不炫耀。

企业中的头衔已经很多了，并因此而使企业遭遇困境。其中的困境之一就是要根据头衔来划分责任，这种情况已发展到如此地步，以致完全脱离了责任的本来意义。

责任被分成很多部分，并被分摊到很多部门，每个部门又都在一个有头衔的头儿的领导下，这位头儿又同样被一群有着美丽光环的下级头衔的人包围着，这时候便很难使所有人感到真正的责任。

大家都知道“把牌推来推去”意味着什么，这种推牌游戏肯定起源于那些各部门间推托职责的工业组织。每个组织的健康运行依赖于组织中的每一个人——不管他处于什么位置——都能意识到在他所视范围内所发生的与整个企业的利益相关的事情都是他的工作。

铁路的情况之所以糟得一塌糊涂，是因为各部门都在这样说："噢，这不是我们的事。100英里远的某部门是管这事的。"

官员们曾被多次劝告不要埋藏在头衔之后。现实表明这种状况不仅仅是劝告才能够纠正的，纠正的真正办法就是废除头衔。

有些头衔也许是合理的、必需的，有一些也许是有用的——例如为了指导众人认真地工作，但对于其他的头衔，最好的办法非常简单——把它们全部废除。

就目前很多企业来看，它们都大大地贬抑了头衔的作用，再也没有人会吹嘘自己是一家破产银行的董事长。从总体上来说，企业是难以熟练地驾驭的，所以不能给予舵手太多的骄傲。

那些现在还看着头衔，并认为头衔有价值的人，是那些被摘掉了自己的头衔、下到企业的最基层去锻炼的人。不久他们又回到了他们提升的地方——试图从底层开始重新爬起。

然而，当一个人真正工作时，他并不需要头衔，他的工作本身就给了他无比高尚的荣誉。

我们所有的人在进入工厂或办公室之前，都是通过招聘部门考核的。正如我前面说过的，我们从不雇佣专家——我们也不雇佣那些过去有经验或者有过高职位的人。

我们并不会因为一个人过去的历史而录用他，因此也不会因为他过去的历史而拒绝他。我从不认为一个人会坏得一无是处，他身上总是会有一些好的方面——如果他能得到机会的话，他就可以做好。这就是我们一点也不在乎被雇佣者的身世的原因，因为我们不是雇佣一个人的历史。

我们会雇佣一个曾经蹲过监狱的人，因为没有理由说他将再次坐牢，我认为恰恰与此相反，如果给予他机会的话，他很可能会特别卖力地工作，以便不再进监狱。

我们的雇佣部门绝不会因为一个人以前做过的任何事而拒绝他——不管

他以前是蹲过监狱还是在哈佛大学，他都会受到同等的对待。

我们甚至不询问他是从哪所学校毕业的，如果他不想工作，那么他就不会申请这份工作。因为这一点是众所周知的，福特工厂的人是一个能够工作的人。

再次重复一下，我们并不在意一个人曾经是什么。如果他上过大学，他应该能进步得更快，但也必须从最底层开始，并证明他的能力，每个人的未来主要靠他自己。

人们总是有太多的抱怨，说自己得不到承认。然而，在我们这里，每个人都肯定会得到他应有的承认。

当然，我们还必须看到一个人要得到承认，需要哪些因素。现在整个现代工业体系都被这种渴望刺激得变了形，它甚至可以说几乎是走火入魔了。

我们曾经有过这样的时期——每个人的个人发展完全依靠他的工作，并且会很快体现出个人的能力来，而不需要依靠任何人的恩惠。但现在它经常依靠个人是不是幸运，能否被一个重要人物的双眼看中，而我们这里成功地抵制了这点。

人们如果带着要引起某人注意的想法去工作，那么他们在工作的时候就会想着，如果他们不能为自己所做的工作而获得称赞，他们就会把它干糟或者干脆不干。这样一来，有时候工作便成了第二位考虑的事了，手中的工作——即手中的产品、手中的特别服务——便不再是主要的了，主要工作也成了如何获得个人的提升——成为由此被某人看中的跳台。

这种做法——即把工作放在第二位，把得到承认放在首位——对工作是不利的。它把得到承认和称赞看作是真正的工作。

同时，这种做法也会对工人产生一种极其不好的影响。它鼓励一种特别的野心，这野心既不高尚又不能促进生产，相反，它容易产生一种人，这种人认为只要他“站在老板一边”，就会得到提升，就会当上头儿——几乎每个车间都有这种人。

最糟糕的是，目前产业体系中的一些事情表明这种做法还真不少。工头也是人，很自然他们也容易被人奉承，并相信自己手中掌握着工人的饭碗。同时，一旦他们接受奉承，那些自私的下属将进一步地吹捧他们，这也是很自然的——直到从他们那里得到好处和利益。这就是为什么我要尽可能地减少企业中个人因素的原因。

那些不知道把所有精力都用于寻求更高职位的人，和我们在一起都特别容易相处。他们工作努力，但并没有思考能力，特别是迅速反应的能力。这样的人将会得到他们的能力所值的一切。

一个人可以根据他的勤奋来得到提升，但同时他也要有领导素质，否则就不能提升他。我们所生活的不是一个梦想世界，我想在我们工厂的人员筛选过程中，每个人最终都会去他应当去的地方。

我们从来不满足于做好整个组织的任何一部分该做的事。我们认为它应该做得更好，并且它最终将被做得更好。这种进取精神使得素质高的人最终一定能获得与他的素质相称的职位。

在任何时候，一个组织——这是一个我不太喜欢使用的词——变得僵化了，高素质的人也许就得不到应有的职位，那时一切都是按照常规步子在走，人人都在等着死人的鞋穿。

由于我们几乎没有头衔，所以当一个人本应该去做比他目前所做的更好的工作时，他很快就能去完成这样的工作——他不会因为在他前面没有空出的职位而受到限制——因为并没有什么“职位”。

我们没有事先准备好什么职位——我们最优秀的职员总是自己去找职位。这点很容易做到，因为总是有工作可做。

当一个人首先考虑的是把工作做好，而不是为得到提升或为自己找一个合适的头衔时，那就不会存在提升的困难了——提升本身并不只是体现在形式上，还包括不再是做以前所做的事，并且能够得到更多的报酬。

我们所有的人都是这样从最底层被提拔上来的。例如某位工厂的厂长原来是一位机械师；负责罗格河大工厂的人则是从造型设计师开始他的工作的；有一位管理一个主要部门的人最初还是一个清洁工。

工厂里没有一个人不是简单地从街上来又回到街上去。我们所有的事情，都是由那些与我们一起工作，并使自己变得越来越合格的人做的。很幸运的是，我们没有继承以往的任何传统，我们也不会去建立任何传统。

如果说我们有一个传统，那就是：任何事情都应该比它已经做过的做得更好一些。

这种总是要把工作做得更好更快的动力，几乎解决了工厂的所有问题，因为一个部门是建立在它的生产效率上的。

生产效率和生产成本是不同的两方面。工头和监工如果为他们部门的费用而记上一本账，那么他们只是在浪费时间。因为有一些费用——比如工资、营业费、原材料的价格等，这是他们无能为力的事情，所以他们没必要费脑筋在这上面花时间。

他们所能够掌握的是他们部门的生产效率。一个部门的生产效率是用他们生产的零件总数除以从事生产的所有人数。每个工头每天都要记录他的部门的生产效率，并且总是随身带着这些数字。

我们所发现的好方法中有相当大的一部分，直接来自于这种简单的提高生产效率的经验和方法。工头不必成为一个成本会计——即使他是一个成本会计，也不会是个好工头——他负责的是这个部门的机器和工人，当他们最好地完成工作时，工头就尽到了责任。

他的生产效率就是他的指导成果，对于他来说，没有理由为其他的事情而分散精力。

这种效率系统可以迫使工头忘掉个人的喜好或厌恶——即忘掉除去手上的工作以外的其他一切事情。如果他在工作中宁愿选择他所喜欢的人，而不是选择把工作干得最好的人，那么他部门的生产记录很快就会显示出来这一点。

挑选人才并不存在什么困难。他们自己往往就把自己挑选出来了——虽然人们经常听到缺乏提升机会的事情——因为一般的工人更感兴趣的是有一份稳定的工作，而不是得到提升。

在那些为工资而工作的人中，不会有多于5%的人会希望得到更多钱的同时，又希望接受随着职位的提升而来的更多的责任和工作。大约只有25%的人愿意成为助理工头，大多数人之所以接受这个职位，是因为它的工资比操作机器的工资要高。

福特与公司优秀的专业人才在一起

那些有机械才能的人往往希望能进制造工具的部门，因为他们在那儿得到的工资要远比一般生产部门的工资高。

可以说，他们中大多数人并不想承担更高职位的责任，而且绝大多数人都希望待着不动。他们需要被领导，想要别人把一切都为他们做好了，他们本身不需承担什么责任。因此，不管工厂里有多少人，困难不是发现那些需要提升的人，而是发现谁愿意被提升。

一种被普遍接受的观点认为：所有的人都想得到提升，因此很多计划都是依此而制定的。我只能说我们发现的事实并非如此——我们雇佣的美国人确实想得到提升，但他们并不总是想被提升到顶头。至于那些被雇佣的外国人，一般来说，他们作为助理工头就已经满足了。为什么会这样呢？我并不知道，只是在讲述事实的真相而已。

正如我前面已经说过的，工厂里拥有职位的人，对于每项工作该怎么做，都有着开放的头脑，如果说我们有什么固定的理论和固定的规定，那就是没有任何事情已经做得尽善尽美。整个工厂的管理总是向各种建议开放着。我们有一个非正式的建议征集系统，每个工人都可以通过它，把他所想到的所有主意和别人交流，并为此采取行动。

每一件产品节省1分钱，加起来也许就会是一笔显著的资金。以我们目前的生产量来说，一个零件节省1分钱就意味着一年节省12,000美元。如果每个零件都节省1分钱，那么一年的总数可达上百万美元。因此，计算节约的单位是1‰分钱。

如果新提出的方法表明可以做到节约，而进行改革所需的费用可以在一段合理的时间内收回来——比如说3个月之内——这种好的改革当然是切实可行的。

改革并没有只限定于提高产量或减低生产成本。很大一部分——也许是绝大部分的改革，都是关于怎样使工作更简单。在我们工厂，我们并不想有任何劳累的，甚至会把人累死的工作。这种工作现在已经极其少了。

一般来说，采用那些使工作变得更容易的方法，同时也就降低了生产成本。富有人情味的企业本身就是一个良好的企业。我们还对一些相关单位进行调查，看是制造零件便宜还是购买零件更便宜。

给我们的建议从四处传来。

一位来自波兰的工人看来是外国人中最聪明的建议者。这位波兰人不会说英语，他表示如果他机器上的工具从不同的角度安装，就能更耐磨损——原先它只能用来切割四五次。结果证明他是对的，这为我们节省了很多钱。

另一个波兰人在一台钻床上装了一个小小的固定装置，使零件在钻过之后就不用再进行处理了。这种方法被普遍采用后，结果是节省了一大笔钱。

人们经常会想出一些自己的小装置，因为当人们把注意力集中在一件事情之上，如果他们有一些这方面的头脑时，就常常能够进行一些改进。

一个人对其机器的清扫——虽然清扫机器并不是他工作中的一部分——也常常能够表露出他的才华。

下面是一些人提出的一些建议：

一项建议指出，用高架传送装置把铸件从铸造厂运到机器车间，这将为运输部门节省70个人。

曾经有17个人——这还是在生产规模很小的时候——做清除齿轮的毛边的活，这是一件又累又脏的活。有一个人简单地画了一台特殊机器的草图，他的想法不错，后来机器制造出来了。现在4个人就能干17个人所干的几倍——这根本就不再是什么劳累的活了。

通过把底盘上的一个零件的固定柄改成焊接柄，在当时远比现在产量小的时候，1年就能节省50万美元。

用扁铁片制造一种管子，而不是用通常的方式制造，结果又带来了另一笔巨大的节约。

制造一种齿轮的旧方法需要4个人操作，而且有12%的钢材要变成碎片。我们把大部分碎片利用起来，并且我们最终会把它全部利用起来的——虽然制造齿轮必须切下碎片，但我们不能以此作为允许浪费的借口。其中有一位工人设想出了一种很简单的新方法生产这种齿轮，这种方法产生的碎片只有1%。

为了使表面坚硬，凸轮轴必须进行热处理。但凸轮轴从热处理炉出来的时候总是翘着的，一直到1918年，我们还专门雇佣了37个人专门弄直这些翘着的凸轮轴。我们的几个人实验了大约1年，最后制造出一种新型的炉子，使凸轮轴在里面不会再翘了。在1921年，虽然生产量远比1918年大，但整个这项工作我们只雇佣了8个人。

另一项建议是去掉每一项工作对技术要求的压力。以前那位工具淬火工是一位专家，他必须判断加热的温度——这是一件无法事先考虑的工作，奇怪的是他能够看得那么准。热处理对硬化钢铁是非常重要的——需要知道该用的确切温度，这没法通过经验来把握，它得进行测量。后来我们引用了一套自动化系统，火炉边的人根本不会感到热，也不必去看温度计——记录温度的仪器，因为彩色电灯就能给他信号。

我们的机器中没有一台是随便乱造的。在采取行动之前，机器的每个细节都被核查过了。我们有时候先制作木头模型，或者在黑板上画出和实际一样大的零件。

我们并不被主观所限制，也不会只靠碰运气。我们还没有制造过一台不能做它设计时应该完成的工作的机器，大约所有实验的90%都成功了。

所有这些成果都归功于大家。我想如果人们不受阻碍并且每个人都知道自己是在进行服务，他们将会集中一切精力做好一切工作——即使是最微不足道的工作。

第七章

福特自传

创建良好的环境

重复劳作——即对一件事情一做再做，并且总是采用同样的方法——对有些人来说是一件可怕的事。对我来说，这也同样是可怕的。

我不可能整天做同一件事情，但对另一些人来说——也许我可以说对大多数人来说，重复劳作并不可怕。事实上，对有些人来说，思考是件非常可怕的事情。

对于这些人来说，理想的工作是指那些不需要创造的工作——那些既需要头脑又需要体力的工作几乎没有人愿干，而我们需要的正是这些认为创造性工作太困难而喜欢这种工作的人。

一般的工人只想找一份工作，这份工作并不需要费多大劲——也就是说他想要一份不需要动脑筋的工作。那些被称为有创造性头脑的也和那些对单调劳动感到恐惧的人一样，可以想象得出他们是如何地不安分，因此他们为那些整天做着同样工作的人而哀叹。

当你认真工作时，就会发现大部分工作都是在重复的。商人会有商人的一套常规，并非常精确地遵循着。银行董事长的工作几乎全是一样的，银行的低级官员和职员的工作也完全是老一套。

确实，对大部分事情和大多数人来说，有必要建立一套固定的常规模式，以便大多数动作成为重复性的动作；否则，他们将完不成自己的工作量，不能依靠自己的努力过日子。

任何一个有创造性头脑的人，都没有理由去做单调的事情。因为有创造性思维的人，到处都需要。对于有技能的人来说，绝不会没有出路，也绝不会没有施展才能的机会。

但我们得承认，并不是所有人都想成为有技能的人。即使有些人有这种想法，但也缺乏通过考验的毅力。一个人不可能只靠空想而变成一个有技能的人。

已经有很多关于人的本性的理论，但人的本性到底是什么，对此人们并没有进行足够的研究。

有一种理论认为，创造性工作只有在需要想象的领域才会有。音乐、绘画和别的艺术领域有一些创造性艺术家。我们似乎把创造性的功能局限在这样一些产品上——这些产品可以挂在画廊的墙上，可以在音乐厅表演，能在那些无所事事的人聚集的地方演出，他们吹毛求疵，却又相互崇拜彼此的文明。

但是，如果一个人想要实现创造性工作，他就应当去那些具有更高规则的领域，而不是那些与声音、线条、颜色打交道的领域。他可以到那些与法律打交道的领域。

我们需要能够协调产业关系的艺术家；我们需要能够创立优秀工业生产方式的大师；我们需要那些能把政治的、社会的、产业的和道德的公众，塑造成有秩序的整体的人。

我们过去把创造性工作的范围限制得太窄了，并且只把它用在过低的目标上。我们需要那些能为所有的人创造出正当的、良好的、美丽的生活的人。

一个好的意图加上思虑周密的工作设计，可以运用于实际，并能够取得成功。帮助增加工人们的福利——当然不是让他少干一点活，而是通过帮助他干更多的活来得到更多的福利。

如果这个世界上的所有人能把他们的注意力、兴趣和精力用于为别人造福的话，那么，这样的计划就具有实际的工作意义。这样的计划将经得起考验——它们在人性和金钱两方面都是最有收益的。

我们所需要的是坚定的信仰，即相信产业中的正义、公平和人性是可行的。如果没有这些品质，我们最好不要从事工业。确实，如果我们不能坚持正义、公平、人性，那么工业的末日便指日可待了——但我们可以做到这些，也正在朝这方面努力。

如果没有机器的帮助，人们就无法获得维持生活的收入，那么因为使用机器很单调而抛弃机器，这会对他有利吗？让他去挨饿，还是让他过上好生活更好？

一个人会因为挨饿而感到幸福吗？如果他不努力使用机器，他生产出来的只会比他所能生产的更少些，因此获得少于他应得到的那份幸福。

我还没有发现重复性劳动对人有副作用。专家们告诉我，重复性劳动既毁坏肉体又毁坏灵魂，但我们调查的结果却不是这样的。

例如，有一位工人整天不做别的，只是踏着踏板排放设备，他认为这种动作会使他变成单侧病人，但医院检查显示他并没有得这种病。后来，他被调换做另一工作，这工作需要运动不同的肌肉，然而几个星期之后，他要求干他原来的工作。

这看起来似乎很有道理：一天8小时做着同样的动作，很容易使身体变形。但我们却从未碰到这样的事例。

只要有人要求调换工作，我们便满足他们。我们希望能够定时调换他们——只要工人们愿意，这是完全可行的。他们不喜欢那些不是由自己提出的调换，由于有些操作是很单调的——因为它们是如此单调，以至于不可能有人愿意长久地干着同样的工作。

也许整个工厂中最单调的工作，就是用一个钢钩拣齿轮。把齿轮拣起后，在油桶里摇一下，然后把它放进篮子里，这个动作没任何变化——齿轮总是在同样的地方等着他，把每个齿轮都摇同样多的次数，齿轮总是被放进同一个地方的篮子里。这一工作不需要什么力气，也不需要动什么脑筋，别的什么也不干，只需要来回轻轻地摇着手，因为那钢钩非常轻。但做这项工作的人已经干了整整8年了，他把钱积攒下来并进行投资，到现在他已拥有4万美元了——并且他固执地拒绝每一个让他去干别的更好的工作的提议。

精确的调查也没有显示，人的头脑会因为工作过度而被扭曲或变麻木。

不喜欢重复性劳动的人不会干这种重复性劳动的。每一个部门的工作根据其特性和技能，被分为甲、乙和丙三类，每一类都有10—30种不同的操作方法。一个刚刚从办公室来的人可以先去干丙类活。当他干得较好的时候，再让他干乙类的活，然后再做甲类的活。甲类活干好之后，他可以做一些工具制造部或其他需要更高能力的工作。

福特公司的工人们在认真工作

一个人能做到什么成绩，完全取决于他自己。如果他一直待在生产部门，那是因为他喜欢做这一行。

没有一个申请工作的人会因为他的身体条件而被拒绝。这条政策是在1914年1月12日生效的，当时最低工资定为一天5美元，工人一天工作8小时。这条政策还进一步规定：没有一个人会因为身体状况而被解雇，当然，除非是传染病。

我想，如果一个工业组织要履行它的全部职能，它应该是一个社会的缩影，应该对它的雇员尽到自己的责任。例如我们就一直雇佣伤残人员。我们认为，对于那些由于身体有障碍不能劳动的人，社会应当负有责任，应该采取慈善行动去帮助他们。

我认为一些人必须通过慈善组织来得到帮助——比如智力低下，但这种情况极少。

我们发现在工厂中有大量的不同工作，完全可以为每种人找到一份工作，而不影响正常生产。

盲人或手脚不全的人，在他的工作岗位上能和一个健全的人干同样多的活，并且得到同等的报酬。我们并不是觉得残疾人更可取——但我们证明了他们也可以挣得全额的工资。

如果因为是残疾人，在雇佣他们时付给他们低工资，并因此对他们的低产量也感到满足，那就背离了我们的原则。那也许是在帮助残疾人，但并不是帮助他们的最好方法——最好的方法是使他们和健全的人一样生产出同样多的产品。

我相信这个世界上真正需要慈善的机会很少——即那种赠送礼物的慈善之举。当然，慈善机构和企业并不能组合起来。工厂的目的是为了生产，它只有以最大的生产效率进行生产，否则便没有尽到为全社会服务的义务。

我们习惯于不做调查就轻易地认为生产完全依赖于设备。事实上，人才是做好每项工作的前提条件。为了看清真相，我把工厂中不同的工作根据所使用的机器和操作进行了分类：

把体力劳动分为轻松体力活、中等体力活和重体力活；再看它们是湿活还是干活，如果是湿活，那是什么种类的液体；再看它们是干净活还是脏活；是靠近烤炉还是靠近高温炉；空气的流通情况；是需要用一只手，还是两只手都使用；员工是站着还是坐着工作；是安静的工作环境还是吵闹的工作环境；是不是需要精确度；光线是自然光还是人工灯光；每小时需要处理的零件数；所使用的材料的重量；工人所受到的各种限制。

在调查时，工厂有7882项不同的工作。这些工作中，有949项被认为是重体力工作，需要具有健全、强壮的身体的人来干；有3338项需要一般身体状况和普通体力的人来干；剩下的3595项工作根本不需要什么体力，即使最没有力气或者身体很弱的人都能干。事实上，大部分工作妇女或稍大一点的孩子都能干。

对最轻的工作进行再次分类，看其中多少项需要健全的身体。结果我们发现有670项可以由没有腿的人干，有2360项可由只有一条腿的人干，有两项可以由没有手臂的人干，有715项可以由只有一条手臂的人干，有10项能由盲人来干。

这样，在7882项工作中，有4034项——虽然其中的一部分工作需要力气——并不需要具备完全的体能。也就是说，先进的产业能给残疾人提供工作的机会比任何正常社会中的残疾人数还要多一些。

如果一个企业——或者说，一家工厂的工作，都像我们这样进行分析，那么虽然比例很可能差别很大，但我相信如果这样对工作进行分工后——使之分工到经济效益最佳的程度，那么有身体缺陷的人找到一份如常人一样的工作并不困难，并且可以得到和常人一样的工资。

把残疾人当作负担，这是最大的经济浪费。教他们一些细微的工作，比如编织篮子或别的无利可图的手工劳动，并不是帮助他们创造自己的生活，而仅仅是不让他们灰心丧气。

当一个人被某单位接受时，原则上是把他安排到适合他的身体条件的工作岗位上去。如果他已经在工作，但看起来不能胜任这份工作，或者他不喜欢做他的工作时，便给他一张换工卡，让他拿着这张换工卡到换工部门去。在身体检查之后，他被安排到另一个更适合他，或者他更喜欢的工作岗位上。

那些体力低于常人的人，如果对他们安排恰当的话，和那些体力大于常人的人一样会是个好工人。比如，一个盲人被安排到存货部门，工作是计算运往各处的传送带和螺帽的数量，然而另外两个身体健全的人已经在做这件工作了。两天之后工头送了一个条子给换工部门，竟然把这两个身体健全的人从这一岗位上撤下来，原因是这位盲人不但能够完成他自己的工作，而且还能完成原先由两个健全人做的工作。

其实，这种援助工作可以进行得更深入一些。例如人们通常想当然地认为，一个人受伤后，便只有把他从工作岗位上撤下来，然后给一笔抚恤金。但受伤后总有一段康复期，特别是骨折后，这时候人不够强壮，不能工作。

事实上，在那一段时间，人们总是急于想找工作，因为即使有最大数额的工伤补贴，也不可能有工资那么多。如果这样做，那么企业将如同背着一笔特别的税费一样，而这笔税费将增加生产成本，使产品的销售下降，并因此使某些人失去工作。这是企业主头脑里必须想着的一系列无法回避的问题。

我们对那些卧床不起的人做过试验——即对那些能坐起的人，我们在床上铺上黑油布或围布，让他们把螺帽拧到小螺栓上。这项工作必须得用手来做，在磁石电机部有15—20人做这种工作。然而那些病人干得和车间的人一样好，因此他们也能得到全额工资。

事实上，我相信他们的产量比通常车间的产量还高20%。我们尊重他们的意愿，没有一个人是非干不可的。但他们全都想干，因为当时间从他们忙碌的工作中流逝时，他们不再难熬，而且他们的睡眠和饮食从此都变得更好，并且康复得更快。

我们对于聋哑雇员并没有给予特别的照顾，他们通常干着一份完完整整的工作。有结核病的工人——大约有1000人左右——大多数都在废料收集部门工作。那些被认为有传染病的病人，在一个隔离的地方一起工作，他们的大多数工作是在户外进行的。

在进行最新一次员工分析时，有9563名低于常人身体状况的人。这些人当中，123名是手足伤残，截去了胳膊、前臂或手，甚至有一个人是双手俱无。有4个完全失明的人，207人有一只眼失明了，253人有一只眼非常模糊几乎失明。37个聋哑人，60个癫痫病患者，4个双脚俱失的人，234人失去了一条腿或一只脚。其他的人也有些轻微的身体障碍。

各项工作要达到熟练操作，需要的时间如下：

对于这些残疾人来说，43%的工作需要不到一天的培训，36%的工作需要一天到一个星期的培训，6%的工作需要一个星期到两个星期的培训，14%

的工作需要一个月到一年的培训，1%的工作需要一年到六年的培训，最后还剩一项工作需要非常高的技术——如制造工具和模型。

整个工厂的纪律很严格，但并没有什么琐细的规定，其公正性没有受到任何质问。只有部门经理才可以行使解雇权，以避免不公正的解雇，但这一权力很少行使。1919年是进行统计的最后一年。

在那一年，有30,555起工作变动。在这些工作变动中，有10,334起是由于旷工超过10天而没有说明理由的，因此被开除了；因为拒绝分配的工作，或者不能说明原因而要求调换工作的，这样走了3702人；因为拒绝去学校学习英语，这样走的人有38个；还有108人参军走了；另有大约3000人转到了别的工厂。

回家干农活或做生意的人占了差不多相同的数字。82个妇女因为她们的丈夫在工作而被解雇——因为我们不雇佣其丈夫有工作的已婚妇女。在整个变动中，只有80人是被立即解雇的，其中弄虚作假的有56人，根据教育部的规定而被解雇的有20人，不称职的有4人。

我们希望每个人都能做我们让他做的事情。整个工厂处于高度的专门化中，一个部门的运转依赖于另一个部门，我们不能有一刻时间允许工人各行其是。如果没有严格的纪律，我们的一切都会混乱不堪。

我认为在企业中应该是这样一幅情景：工人们尽可能多地工作，得到尽可能高的工资。如果每个人都按自己的方式去工作，那么总产量将会下降，因此个人的工资也将会降低。

任何不喜欢我们工作方式的人，随时都可以走，公司对每一个人的行为规范都是完全一样、不偏不倚的，如果某部门走的人越少，对该部门的领导人当然是越有利的。

如果工人受到了不公正的待遇，他完全可以讲出来——他有强大的外援。当然，不公正的发生有时是不可避免的，人们对他们的工作同伴也并不总是公平的。

人类的弱点总是会违背我们良好的愿望。我已经在前面表述了公司的愿望，虽然工头们不一定明白它，但我们将用尽一切手段来实现它。

在旷工问题上，必须进行最严厉的处理。工人不能想来就来，想走便走。当他有事时，可以向工头提出离开的请求，但如果他不打一声招呼便走，那么等他回来时，对其旷工的理由就要仔细地调查，并且有时候还要到医院进行核实。如果他的理由是合理的，可以恢复他的工作；如果理由并不正当，便可能被解雇。

在雇佣工人时，我们需要了解的情况有姓名、住址、年龄，以及是已婚还是单身，有几个需要抚养的人，是否曾为福特汽车公司工作过，视力情况和听力情况。

对于他以前干过什么，我们并没有进行提问，但我们的调查表中有一栏被称为“特长栏”，在来我们这里之前干过其他手艺的人，可以写上他曾干过什么——用这种方法，当我们需要哪方面的专门人才时，就可以直接从中挑选出来。这也是那些工具制造者或制模工能够很快地走向高职位的道路之一。

例如我们公司曾经急需一名瑞士钟表修理员，结果从卡片中找到一个很适合的人——他当时正在开钻床。

热处理部也曾需要一个熟练的砌火砖的工人，同样也在一架钻床边找到了这样一位——他现在已经是一位总检查员了。

在这里并没有多少人可以相互交流——工人都在干自己的工作，然后就是回家——工厂并不是很好的休息室。但我们尽力做到公正，同时也尽量阻止个人之间发生矛盾。

整个工厂有许多的部门，几乎就是一个小社会——每一个人都可以在其中找到自己的位置。

工人们有时也会打架，这通常是被当场解雇的原因。但我们发现这样对打架者并无帮助——这只能让他们不在我们的视线里打架而已。所以工头想出了别出心裁的惩罚措施，这既能保证他的部门中没有人被开除，同时又不需要花很长的时间来处理这类问题。

对一家高产量，同时又富有人情味的工厂来说，有一点是绝对必要的，即环境要干净，照明要好，通风要好。

我们的机器放置得很紧凑——工厂的每一平方英尺地面，都承受着同样的费用。如果把机器放置的位置放宽6英寸，那么消费者便要为产品付出额外的钱。

因此，我们测量出了每一工种的工人需要的确切空间。他们不能太拥挤——那将是浪费，但如果他和他的机器占用了多于需要的空间，那同样也是浪费。我们的机器比世界上的任何一家工厂的机器都挨得紧，几乎是一架机器堆在另一架机器的上面——但它们是科学地安放的，而不只是根据操作——并且还给了每个人和每台机器所需要的空间。

如果可能的话，没有1平方英寸——当然更没有1平方英尺——被浪费。我们工厂的建筑并不是作为公园来使用的，所以如此紧密的安放就需要切实的安全保障和良好的通风条件。

1913年福特汽车公司干净整洁的厂房

机器的安全保障是极其重要的事情。我们认为，必须保证任何机器的绝对安全，而不管它的工作效率如何高——我们没有一种机器是处于不安全状态的。但即使是这样，还是有一些安全事故会发生。

每一次事故——不管是多么微小——都得由一个技术高明的主要负责人员来察看，追究原因，并对机器进行研究，以确保同样的事故不会再发生。

当我们建造那些老建筑物的时候，并不像今天这样如此了解通风问题。在我们后来修建的所有建筑物中，支撑的柱子都修成中空的，污浊的空气通过柱子空心排出去，同时新鲜的空气也可以通过柱子的空心引进来。

所有地方常年都保持着恒定的温度。在白天不需要灯光照明的地方，有700人专门负责保持车间卫生——他们擦洗窗户，粉刷需要粉刷的地方，并且把容易被忽视的黑暗角落粉刷成白色。

如果没有干净整洁的环境，人们就不能保持精神兴奋。我们对清洁卫生的重视并不低于对生产方式的重视。

没有任何理由让工厂变得更加危险。如果一个人工作得太劳累或者工作时间太久，他就会陷入容易发生事故的精神状态。要防止发生事故，就要避免这种精神状态，这就需要一方面防止工作漫不经心，另一方面要使机器绝对安全。

根据专家的分类，事故的主要原因有如下几种：

生产结构上的缺陷；

机器的缺陷；

狭小的空间；

缺乏安全措施；

不合适的衣着；

暗淡的光线；

污浊的空气；

不干净的环境；

疏忽大意；

无知；

精神状态不佳；

缺乏合作精神。

生产结构上的缺陷问题、机器的缺陷问题、狭小的空间、不干净的环境、昏暗的灯光、污浊的空气、不良的精神状况、缺乏合作精神，所有这些问题都容易解决。

工资可以解决90%的精神问题，机器装置则解决了剩余的问题。我们也可以防止衣服不合适、粗心和无知等原因，这些都简单易行。

对于那些难解决的问题，我们投入了更有力的保障措施。在我们所有的新装备上，每一台机器都有专门的电动机。但在老式设备上，我们不得不用传送带，每一条传送带都装有防护设施。在自动传送装置上面架设天桥，这样工人们不用经过危险之处。

只要待在空中移送物品的地方，工人就必须戴上安全帽、护眼镜，并把机器用铁网罩上，以减少事故的发生。

我们在高温炉周围设了一些栏杆。机器上没有任何开口能绞住工人的衣服。所有的过道都保持畅通。牵引冲床的开关由一个大大的红色包头包着，只有在拧开这个包头之后开关才能被打开——这就防止了机器被无意打开。

工人如果穿了不合适的衣服，就有可能被滑车挂住衣服带子，或者长长的袖子，以及所有不适合佩戴的小玩意——这些工头都要注意到，他们能抓住大部分衣着不合适的违规者。

新机器在安装之前经过了各种测试。实践证明，我们没有发生过严重的事故。

工业不应该是强迫人屈服的工具。

第八章

福特自传

令人瞩目的工资改革

靠习惯来管理企业是不行的。也许有人会说："我支付的工资越来越高。"然而说这话的人却不会轻易地说："我没有比其他人更好的、更便宜的东西要出售。"

没有一个头脑正常的企业主会认为，只买最便宜的材料就可以生产出最好的产品来。那么，为什么我们会听到那么多的关于"清理劳动力"和降低工资能给国家带来好处的论调呢？

实际上，降低工资只能意味着降低购买力，并抑制国内市场。如果工业如此差劲，以致无法给人们提供一份好生活，那么工业发展有什么意义呢？

没有比工资更重要的问题了——我们国家的大多数人都是靠工资生活。他们工资的增长与生活质量的提高，决定着国家的繁荣。

在整个福特公司，我们现在执行一天6美元的最低工资标准，以前是一天5美元的最低工资。如果恢复到旧的市场工资水平，这是很不讲道德的事——同时这个公司也将是最差劲的企业。

首先我们来看看各种人际关系。在公司里把一个雇员称作伙伴是不常见的事，然而，他应当是什么身份呢？

当一个人发现管理一个企业超出了他个人的时间和精力时，他便叫来助手和他一起分担。那么，如果一个人发现一个企业的生产工作太多，已经超出了他的两只手所能完成的，那么能否认那些来帮助他进行生产的人不是他的"伙伴"吗？

所有企业中的人与人之间的关系，都是一种伙伴关系。在一个人叫别人来帮助他的那一刻——即使这位助手是一个孩子——他也有了一位伙伴。这个人也许是这家企业的唯一拥有者，是操作企业运行的唯一领导者，但只有当他同时还是唯一的经理和唯一的生产者时，他才能说自己是完全独立的。

而一旦一个人要依靠别人来帮忙时，他便不再是独立的了。

这就是一种伙伴关系——即老板是他的工人的伙伴，工人也是他的老板的伙伴。事实便是如此。

一群人或另一群人都自认为是不可缺少的部分，这是没有好处的。事实上两者都是必不可少的，如果一方只能以牺牲另一方为代价，从而使自己变成独一无二的，那么最终也将失去自己的利益。

资本家或劳动者都认为自己才是独立一体的，其实这都是非常愚蠢的想法。他们是伙伴关系。当他们互相对立，都想打倒对方时，他们只是在损害那个企业——在这个企业中，他们是伙伴关系，都从这个企业中获得利益。

作为企业的领导者，雇主的目标应该是给工人提供比同行业中任何一家企业更高的工资；工人的目标应该是帮助雇主，使这一切成为可能。

当然，在所有的工厂里都有人认为，即使工人尽最大的努力，也只是会对雇主有利，而根本不会对工人有好处。有这样的想法存在真是一件可悲的事情，但它确实存在，并且它的存在也有一定的合理性。

如果雇主希望他的工人尽最大的努力工作，而当工人了解到他们的最大努力并没得到任何回报时，那么他们自然会对工作没有兴趣。但是，如果他们看到劳动的果实就在他们的工资袋里，看到更努力的工作意味着更高水平的报酬，那么他们就会认识到自己是公司的一部分——公司的成功要依靠他们，他们的成功同样也要依靠公司。

“雇主应该支付什么？”——或者说“雇员应该得到什么？”——这些都只是小问题。主要的问题应该是“什么是企业的立足点？”

当然，任何企业都不可能建立在支出多于收入的基础上。当从一口井里抽水的速度大于流入井里的水的速度时，井里就会没水可抽。当井变干之后，那些靠这口井喝水的人便只能忍受干渴之苦。也许他们会把一口井里的水抽干之后，再到另一口井里去抽水，那么，把所有井里的水都抽干之后怎么办呢？这只是一个早晚的问题。

现在有一种普遍的要求，就是要求公正地支付报酬，但我们必须认识到报酬是有限的。企业本身设定了报酬的限度，你不可能从一家只挣10万美元的企业中分配到15万美元的报酬。

企业的状况限制着工资。但又是什么限制了企业呢？当一个企业盲目地依从错误的惯例时，它便限制了自己的发展。当人们不是说“这个雇主应该这样去做”，而是说“这家企业应该这样去做，以便能做好企业”，这时候，他们的企业便有前途和希望了。因为只有企业——而不是雇主——才能支付工资。

除非有企业作为后盾，否则雇主不能支付工资。但如果企业无法保障向工人支付更高的工资，雇主也拒绝支付，那该怎么办呢？一家企业是很多人的生活来源，这作为一条法规，不能够随意破坏。损害企业是犯罪行为，因为很多人都把自己的劳动献给了企业，他们把企业当作实现自己人生价值的地方，这是他们生活的来源。

用罢工或倒闭来扼杀企业是没有用的。例如一个雇主总是忽视雇员，并常问自己：“我最多给他们多少？”这种想法会使他一无所得。如果雇员以牙还牙地问：“我能强迫他多给多少？”这也会使他一无所得。

最后，双方都不得不回到企业的问题上，并问：“这家企业怎样才能变得更稳定、更有效益，以便能为我们大家都提供一种稳定舒适的生活？”

但并不是所有的老板或工人都会想得如此长远，目光短浅的习惯是很难改变的。能为此做什么呢？什么也做不了。没有任何规定或法律会使这种习惯产生变化。

开明的思想会使之改变，但我们需要一段时间才能使开明的想法传播出去。但传播时必须同时考虑到老板和工人两者的利益，使他们为同样的目标而工作，使企业能够顺利向前发展。

我们所说的高工资是什么意思呢？

高工资是指工资高于10个月前或10年前的工资。我们并不是指支付比应该支付的工资更高，今天的高工资也许在10年后成了低工资。

如果一个企业的经理想得到更多的分红，那么他就应该努力支付工人更高的工资，而不是付给他自己高工资。当然，如果可以支付高工资但他却不愿意，那么他就该受到指责。

但是依靠他独自一人的努力是不可能支付得起高工资的。高工资无法自动支付，除非工人自己挣得。他们的劳动是生产要素之一，但不是唯一的生产要素——错误的管理方式会造成劳动和原材料的浪费，使劳动的努力化为乌有。

劳动也可以把良好的管理化为乌有。但是在良好的管理和诚实的劳动结为伙伴关系时，工人便使得高工资成为可能。工人投入了他的精力和技术，如果他诚实地、全身心地投入工作，那他的回报应该是高工资。工人不仅挣得了高工资，而且还是创造工资的重要动力。

然而，还应该清楚，高工资开始是从车间创造的。如果没有车间的工作，将不可能有工资袋里的报酬。不会有一个不需要工作的企业。自然法则决定了这些。

无所事事对我们任何人都没有好处。工作是我们的神圣天职，是我们的自尊，是拯救我们的力量。工作是人最大的幸福，而绝不是诅咒，社会正义只能来源于诚实劳动。那些多做出贡献的人所获得的也应该更多，因此，在工资的支付中不应有任何慈善的考虑。

那种把自己的最大精力奉献给公司的人，是公司里能得到的最多的人。如果他的贡献不能被自己充分感受到，他是不可能做到这点的。

如果一个白天来上班的人，认为不管他做出怎么样的贡献，都不能得到预想的回报来维持一份好的生活的话，这种人事实上并不处在工作状态——他始终在焦虑和担心，这一切反过来会影响他的工作。

但是，如果一个人感觉到，他每天的工作不仅能满足他的最低生活需要，而且还能提供相当舒服的生活，能够让他为他的儿子和女儿提供受教育的机会，并给他的妻子带来生活的乐趣，那么，在他看来他的工作便是美好的，他会很愿意尽最大努力来工作。

一个人不能从他每天的工作中获得满足感，那他便失去了工作的乐趣——即工作回报中最重要的部分。

因此，工作是一件重要的事情——一件非常重要的事情！它是我们这个世界存在的基础，是我们自尊的基础。

老板应该承担比工人更劳累的工作。一个认真履行自己职责的老板，一定也是这个世界上最勤奋的工人。他不能说“我有几千人在为我工作”，事实上，是几千人在让他为他们而工作——工人工作得越好，便使老板越忙于处理他们生产的产品。

工资和酬金都应当有一个固定的数目，这是必须的，以便有一个计算的基础。工资和酬金一般是以预先固定的数目进行的一种利润分配——但经常发生这种事情，当一年将近结束时，发现还可以支付得更多一些，那时就应该支付工人更高的工资。

我们共同在为企业工作，我们所有人都该分得利润的一部分——或以优厚的工资，或以酬金，或以额外的补贴等方式。这点现在正被普遍认同。

现在有一个要求——要求把企业中的人提高到与物同等重要的位置。这是必将要做的事情。问题在于是否可以采取更好的方式做到——用一种方式，一方面能保护现有的物的地位，另一方面提高人的重要性；如果采取一种不明智的方式，它将使我们过去多年追求的物质利益全部消失殆尽。

企业代表国家的发展水平，反映了我们的经济状况，决定我们在世界各民族中的地位。我们并不想损害它。我们所想的是使企业中人的因素得到重视，而这一点完全可以在没有混乱、不损失任何物质的情况下就做到，并能增加我们每个人的福祉——这一切的秘诀就在于认识人的伙伴关系。除非每个人都能够自给自足，不需要其他人的任何服务，否则我们绝不可能不需要伙伴。

这些就是工资的基本内涵，它们是在伙伴关系中的利润分配。

多少工资才算是足够了呢？从工作中得到多少生活费才是合情合理的呢？你曾想过工资是什么，或者应该是什么吗？

说工资应该支付得起生活费用，这等于白说。生活费用主要取决于生产和运输的效率，而生产和运输的效率是管理人员和工人的效率之和。努力的工作，良好的管理，应该等于高工资、低消费。

如果我们的经济会改变各种影响结果的因素，那么我们不可能得到一个固定的结果。如果我们想根据生活费来规定工资，那么我们就是模仿一条追着自己尾巴的狗。

并且又有谁能说明应该把生活费定在什么样的程度呢？让我们放宽眼界，看看工资对工人来说意味着什么——它就应该是什么。

工资担负着工人在车间之外的全部费用。工人担负着车间内部必要的工作，每天的工作是最有价值的财富金矿。工资肯定不应该少于工人在车间外面的全部开支，它还应该考虑到年老后他再也不能劳动时的生活费用——那时候他也应该不需要再从事劳动。如果要做到这些，企业就应当调整生产、分配和奖励计划，避免企业利益落入那些对生产没有提供过帮助的人的口袋里。

为了能够创造一套工资制度，使其既适用于那些善良仁慈的老板，也适用于那些自私自利的老板，我们得在生活中找到一个基础。

当1蒲式耳小麦值1美元时，与1蒲式耳小麦值2.5美元时，工人每天的劳动所付出的体力完全是一样的。鸡蛋可以是12美分1打，或者90美分1打，但一个人在一天的生产劳动中所付出的体力又有什么不同呢？

如果生产只是和某人自己相关，那么维持他的生活费用和他应该得到的利润，将是一件较简单的事情。但他并不只是一个人。

他首先是一个公民，要为国家创造福利；他还是一个有家室的人——也许他是孩子们的父亲，必须靠他挣来的钱把孩子们培养成有用之才。我们必须考虑到所有这些事情。

怎么计算一个家庭为每天的工作所付出的精力呢？你为工人的工作付给他工资，但他的工作中又有多少是归功于他的家庭呢？有多少是因为他是一个公民的身份呢？有多少是由于他身为人父的呢？

工人本人确实在工厂工作，他的妻子在家里工作，但工厂必须为他们两个人支付工资。在什么样的工资计算体系中，家庭可以在每日工作的工资单上找到它的位置呢？

工人本人的生活费用能被认为是“消费”吗？让一家人分享到“利润”是他的能力吗？如果工人每天工作所得只以现金计算，是不是应该以满足他和他的家人的需要为标准来衡量呢？

或者所有这些都严格地在费用项目下予以考虑，而利润却在所有这些成本之外计算呢？还有，除了养活他自己和他的家庭，让他们有衣可穿，有房可住，接受教育以及给他们标准生活的各种享受之外，是不是还应该提供更多的钱用来积蓄呢？

所有这些都能从每天的工作中得到吗？我认为答案是肯定的。否则的话，我们就是对孩子不公，他们的母亲也会被迫去别处寻找工作。

这些问题都需要准确地观察和计算。也许没有一件与我们的经济生活有关的事情能比弄清楚每天的工作要承担什么样的负担更值得我们关注的了。

也许能够精确地计算出来——但这会给每天的工作造成很大的妨碍——每天的工作会耗费一个人多少能量。但我们不可能精确地测量出需要给这人补充多少能量，以便他精力充沛地从事第二天的工作，同时也不可能测量出那些耗费的能量中有多少是他永远也无法补充的。

经济学还没能设想出补偿工人体力的替代方法。可以通过老年退休金的方式建立一种补偿基金，但养老金并不是每日劳动应得的利润，而是用于照顾日常生活的费用以及工人所耗费的身体损失。

直到现在，曾支付过的最好的工资也不如它们所应该得的那么高。企业还没有足够好的管理，它的目标也未充分地弄清楚，以使它能够把它应该支付的工资付给工人。这也正是我们工作的一部分。

但是，废除工资制度，以合作共有的方式来取代它，对解决问题并没有帮助。工资制度是我们拥有的唯一的，可以进行按劳分配的制度。

如果废除工资制度，我们将会陷入普遍的不公平状态之中。相反，如果我们能够完善这一制度的话，那么我们将能够享有普遍的公平。

多年来的工作经验使我对工资有了一定的了解。我认为第一点是，除了别的需要考虑的方面之外，我们的销售也是依赖于我们所支付的工资额的大小。

我们如果支付高工资，这些钱也要被花掉，一旦商店的老板、批发商、其他行业的生产厂家和工人更加富裕，那么他们的富裕反过来又会刺激我们的销售。因此，全国范围的高工资将会带来全国范围的繁荣。

当然，高工资是由高生产效率带来的，付出高工资却降低生产效率，那么企业将走向死亡。

有时候，支付工资对我们来说是一件费劲的事。直到我们完全进入T型车生产后，我们才能算出工资应该是多少，虽然在此之前，我们也有过一些利润分配。

过去每年年终的时候，我们与工人分享我们所挣的一部分利润。比如，早在1909年，我们根据服务的年限，分配了8000美元。一年工龄的人得到他年工资的5%，两年工龄的人得到他年工资的7.5%，三年工龄的人得到他年工资的10%，但有人认为这种做法并不能反映钱和每日工作的直接关系。

一个人要在他的工作完成之后很久，才能得到他该得的一份，而那时候，它的到来几乎就像一份礼物一样。这样让工资带有慈善色彩总是一件不好的事。

后来，我们的工资也未能科学地根据工作进行调整。干这种工作的人可能会得到一定数额的工资，干那种工作的人会得到更高一些的工资，而事实上也许这种工作所需要的技术或努力要大于那种工作，除非老板和工人都事先知道所付的工资数额，否则的话就会在工资差别中存在许多的不公平。

因此，在1913年，我们开始对整个企业的上千种工作进行研究。然后，给予大笔的分配额，以便能够满意地确定每天的工作量，再把所需的技能考虑进去，由此确定了工资等级表。

这个表相当准确地反映了一件工作所需的技能和精力——做这份工作的人可以从中获得多少工资回报。

如果不进行科学研究的话，那么老板就不知道他为什么要支付这么多工资，工人也不知道他为什么拿这些工资。把我们企业中的全部工作进行标准化计算后，工资等级便确定下来了。

我们没有设立计件工资。有些工人是按日支付工资，有些工人是按小时支付工资——实际上在每一种情况下都有一个标准的生产量。当然，这个生产量标准很低，没有一个人会达不到，否则的话，工人和我们都不会知道是不是挣得到工资的钱。因此，在真正的工资支付之前，必须有一个确定的工作量。一个看门人只要到岗，他便应该得到工资，工人则要根据他们的工作量得到工资。

根据这些事实，我们在1914年1月，宣布并实行了一项利润分成计划。根据这项计划，任何一项工作在一定情况下的最低工资是一天5美元。同时，我们缩短每天的工作时间为8小时——原先是9小时——每周工作时间为48小时。这完全是自愿之举，我们所有的工资级别都是自愿确定的。

社会公正性是制定一项举措的依据。经过最后的分析，我们为了自己的心灵得到满足而实施了这一举措。因为你能使别人幸福，将是一种很愉快的感觉——你在某种程度上减轻了你同伴的负担——你把可用于娱乐的钱拿出来给了大家。

善良的愿望，是生命中最宝贵的财富。一个意志坚定的人可以赢得他所追求的任何东西，但是，除非在赢得的同时，他还有善良的愿望，否则的话他并不能从中获得什么利益。

但是，在这一切之中并没有掺杂任何的慈善因素。这一点并不会被大多数人理解，很多公司的老板认为我们这么做只是因为我们赚钱了，需要做广告宣传。

他们指责我们，因为我们使工资标准动荡不安——我们违反了他们所立下的尽可能少地给工人工资的习惯。然而，这种标准和习惯完全没有道理，它们也必须被除掉。将来有一天，它们会被清除的，否则，我们无法消灭贫穷。

我们进行改革，并不只是因为我们想支付更高的工资，以及自认为我们能支付更高的工资。我们支付这些工资是想为企业奠定一个更长久的基础。

福特宣布日工资5美元时公司人山人海的盛况

我们并未破坏任何东西——我们是在为未来而建设，毕竟一家低工资的企业总是不稳固的。

也许再也没有比这一次宣布的举措更能引起世界范围影响的言论了，并且几乎所有对它的评论都未能正确理解事实。但我们的工人都相信他们一天将获得5美元，不管他们干的是什么工作。

事实和一般的印象有一定的差别。这项计划是想事先分配利润，而不是等到利润已经挣得之后——我们是想在挣得利润之前便大略估计一下，在某种条件下，把它添加给那些在公司工作超过6个月的人的工资上，它由3种类型的雇员享有：

一种是已婚男人，与他们的家庭共同生活，并负担他们的生活。

一种是超过21岁的单身男人，并且生活节俭。

一种是小于22岁的男人，和某些作为亲戚，唯一负有抚养义务的妇女。

职工首先领取的是基本工资——这份工资高于一般市场工资的15%，然后他才有资格享有一定的福利，他的工资加上福利，得到的是每天5美元的最低收入。

这种利润分配是以小时为基础来分配的，因此，那些每小时工资最低的人，却能得到最大比例的福利，它和工资一起每两星期发一次。

比如，一个每小时拿34美分工资的人，每小时的福利为28.5美分，他每天总共能有5美元。一个每小时拿54美分工资的人，每小时的福利为20美分，那他每天就能有6美元的收入。

这是一种分享利润计划，但是是有条件的——职工和他的家庭需要比较清白单纯的公民身份，并没有任何父权主义！——事实上，现在还有相当大的父权主义存在，这就是为什么要调整整个计划和社会福利部门的理由之一。

最初所想的是人们应该有一种更好的生活，而最好的措施便是拥有过舒适生活的金钱。一个生活好的人必然会把他的工作做好，然后，我们也希望避免由于增加工资而降低工作标准。

在战争时期，有时候一个人的工资增长太快，只会增加他的贪欲，并因此降低他的能力。如果一开始的时候，我们只是把增加的钱放在工资袋里面，那么工作标准很有可能会降低。

在新计划的实施中，大约有一半的人工资增加了一倍，这很可能会被认为是“轻易得来的钱”，这种想法会使工作垮掉。因此，过快地给工人增加工资是很危险的——不管他以前是一天挣1美元还是100美元。事实上，如果工人的工资由每天100美元一夜之间增加到每天300美元，他更有可能比日工资1美元增加到3美元的人做出傻事——因为那些有更多钱的人有更多的机会使自己变成傻瓜。

在第一项计划中所坚持的工作标准并不琐碎——虽然有时候是以琐碎的方式进行管理。我们的社会部大约有50个调查员，他们的判断力都很高，但不可能50个人都有着同等水平的判断力，有时候也会出差错——有一个人专门负责检查出错的事。

按计划规定，一位已婚男子要得到福利，就得和他的家庭一起生活，并负担他们的全部生活费。我们必须改变很多外国工人的不良习惯——把他们的家当作从中挣钱的地方，而不是生活的地方。不到18岁的人，如果他抚养着另一位亲人，他也可拿一份福利。简朴生活的单身汉也能够分享一份福利。

这项计划在根本上是为工人造福的最好方法。在这项计划开始生效时，60%的工人当时就符合发福利的条件。在6个月之后，78%的工人也达到了条件。一年之后，87%的人符合了。在一年半之后，只有1%的小部分人不能分享福利。

高工资还会带来其他结果。

在1914年，当第一项计划生效时，我们有14,000名雇员，为了保持14,000的固定劳动力，一年需要雇佣53,508人，而这些工人大部分都是在企业的发展中招进来的。如果按过去劳动力的流动方式，我们目前的劳动力需要每年雇佣20万人左右——这几乎是不可能的事情。即使一项简单的工作只需要稍稍的努力就能掌握，但我们也不能在每天早晨，或每一周，或每一个月就换一批新人。

因为虽然一个人在两三天之内就能合格地按时完成工作，但在他有一年的工作经验之后，他能比一开始的时候干得更好，但是劳动力流动方面却从未给我们带来过麻烦。

很难计算出准确的数字，因为当我们不能全部开工的时候，就轮换一些人，以便把工作在最大的范围内进行分配，因此要区分自愿离去和非自愿离去是很困难的。

现在，我们也没记录这些数字，因为我们现在很少考虑劳动力变动情况，不必费精力去做记录。据我估计，每个月劳动力的流动情况为3%–6%。

我们后来也对这一套工资制度做了修改，但我们没有偏离这一原则——如果你期望一个人在工作中献出他的时间和精力，那么给他一份足够的工资，使他没有经济顾虑。这是值得的。

我们的利润，在支付高工资和福利之后——在我们改变这一套制度之前，每年的红利为1000万美元左右——表明支付优厚的工资是经营企业回报的最大的方式。

有些人反对这种根据家庭情况和个人行为习惯来分配红利的支付工资的方法，认为那会导致父权主义，这在企业中不应存在。把福利与打探别人的私生活搞在一起是过时的做法。

人们需要顾问，也需要帮助，而且经常需要一些特殊的帮助。所有这些都应该是正当的。但是管得太宽，过分干预别人的生活，将会使企业更僵化，会扼制企业的发展，而且不能做好外面的工作。

但这一切问题不必改变原则，我们只需改变一些支付的具体做法就可以了。

第九章

福特自传

没有永远出色的企业

老板在年复一年地经营着企业，工人也在年复一年地工作着。但有一条规律，即他们都是按星期来工作的，当他们以能够接受的价格获得订单和工作时，他们便接受这份工作或订单。

在所谓经济繁荣时期，订单和工作都很多；在所谓经济疲软时期，订单和工作却很稀少，因此企业或者大把赚钱，或者忍饥挨饿，也就是时好时坏。

虽然从未有过一段时期，在这个世界上的任何人都感到东西太多了——每个人都感到生活太舒服或太幸福了——但确实有这样的时期，整个世界对货物的极大需求和企业机器对工作的巨大渴求，而这两者——需求和满足这种需求的工具——被金钱的障碍隔开了。

生产和就业都是时好时坏的，不可能稳定地前进，我们只能是一步一步地向前跳——刚才还跑得很快，现在又有可能完全停下来。

当大量的人们需要购买时，就出现了货物短缺；当没有人购买时，就出现了生产过剩。我认为我们总会短缺货物，我不相信我们竟然会有过生产过剩。

在某个时期，我们生产了太多不适当的产品，但那并不是生产过剩——那只是没有计划的盲目生产。我们也同样会有很多价格昂贵的库存物品，这也不是生产过剩——这是由于错误的生产，或者错误的管理，或者错误的金融造成的。

难道企业的好坏是由命运主宰的吗？难道我们必须把这作为一种无法逃避的结果来接受吗？

我认为，企业的好与坏是我们自己的所作所为造成的。我们种植庄稼、开采矿藏、生产物品的唯一理由是让人们有粮食吃、有衣服穿、有房子住、有可使用的物品。除此之外，再不可能有别的理由了。然而，这一理由却被迫退居次位，人们只认为我们所做的一切不是为了服务，而只是为了挣钱。

这是因为我们被卷入了一套金融体系。在这套体系中，钱不再是用于交换的方便媒介物，有时候它反而成了交换的障碍，而且更多的时候表现为障碍。

只是由于我们管理得太差，所以才经常要面对所谓的坏运气。如果我们的庄稼大面积减产，可以想象国家将陷入饥饿状态。我无法想象我们如何面对饥饿和贫穷，而这贫穷和饥饿主要是由不当的管理造成的，特别是由非常不合理的金融结构造成的错误管理。

当然，战争使整个国家动荡不安，使整个世界不得安宁。如果管理得当，就不会有战争。

但是，也不能只由战争来承担责任。战争显示出了金融系统的大多数毛病，但更重要的是它表明了：只以金钱为基础的企业是多么不稳固。

我不知道失败的企业是错误的金融方式导致的结果，还是企业的错误动机造成了错误的金融方式。但我可以肯定，如同完全颠覆目前的金融体系是得不偿失一样，在服务的基础上，重新塑造企业的金融体系是完全可取的。然后，一个比目前更好的金融体系就会形成，而目前的这一套会被抛弃，因为它已经没有存在的理由了。

当然，整个过程应当是循序渐进的。

在一开始时，使自己的事情稳固下来，这也许是任何人都可做到的。然而一个人单独行动，不可能取得最佳的效果，但是如果他是作为一个先例的话，就会有很多跟随者。这样，通过较长的时间，我们就可以把停滞不前的企业和它的不景气的合作伙伴企业，归入需要改革的企业中。

随着重新组织的企业和金融体系的到来，完全有可能消除恶性循环的一面——即使不能消除周期性本身，也能从企业中除掉周期性的低潮。

农业已开始了重组的进程，当工业和农业都在进行彻底重组时，它们将互相补充。它们是一致的，而不是对立的。

以我们的阀门厂为例，我们把它建在18英里之外的农村，这样我们的工人也同时是农民。由于使用机器耕种，农业生产只需要现在时间的一小部分。

很多制造小零件的工厂，它们的厂址建在哪里都没有太大的区别。由于对水力的需要，它们完全可以建在农耕的乡下。这样，我们在很大的程度上有着许多农民工人，他们在最科学和健康的条件下，既不耽误耕作，又可以在工厂干活。

通过福特的智慧与努力，福特汽车公司成为世界一流的企业

这种安排很适合一些季节性工厂，也可以根据季节和装备进行连续的生产。另外，还可以通过更巧妙的管理，消除生产的季节性。可见，对任何问题的研究都应当这样。

周期性的萧条是一个更严重的问题，因为它们是如此严重，以至于似乎难以控制。除非全部重新组合生产，否则不可能完全解决这一问题。但企业中的每个人应当为他自己做些事情，这些事情一方面可以造福于他所在的企业，另一方面也可以帮助别的企业。

福特公司在生产中并没有表现出时好时坏的情况，不管条件如何变化，它一直很好——除了在1917年—1919年，工厂转而生产军用物资时。

1912年—1913年被认为是处于“停滞时期”，虽然现在有人称其为“正常时期”，因为当时我们的销售量翻了一倍。尽管1913年—1914年是停滞时期，我们仍把销售量增加了1/3。1920年—1921年，据说是历史上最萧条的一年，我们卖掉了125万辆车，是1913年—1914年“正常时期”的5倍。

这其中并没有什么秘诀。它像我们企业里其他一切一样，都是贯彻应用一种原则的必然结果，这条原则可以被应用于任何企业之中。

我们现在毫无保留地给工人支付每天6美元的最低工资。他们已经习惯了高工资，工作中用不着监督，一旦工人能进行合格生产——这就看他自己的工作愿望了——如果他做得不好，便马上只能拿到最低工资。

我们把预先估计的利润都提前加到了工人的工资上，现在支付的工资比战后的繁荣时期更高。但我们向来是根据工作付给他们报酬的，工人工作的努力可以从这一事实看出：虽然一天的最低工资是6美元，但大约有60%的工人的工资高于最低工资——6美元（不是平均值，而是最低值）。

首先让我们来看看繁荣的基础是什么。

进步不是由一系列特技而达到的，每走一步都需要控制好。一个不思考的人是不可能进步的。

再说繁荣。真正的繁荣时期是，绝大多数人都能得到他们该吃的和该穿的，并体会到“舒适”这个词的真正含义。繁荣正是代表大多数人们的舒适程度——而不是生产厂家的金钱收入。企业主的职责就是为此而做出自己的贡献。

企业主是社会的工具，他管理他的企业，是为了给社会提供物美价廉的产品，同时向那些与他的企业相关的工人提供相应的越来越高的工资，只有这样做他才是在为社会服务。一个企业主或企业中的成员，以这种方式并且只有用这种方式，才能找到自己存在的价值。

我们并不太同意统计学家和经济学家关于繁荣和萧条周期性变化的理论。他们将产品价格高的时候称为“繁荣时期”，但是一个真正的繁荣时期，是不能根据企业主给产品所定的价格来进行判断的。

我们也并不怎么在意词语的变换。如果商品的价格高于人们的收入，那么它总会降到低于人们的收入。一般来说，产业是一个以生产为起点、以顾客为终点的过程。如果消费者不买或者买不起企业主想卖的东西，而企业主却指责消费者，并说这不是企业的错误，这就如同把车套在马的前面，使马痛苦不堪，这简直就是胡闹！

生产者是为了消费者而存在，还是消费者为了生产者而存在呢？如果消费者不想买——或者说他买不起生产者所提供的商品，这是生产者的过错，还是消费者的过错，还是任何人都没有过错呢？如果任何人都没有错的话，那么生产者也就没有必要再去干他那一行了。

但是什么样的企业曾以生产者为开始而以消费者为结束呢？那些使车轮运转的钱是从何而来的呢？

从消费者那里而来！这是当然的。一个生产者的成功，在于他有能力提供消费者所喜欢的商品。他可以用质量来吸引消费者，也可用价格来吸引消费者，消费者喜欢的是质量最好且价格最低的商品。

任何人如果能以最低的价格给消费者提供最高质量的商品，那么他肯定会成为产业的领导者，不管他生产的是什么样的东西，这是必然的。

那么，怎样才能成为好企业呢？就是用更佳的管理方式降低生产成本，把价格降低到购买力之下。

降低工资是对付这种萧条的最容易、最草率的方式，更不用说这是一种不人道的方式。它实际上是把企业经理的无能转嫁到工人身上。

只要我们知道这点，那么每一次萧条时期的到来都是对企业家的挑战，他应当更多地把精力用于企业之中——通过管理，而不是用降低工资来克服困难。把削减工资放在解决问题的第一步是在回避问题。

如果一开始便抓住了真正的问题所在，就不需要降低工资了，这是我的经验之谈。

一个迫切的实际问题是，有些人将在调整的过程中受到损失。但是除了那些有利益可损失的人之外，没有人能损失什么。但“承担损失”这一词语相当容易引起误会，其实我们并没有遭受什么损失，它只是暂时放弃一些过去获得的利润，以便将来能获得更多的利润。

不久之前，我和一位五金商人在一个小镇交谈，他说：

“我准备为我的存货承受10,000美元的损失。但是，当然，它并不是真的会损失那么多。我们五金商人也有过繁荣时期，虽然我的大部分存货都是以高价买进的，但我已经卖完几次货并从中获利了。此外，我说的将要损失的10,000美元并不是我曾有过的钱，它们是以某种方式投机而挣得的钱，并不是购买商品的美元，因此，我的损失虽然巨大，但实际上并不大。与此同时，我能够使我们镇的人们盖起自己的房子，而不会因为五金商品的价格受到影响。”

他是一个明智的商人。他宁愿少赚一些钱，也要让他的企业继续发展下去，而不是为高价出售囤积货物，阻碍其他生产的进步。

像他这样的人，是一个镇上的财富。他有聪明的头脑，能够调整存货，而不是降低送货工人的工资。降低工资也就是降低了产品的购买力。

他并没有坐在那里，继续保持他的价格，等待着时机好转。他认识到了那些似乎被大多数人忘掉的事情——企业主的一部分职能便是不时地损失一些钱，我们必须承担一些损失。

最终我们的销售量和其他货物的销售量一样跌了下来，但我们还有大量的库存，以那些库存的材料和零件的成本价估算，我们的车必须高于所定的价格——但这个基于成本考虑的价格比人们能够或想要出的价格高。

我们决定承受一切，降价处理了1700万辆车的库存，因为我们宁愿承受更大的损失，而不愿让工厂停业，因此根本没有选择的余地。

这是一个从事工商业的人的必然选择。他可以承受损失，并继续向前从事他的工商业活动，他也可以停业不干，但将无所事事。那种停业不干带来的损失，一般来说要大于前者的实际损失，因为在这段无事可做的日子里，恐惧心理将磨灭人的积极性，而且如果停业太久，就不会有足够的精力再次开业。

消极等待企业情况的改善是毫无意义的。如果一位企业家要行使他的职能，他必须把价格降到人们愿意购买的程度。不管情况如何，人们需要生活必需品，只要有这种需求存在，价格能满足消费者，就会有人买。

降低质量或节省原料，这只会引起工人们的不满，只能通过提高生产效率来解决问题。并且，当所有的企业都陷入萧条时，企业界的人士应该把这看成是对自己的挑战。把注意力集中在价格上，而不是在服务上，这种企业家肯定不能成为真正的企业家。

这是用另一种方式说明，销售应该建立在真正价值的基础上。真正的价值就是一件产品中凝聚的人的劳动力，但是这一简单的公式并不具有“企业味”。

我们有很多这样的企业，它们使大多数的劳动产品，成为那些精明的投机者的囊中之物。这种投机者能人为地制造食品或其他某种商品的短缺，并因此刺激社会对这些商品的需求。对此我们会产生错误的兴奋，然后是对错误的麻木不仁。

经济规律经常遭到无心地违背。你可以认为是经济环境使人类产生了这样的规律，或者你也可以认为是人类使经济环境呈现为这样的规律。我们会看到很多关于经济体制决定人类存在的理论，他们会因为看到了存在于人类身上的普遍错误而指责我们的工业体系。我们还会听到其他的人说，是人类自己造成了现在的状况。

如果说我们的经济、工业、社会体制是错误的话，那它只是人类自身弱点的反映。我们工业体制的缺陷是人类自身缺陷的反映。企业家们多多少少地承认，目前工业方式上的错误，至少部分是他们自身错误的系统化和扩大化。如果把这个问题摆在与他不相关之处时，他是完全能够看出来的。

毫无疑问，如果人性中的弱点越少，那么就会有一个缺陷更少的社会制度。或者，人类天性比其目前更坏，将会由此形成一个更坏的社会制度——也许一个更坏的制度不会像目前这个制度一样持续那么长久。

但是，没有人认为人类在有意地建立一套错误的社会制度，统统认定一个社会制度的所有缺陷都是来自于人类自身的缺陷，这并不能推出人类有意地组织自己的缺陷，并把它们建成一个制度。我们应该把很大一部分原因归于无知，再把一部分归于幼稚。

看看我们现行的工业体制的初始时期，那时并没有迹象表明它将怎样成长，每一次新的进步都受到欢呼，没有人想到过“资本”和“劳动”是敌对的，没有任何人会想到他成功之中隐藏着危险，并且随着体制的发展，其中潜伏的每一处缺陷都将显露出来。

一个人的事业发展到相当规模时，他的工人多得他都不知道他们叫什么名字。但这一事实并不令人感到遗憾，它同样受到了欢呼，而由此导致了一个非人的体制，在其中工作被当成某种非人之物——即只是这个体制的一部分。

当然，这种非人性的过程不是被有意制造的，它只是慢慢生长起来。它在早期的体制中就潜伏着，但没有人看见它，也没有人预料到它。只有巨大的、史无前例的发展才能将它暴露出来。

再看看产业的理念。产业的理念是什么呢?

真正的产业理念不是为了赚钱，产业理念是一种服务性的观念，重复着一个有用的观念，满足成千上万人的需要。

为了生产而生产。把一个缺乏生气的体制变成一件精致的艺术品，把生产奠定在这样的基础之上，将为扩张和建立更多的工厂、生产更多的所需物品而提供机会——这才是真正的产业理念。

产业理念的对立面是想通过投机，而不是通过工作来获取利润。那些目光短浅的人看不到企业整体利益比任何个人的利益都大。商业是给予和获取的过程，是生活和让别人生活的手段，是多方力量和利益的协作物。

某个人相信商业是一条河，这条河的流动一到他身边就应当停下来，那么这个人只不过是一个自认为可以阻止商业的流通而使商业活跃的人。他以为他可以通过停止财富的生产来获得财富。

服务的原则可以治好坏企业的病根，它将指引我们把服务原则和金融规律应用于实际。

第十章

福特自传

将成本降到最低限度

没有人会否认，不论是在什么样的发展状况下，如果商品价格足够低的话，总会有购买者，这是工业的基本事实之一。

有时候，我们可能会看到不管其价格多低，原材料根本卖不动。在上一年我们便亲眼见到过这样的事情，但那是因为工厂主和销售商们想在新的生产业务之前，处理掉他们的高价存货。

虽然市场看上去死气沉沉的，但事实上并没有货物会处于饱和状态。而所谓“饱和状态”的市场，只是那些产品价格高于购买力的市场。

产品价格过高，是企业发展不正常的标志，因为它们总是由一些不正常的原因造成的。犹如一个健康的人会有正常的体温一样，一个健康的市场就有着正常的价格。高价一般都是由于产品短缺的谣言造成的。

虽然不是任何东西都会短缺，但只要几种重要的商品发生短缺，或只要其中一种短缺，投机便开始了。或者货物根本就没有发生短缺，通货膨胀将很快引起购买力的膨胀，并由此产生大量的投机机会。也可能有实际的短缺和通货膨胀相结合的情况——如战争期间经常发生的。

但在任何价格过高的情况下，不论其真正的内在原因是什么，人们之所以付出高价，都是因为他们认为将出现产品短缺。他们可能把面包事先买好，以备今后涨价不至于吃亏，或者他们买下来是为了日后再卖掉，以从中牟利。

再如当有传闻说糖将出现短缺时，某些一生中从未买过多于10磅糖的家庭妇女，便马上想到要存一两万磅的糖。当她们这么做的时候，投机者早已把糖买到他的仓库里存放起来。

可以说，几乎我们所有的战时物品短缺，都是由于投机或需要之前的大量购买而引起的。

不管一种物品被认为如何紧缺，也不管政府是否控制并把握每一盎司的物品，一个愿意出高价格的人总是能得到他想买的东西。没有一个人能确切地知道任何一种商品的全国库存量有多少，即使最准确的数字也只不过是猜测而已，那么，估计世界范围内某种商品的存货便更难了。

我们也许可以知道在某一天或某一个月共生产了多少商品，但这并不能清楚表明第二天或下个月将生产多少，同样，我们也不知道消费掉了多少商品。

如果花费了一大笔钱，我们也许在一段时间之后能够准确地算出在一个时期内某种特定的商品被消费多少，但当这些数字被算出来的时候，除了用于历史研究之外，它们将毫无意义。因为在接下来的一段时期，消费量也许会是原来的两倍，但也许仅仅是原来的一半。

消费是随着价格和质量而变化的。没有人知道，也没有人能够算出未来的消费将达到什么程度，因为每次价格的降低都会迎来一个新的购买力阶层。每个人都知道这点，但很多人却以自己的行动来表示不承认这一点。

当一个商店老板以过高的价格购进一批货之后，发现这些货根本卖不动，于是他把价格一点点地降到这种货能卖动的程度为止。如果他聪明的话，就不会斤斤计较价格，从而使顾客希望出现更低的价格；相反，他会把价格大大降低，一下子把全部东西都卖出去。

每个人在销售中都可能会受一些损失。一般人都希望在损失之后可以赚回更大的利润，来弥补损失——然而这通常是一种幻觉——用以弥补损失的利润应该在降价之前，通过降低交易费用而取得。

那些认为在繁荣时期的高利润可以解决萧条时期的金融问题的人，都是十足的傻瓜。然而，还有一种理念——一种很强的理念——认为企业是由许许多多的赢利和损失构成的，好的企业便是赢利大于损失的企业，因此这些人认为一种物品的最好售价，就是它所能达到的最高售价。真的是这样吗？我发现事实并非如此。

我们发现购买原材料时，如果买来后不能立即使用是很不合算的。

因此，我们只买够生产计划所需的，加上对运输过程所需时间的考虑，如果交通顺畅，可以保证原材料及时地运到的话，那就没有任何必要保存货物了。

汽车将把原材料按计划运到，并按计划的顺序和数量把它们从铁路运到生产地。这样做会省下一大笔钱，因为这会使资金周转得非常快，减少了原材料积压挤占的资金。

如果交通不方便的话，你就得准备大量材料的库存。例如我们在1921年重新估价当时存货时，这些存货都是属于高价，因为交通状况非常糟糕。但我们很早以前就知道绝不为投机目的而购买，当价格升高之前，我们就事先购买；而当价格涨高后，要尽可能地少买。

没有必要证明，如果你以每磅10美分买了某种物资，后来这种物资涨到每磅20美分，因此你比那些用20美分一磅的人占了明显的便宜，但我们已经发现这种事先购买并不划算。

这实质上是进入了一场竞猜游戏，而不是在做生意。假如一个人以10美分的价格买了大批存货，当别人以20美分的价格购买时，他便处于有利位置。后来他又以20美分的价格买了更多的存货，因为这看起来似乎是一批很好的买卖，因为所有这一切都表明价格将会涨到30美分。由于他对原先的判断很满意，并从中赚到了钱，他当然毫不犹豫买下了新的货物。可是一旦价格下降时，他又回到了起点。

多年来，我们仔细地计算过，那种超出需要的购买是不划算的——一次购买的所得将会被另一次购买的损失抵消掉，最终我们还要面对大量的麻烦，却不可能有相应的利润。因此在购买的时候，我们只是就所需的数量争取到尽可能低的价格。

我们不会因为价格高而少买，也不能因为价格低而多买。应注意避免超出需要的购买，但是要做到这点并不容易。

投机最终只会扼杀企业家。因为如果给他几次好的买卖，使他从中赚钱了，不久他便想从买卖中赚取更多的钱，而不是通过合法经营来赚钱，他这样做毁掉的将是自己。躲避这种结局的唯一办法是只买自己所需要的，既不多买也不少买，这种方式能消除企业的这些麻烦。

我们对这种购买经验进行了详细说明，因为它阐释了我们的销售政策。我们不是把注意力集中在竞争对手或自身要求上，我们的价格应当建立在大多数人想买或能买的价格的基础上。

这种政策的效果如何，可以通过对比旅行车的价格和生产量做出最有力的说明。

年　　限	价格（美元）	产量（辆）
1909—1910	950	18,664
1910—1911	780	34,528
1911—1912	690	78,440
1912—1913	660	168,220
1913—1914	550	248,307
1914—1915	490	307,213
1915—1916	440	533,921
1916—1917	360	785,432
1917—1918	450	706,584
1918—1919	525	533,706

（以下两年处于战争年代，整个工厂转而生产军用物资）

年　限	价格（美元）	产量（辆）
1919—1920	525—440	996,660
1920—1921	440—355	1,250,000

考虑到通货膨胀因素，1921年的高价就不算是真正的高。在写作本书时，该车价格是497美元。这价格实际上比它看起来的价值要低，因为汽车的质量在稳步地提升。

我们对每一辆车都进行研究，以发现它是否还有需要进一步改进的地方。如果有人有更好的看法，我们都想知道——由于这一原因，每一种新出的车我们都要购置一辆。通常，这种车用了一段时间之后，要进行道路检测，然后我们会把它拆开来研究每一种零件是用什么材料以及怎么做成的。

在狄尔波恩也许存放着世界上的每一种车。当我们买一辆新车时，报纸上就有一些报道评论说亨利·福特不使用福特车。

上一年我们订购了一辆大型兰彻斯特车——它被认为是英国最好的汽车。它在我们长岛的工厂里放了几个月，然后我决定把它开到底特律去。

我们有好几个人，一起组成一个车队，包括那辆兰彻斯特，一辆帕卡德和两辆福特车。

当我正巧开着兰彻斯特经过纽约外面的一个小镇时，记者们来了，他们问我为什么不开福特车。

“哦，你们看，是这么回事，”我回答道，“我现在正在度假，并不着急，也不在意什么时候能回到家里。这就是我为什么不坐福特车的原因。”

要知道，我们还有一系列的“福特故事”！

我们总是根据生产成本来采购，而不是市场价格，我们认为这样做可以提高服务质量，否则，就有可能与客观不符。

在生产中，我们进行自我施加压力。有时候我们很随意地确定价格，然后再尽全力实现它；但是如果采购时我们只是简单地接受别人提出的价格，那我们就不会达到那样的水平。

对于打算购买的任何东西，我们都奉行同样的原则——根据生产成本确定价格，其结果是，各个部门无一例外都繁荣发展起来。

再举一个具体的列子：

在彻底执行这一政策前，有一个工厂为我们制造某种款式的车体。这家工厂的生产规模不太大，因此利润也很薄。我们通过计算得知，这些车体按照他要价的一半完全可以生产出来，于是我们要求他降低价格。

他第一次感到了降价的压力，当然，他认为自己别无选择，必须如此，尽管他的利润显示他不可能降价。

商业就是这么奇怪：人们总是以过去所发生的一切来判断将来的情况。过去只是过去，从过去人们可以学到一些有益的知识。

这家工厂最后勉强同意试一下能否以原价格的一半生产车体，接下来，它的老板第一次明白了如何做生意——他必须提高大家的工资，因为需要招聘一流的人才。在强大的压力下，他终于发现可以在每个环节上降低生产成本。结果降低售价后，他比原来挣的钱还要多，他的员工也得到了高工资。

经常听到有人说，由于激烈竞争，应该削减员工的工资。但是，降低员工工资将使企业不可能在竞争中获胜。

降低员工的工资并不等于降低生产的成本——相反，这样做只会增加生产成本。制造低消耗产品的唯一途径，就是向那些能够为用户提供高水平服务的员工提供较高工资，并确保每个生产环节都能得到高水平服务。

像车体生产商这样的例子我们还有很多，我认为我们的政策符合大众的利益。

我们的宗旨是降低价格、扩大生产、提高产品质量。

你会注意到——降低价格被放在第一位。我们从不认为费用是固定的，因此，我们首先把价格降到我们认为可以大量销售的水平，然后开始努力把价格做到这个价位。

我们并不担心成本，新的价格将使得成本下降。人们更通常的做法是先计算成本再决定价格，虽然这种方法在小范围内也许是科学的，但从广泛的范围来看并非如此。因为即使你知道那些成本又有什么用呢？如果你生产的产品无法卖出去的话。更重要的是，虽然可以计算出成本是多少——当然，我们所有的成本也都仔细地计算过——但没有人知道成本应该是多少。

确定成本应该是多少的方法之一，就是把价格定得很低，从而使得工厂里的每一个人都必须达到最高效率——要知道，低价格会使得每个人都为利润而努力。在这种被强迫的方式之下，我们发现了关于生产和销售的秘诀——比通过其他悠闲式的研究方式知道的还要多。

支付高工资也会有助于降低成本，因为工人们由于高薪而解除了后顾之忧，效率变得越来越高。一天8小时工作，支付5美元的工资，这是我们制定的减低成本的最有效的措施，而每天工资6美元使得成本比每天工资5美元时更低。

这一切是怎么回事呢？我们也不清楚。

我们总能从我们所定的价格中获得利润，就如同我们并不知道工资应该定多高，价格应该定多低，但我们对这些事情却不必特别伤脑筋。

比如拖拉机，最先的售价为750美元，然后是850美元，然后是625美元，再后来我们降价37%，到了395美元。

福特发明的第一台拖拉机

拖拉机不是和汽车一起制造的，也没有一家工厂大到足以生产这两种产品。如果一个工厂想获得真正的经济效益，就必须专心地生产一种产品。

就大多数情况来说，有机器生产要比没有机器生产更好。通过合理地安排产品的设计和生产程序，我们可以提供那种能大大地超过手工劳动的机器，这样我们就给工人提供了重要的生产工具，这也意味着工人将有权享受更多的舒适。

把这条原则装入头脑里，我们便有明确的目标来反对浪费。我们不会给工厂加入任何没有用处的东西，也没有建造精美的建筑物来作为我们成功的纪念碑。投资的利息和保存这些建筑物的费用，只能附加在已经生产产品的成本上——所以这些成功的纪念碑很容易变成坟墓。

当然，一座大的办公楼也许是需要的，但对我来说，总觉得这样行政的味道太浓了。我们从没有发现需要精美的办公大楼，我们愿意以自己的产品质量做广告，而不是以这些产品生产的地方做广告宣传。

给消费者带来大量经济利益的标准化生产，也给企业带来了丰厚的利润，以至于企业几乎不知道如何处理这些钱。但它的努力必须是出于真诚、耐心、无畏的行动。撤掉半打的车型，不要做成标准化，这也许只是——并且通常是对企业的限制，因为如果一个人是以平常的利润为基础来销售产品的话，那便是从消费者的手中尽可能多地赚钱，那么消费者无疑将有更大的选择。

因此，标准化应当是整个过程中的最后阶段。我们从消费者开始，再返回来进行设计，最后投入生产。生产只是达到某种目的的手段。

在头脑里记住这一顺序是非常重要的，然而，这一顺序并不能完全被人理解。例如价格的问题就没有被理解，那种认为价格应该不断上涨的观念仍存在；与此相反，一个拥有大量的消费者的好企业，其发展将依赖于价格的下降。

这里还有一点补充，即你的服务必须是你所能给予的最好的服务。据说下面一种生产模式是好的：当偶尔改变设计时，旧的车型将变得过时，人们必须再次购买新的车型，这并不是生产者的错误，因为当旧车买不到修理用的零件时，或新型车提供销售优惠时，消费者会扔掉已有的车，而购买新车。人们告诉我们说这是好企业的做法，也是更聪明的经营之道——经营的目的应该是让人们经常性地购买，而那些试图制造能永远使用的东西的人是大傻瓜，因为一旦一个人买了这种东西之后，他就不会再买它了。

我们的经营宗旨与此完全相反。我们会尽可能地为消费者提供某种可以永久使用的东西，否则我们不能想象我们怎么为消费者提供服务。

我们想制造一种能永久使用的机器。让购买者的车变得过时或损坏，这并不是我们所乐见的。我们要尽量让那些买过我们产品的人，用不着再买第二部。

我们从未进行过任何让旧车型过时的改造。特别车型的零件不但可以与所有这一型号的车的同类零件互换，并且能与我们生产的所有车的同类零件互换。这可以使一辆10年前生产的车，通过购买现在生产的零件，而且只要花很少的钱便可以把它变成一辆现在生产的车。

正因为有这种目标，我们的成本总是在压力下下降。并且由于我们有着稳定降价的宗旨，因此总是有压力，有时候压力还很大！

再举一些我们节约的例子。

我们一年从清扫的垃圾中获取的净价值为60万美元，而且我们还经常做一些利用零头碎片的实验。

例如在一个铸印操作中，6英寸的圆铁片被切掉，这些以前都被扔进碎屑中，这种浪费显然使工人们不安。他们想出办法把它当成圆盘使用，发现这种铁片的大小和形状正好适合做散热器罩，但是却不够厚，于是他们把铁片的厚度增加一倍，结果发现这样制作的罩子比用一块铁片制作出来的要更硬些。

我们一天就可得到15万只这样的盘子，现在每天使用2万只，其余的也能找到用途。这样通过废物利用，而不是购买新的盘子，每只能节约10美元。

我们又对螺栓进行实验，生产出一种特制的螺栓，所使用的材料是其他厂家所用材料的1/3，而且比那些螺栓更有力。仅此一项一年便可节约50万美元。

我们以前在底特律组装汽车，虽然进行特殊的包装，设法使一节车厢能装上五六辆，但每天仍需要上百节的车厢运输，火车一直都在进进出出，有一次甚至用了1000节车厢。拥挤是不可避免的，而把机器装入柳条箱，以免运输过程中损坏则需要很大的开销，更别说运费了。

现在，我们在底特律每天只组装三四百辆车——仅满足当地的需要。我们现在把零件运到美国的每一个组装站——实际上这种组装站已分布到全世界各个地方——在那里把车组装起来。因此，只要是一个分厂生产一种零件，比由底特律制造再运送过去便宜得多的话，那么这家分厂就生产这种零件。

在英国曼彻斯特的工厂中，几乎能生产整辆车。在爱尔兰考克拖拉机厂，也几乎能生产整台拖拉机。这节省了一笔巨额开支，它表明当每一个零件都在最合适的地方制造时，对整个企业意味着什么。

我们经常实验汽车上所用的每一种材料。我们从自己的森林里采伐所需的大部分木材。我们正在实验生产人造革，因为我们每天大约要使用4000码的人造革。这里攒一分钱那里攒一分钱，一年就能凑成一笔大数目。

当然，所有工厂中发展最大的是罗格河工厂。当这座工厂满负荷运转时，可以在很多方面大幅度降低我们的生产成本。

这个工厂坐落在底特律郊外的河边，占地面积665英亩——足以满足未来的发展所需。

那条河也比较宽阔，有一个深水潭，能容纳任何一艘湖泊轮船。有一条短运河如再挖深些，将能直接通过水道与底特律河相连。

我们要使用大量的煤。这些煤从我们自己的煤矿，经过底特律、托里多和我们控制的埃尔顿铁路，运到高地公园的工厂和罗格河工厂。其中一部分煤用于轮船，另一部分则用于我们在罗格河工厂的炼焦炉。

焦炭从焦炭炉里通过机械传送装置送到高炉里。低挥发性气体被从高炉里送往电厂的锅炉中，这些气体在锅炉里和锯屑、刨木花一起燃烧。锯屑和刨木花是从车体厂送来的——我们所有的车体都转到这里来制造了——此外那些焦炉烟气，即炼焦时的灰尘，也被用作燃料了。这样，蒸汽电站便完全是用废物作燃料。

巨大的蒸汽涡轮机和发电机一起将动力转化成电力，所有的牵引机和车体工厂的每一部马达都是由这些电力来带动的。随着时间的推移，将有足够的电力来带动整个高地公园工厂的运转，那时我们就会降低煤炭的费用。

焦炭炉的另一种副产品是煤气。这些煤气在高地公园工厂和罗格河工厂都用于热处理，即用于搪瓷炉、汽车炉和诸如此类的地方，而以前我们得去买这些煤气。

阿摩尼亚硫酸盐可用于制作肥料；苯可以用作汽车燃料；焦炭的碎末不适合高炉使用，便卖给工人——以市场价低得多的价格送到他们的家里。

大块的焦炭用于高炉，不用任何手工操作，我们把熔化的铁水直接从高炉引进大勺里，这些大勺传送到车间，铁水不用再加热就可以直接注入铸模中。

这样，我们不仅根据我们自己的标准和在我们的控制下获得统一的质量，还省去了再次融化铁水的过程，简化了整个生产程序。

我们并不知道所有这些被节约下来的钱有多少——我们不知道能节约多少，因为工厂运作的时间还不长，还不能推测其前途。

我们从很多方面进行节约——在运输、发电、煤气、铸造成本上，还有从副产品和小碎块焦炭上等等。到现在为止，在这方面的节约资金已超过4000万美元了。

我们能在多大程度上挖掘财源，完全取决于环境。任何一个地方的人对未来的生产成本都只能进行猜测而已，聪明的是要看到未来将比过去有更大的发展——每一天都比前一天有新的发展。

但是生产怎么样呢？如果所有生活必需品都能如此便宜地大量生产，那么商品不就会过剩吗？

会不会有这样的时候到来，即人们不管价格如何，除了他们已经拥有的，就不再想买任何东西了？

如果在生产过程中所需要的人越来越少，那么人们将做什么呢——他们怎么寻找工作，维持生活呢？

让我先从第二点说起。我们提到许多生产机器和生产方法将代替人工劳动，然后有人问道："是的，从业主的角度来看，这是一个很好的主意。但是那些被抢走工作的可怜的人们该怎么办呢？"

这一问题是完全合理的，但令人奇怪的是有人会问到它，因为我们什么时候真正地被工业方法的改进夺走过工作？

送货马车夫由于火车的出现而失去了他们的工作吗？难道我们应该取消铁路而保留马车夫的工作吗？是赶马车的人多呢，还是为铁路工作的人多？难道我们会因为出租车抢走了出租马车夫的生路而应该阻止出租车的使用吗？出租车的数量和出租马车最兴盛时的数量相比怎么样？

机器生产鞋使得很多手工制鞋作坊被迫关闭了。当人工制鞋时，只有那些有钱人才会有一两双鞋，大多数工人在夏天都是光着脚板走路的。现在几乎没有人只有一双鞋了，而制鞋业成了一个大工业。

是的，当你能安排一个人做两个人的活时，你就是在为整个国家增加财富，将会有新的、更好的工作等着那个被替换下来的人。

如果整个工业一夜之间就改变了，那么安置多余的人将是一个问题，当然，这些变化是不会发生得那么快的。

它们是渐渐发生的。根据我们的经验，更好的生产方式抢走了一个人的旧工作后，立即便有一个新的地方在为他敞开大门。在我们工厂发生的事，也在任何别的工厂发生。

今天，炼钢厂里雇佣的工人数量超过了手工劳动时候的工人数量，这是肯定的——它过去如此，将来还会如此——如果有人看不到这点，那只是因为他看不到自己鼻子以外的东西罢了。

现在说说产品过剩的事。

我们又被问道："什么时候会达到生产过剩？什么时候会出现汽车多于人们所需要的数量？"

我想这肯定是可能的，有一天所有的商品都如此便宜、如此大的数量，以至于生产过剩成了现实。但就我们所认识的来看，对于这样的情况我们不会恐惧——而是带着满意的心态来看待。

再也没有比一个所有人都能各取所需更好的世界了，我们担心的是这样的世界来得太慢了。对我们的产品来说，离这种情况还太远了。我们现在还无法推测一个家庭需要多少辆车。

我们知道，随着价格下降，那些原来仅有一辆汽车的农夫——要记住，在不久以前农业市场对汽车还是一无所知，那时候的销售限度被聪明的统计学家们定为和这个国家的百万富翁的数目一样少——现在经常使用两辆，同时他还会买一辆卡车。也许，用一辆车运送那些住得分散的工人回家，还不如每个工人开自己的车回家更便宜。这种事正发生在销售商们身上。

公众总是会准确无误地发现自己的消费需求，因为我们不再制造汽车和拖拉机，而只制造机器零件，这些零件一组合便成了汽车和拖拉机。现在设备所能生产的还达不到1000万辆车，我们并不担心将来的几年会出现生产过剩，只要价格合适就可。

人们总是会拒绝购买那种价格便宜但质量不好的东西。如果我们要想经营好，就得降低价格，同时不影响产品质量。这样，降低价格，迫使我们学会改进生产方式，以便浪费得更少些。

企业的很大一部分利润要依靠管理者发现更好的管理方式。如果一个人把他的销售价格降到了无利可图或亏本的地步，那么他只有被迫去发现怎样用更好的生产方式来生产商品，以便用他的新方法来获得利润，而不是通过降低工资或提高售价来获得利润。

从工人或从购买者身上获取利润，都不是一种好的经营管理方式。不能降低产品质量，不应减少工人工资，不应增加消费者的负担。把脑子用在更好的生产方法上，多动脑子，再动脑子，把事情做得比以前任何时候都好，采用这种方式，将会使企业的各方面都受益。

我相信，所有这一切总是可以做到的。

第十一章

资金和产品

工厂的首要目的是为了生产，如果一直牢牢记住这一点，那么金融运作就成了第二位的了，它不过是记记账而已。

我们的财务操作非常简单，我们最初的宗旨是现金交易，手中确保有大笔流动资金，获取各种降价的好处，同时在银行获取利息。我认为银行主要是一个可以提供安全而方便地存钱的地方。

我们在参与竞争者竞争经营的那一刻，便丧失了自己的经营方式。我们在成为金融专家的那一刻，便损失了原有的产量。工厂的金库应当是车间而不是银行。

我并不是说一个经营企业的人对金融一点都不知道，但他最好知道得少一点，而不要知道得太多，因为如果对金融太精通的话，他就会想法去借钱，而不是去挣钱——然而，为了归还所借的钱，他就要借更多的钱，这样他便不是一个企业家，而成了一个玩钞票的人。

如果他真是一个玩钞票的高手，也许可以把这一套戏法玩弄很久，但注定有一天会犯错误，那时他的一切就会全都崩溃了。因此产业不能和银行业混在一起。

我认为有一种趋势存在，即很多企业家和银行业混在一起，也有许多的银行家和实业搅和在一起。这种趋势使实业和银行业两者的目标都变形了，并且使两者都受到了损失。

资金从实业中来，而不是从银行中来。我发现工厂能满足对金钱的每一种要求。例如有一次，某公司急切地需要资金，当工厂发起动员时，它征集的钱款比这个国家的任何一家银行愿意借贷的钱款都要多得多。

在大多数情况下，我们是用否定的态度来谈金融问题。好几年前，我们不得不站出来否定福特汽车公司归标准石油公司所有，在那次否定声明中，我们还附加了一个否定声明——否认我们将与任何其他行业合并，或我们想通过邮寄方式出售汽车。

去年最盛行的谣传说，我们要到华尔街去寻求贷款。我不想费力去否认这些谣言，要否认这一切，需要花太多的时间了，只是证明了我们不需要任何外面的钱。从那之后，我再也没听到去华尔街贷款的谣言了。

我们并不反对借钱，也不反对银行家。我们所反对的是试图用借钱来代替生产工作，是那些把企业当作西瓜来分割的银行家。

我认为应该把货币、借贷和金融放在它们恰当的位置上。为了做到这点，每个人必须首先确切地考虑清楚自己需要的是什么钱，这些钱将来怎样偿还。

金钱只是一种经营工具，它是机器的一部分。如果问题出在企业内部，你可以借10万台车床当作10万美元来使用。但是，这种事就是有再多的车床也解决不了问题，有再多的钱也是一样。只有多开动脑筋思考，用聪明和勇气才能解决问题。

一个企业如果滥用它已经拥有的财产，它将同样会继续滥用它所能获得的东西。问题的关键在于——彻底消除滥用。当做到了这点时，企业将会开始挣钱，就像一个康复的身体开始自己制造充足的血液一样。

借款经常容易成为不陷入困境的借口。借贷是懒惰和骄傲的催化剂。有些企业家太懒惰，不想知道一切，也不下到基层看究竟是怎么回事。或者他们太骄傲了，不允许任何他们所倡导的事情出错。但是，企业规则像重力规则一样，那些违反规则的人将会感受到它们的厉害。

为扩大生产而借钱是一回事，为弥补错误的管理或浪费而借钱则是另外一回事。你不应该为后者去借钱，因为钱在这方面起不了什么作用。浪费得靠节俭来纠正，管理不善得用脑子来改正。这两者的纠正都与钱无关，而且，钱在某种情况下还是它们的敌人。

很多企业家都感谢自己的星相，因为星相向他显示他最好的资本是自己的头脑，而不是银行的贷款。在某些情况下，借钱就像喝醉的人为了醒酒而再喝一杯一样，并不能期望它帮到什么忙，它只能增添困难。扎紧企业开支中松开的口子比借任何7%利息的贷款都更加合算。

企业的问题是最需要考虑的。与人们关系密切的企业最重要的事就是满足人们的需要。如果你生产了他们所需要的东西，并以一种价格——对他们来说是帮助而不是一项重负的价格——卖给他们，那么你的事业便会永远前进，而人们买你的东西就好像喝水一样自然。

但是还应经常注意生产产品的过程。机器损耗了，需要及时维修；工人们可能会变得不服管理、懒惰或粗心——企业是由人和机器为了生产产品而组合在一起的，人和机器都需要经常维修和替换。有时候人更难“伺候”，他们更需要修补——而他们自己总是难以认识到这一点。

当一个企业中充斥着坏方法时，当一个企业由于对它的功能不注意而出现问题时，当管理人员舒舒服服地靠在他们的椅子上，以为他们制定的计划能永远地实施下去时，当企业成了一个悠闲生活的场所，而不是一个人必须努力工作的场所时——那么，企业就要遇到麻烦了，在明朗的早晨你会发现，自己在干比以前任何时候都多的工作，但从中的收获却少得可怜。

当你发现缺钱时，可以借到钱，并且可以很容易地借来，似乎人们会把钱堆到你身边，这是年轻的企业家所面临的最初的诱惑。如果你借了钱，那么你就是在注射一种有害的兴奋剂，在助长疾病。

难道借钱的人会比借出钱的人更聪明吗？一般来说情况不是这样的，借贷往往是去抵押将要日渐减少的财产。

当一个商人去借钱的时候，便是他不需要钱的时候——也就是说，他不需要用借来的钱来代替他应该自己去挣的钱。

如果一个企业状况非常好，而需要扩大生产，这时候借钱相对来说要安全些。但是，如果一个企业是由于管理不善而需要用钱，那么此时需要做的事情就是对企业进行分析，从企业内部消除问题所在，而不要用从外面借来的钱掩盖问题。

我的金融策略是我的销售策略的结果，我相信薄利多销要好于厚利少销，这能够使大量的人们购买，并且给被雇佣的大批工人以优厚的工资。它能够让你为生产而计划，消除商业停滞时期，消除无所事事的企业造成的浪费，并且产生了许多合适的、持续发展的企业。

如果你仔细思考一下，就会发现绝大多数需要紧急资金的，都是那些缺乏长远计划的持续发展的企业。降低价格被那些目光短浅的人们看成是降低企业的收入，和这种人打交道非常困难，因为他完全缺乏最起码的企业知识。

例如，当我考虑把每一辆车的销售价格降低80美元时，有人问我，这样对产量为50万辆汽车的公司来说意味着减少了4000万美元的收入。当然，如果以新的价格只卖出50万辆车，收入是会减少4000万美元——这是一道有趣的数学计算题，但它与企业没有任何关联，因为当你降低了一种物品的销售价格时，销售量才会持续增长，企业便会更加稳定。

如果一家企业不增长，那么它注定只能是一个衰落的企业，而一家衰落的企业总是需要钱的。传统企业遵守的信条是：应该总是把价格保持在人们愿意购买的最高点。然而，真正的现代企业的观点与此完全相反。

银行家和律师不会欣赏这一事实，他们会把死气沉沉和稳定混为一谈，自愿降低价格是永远超出他们的理解能力的。这就是为什么说让普通银行家和律师进入企业管理中，是一场灾难。

降低价格、增加销售量、盘活资金带来了不可估量的利润，这些利润又可用于其他更多更好的经营中。由于企业的资金周转很快，以及大额的销售量，使得我们的利润一直就很高。

我们每一件产品的利润很低，但总的利润却很大。利润并不是一成不变的。降低价格之后，有一段时间利润会少一些，但是随后经济规律便开始起作用了，利润会再一次达到最高。

但是，这些利润并没有被当作红利而分掉。我一贯坚持低分红，公司现在的股东没有不同的意见。我认为属于公司的利润应该多于属于股东的。

在我看来，股东应该是那些为公司积极工作、认为公司是一个服务性机构而不是一架赚钱机器的人。如果获得了大额利润——可用来使公司赚取更大的利润——那么它们应该一部分作为再生产的资金，因为这适合于提供更好的服务，一部分可以转让给消费者。

有一年，我们的利润远比期望的要高得多，于是就自愿地返还每一辆车的车主50美元。我们觉得那是我们无意中向消费者多要了钱。

我的这种价格策略和由此产生的我的金融策略，在好几年前给公司惹来了一桩官司——有人要求进行更多的分红。

在证人席上，我对这一策略给予了有力的说明，这一说明现在仍然有力。它是如下这样的：

“首先，我认为以合理的低价格销售大量的汽车，要比以高价格销售少量的汽车更好。

我坚信这点，是因为它能使大多数人买得起汽车，并享受到使用汽车带来的快乐，因为它给了大量工人优厚的工资。这些就是我人生的目标。

如果我不能在实现这些目标的同时，为我自己及其他与我相关的人赚取丰厚的利润，我们就不能算是成功。事实上，我将是完全失败的。

我信奉的这一宗旨，是很好的经营宗旨，因为它在实施当中很有效——因为每一年我们都能使越来越多的人买得起我们的汽车，并为越来越多的人提供工作。

与此同时，大量的销售额使我们的利润超出了我们所希望的，甚至超过了我们最初的梦想。

必须记住，你每一次降低汽车的售价而不降低汽车的质量，就会增加购车者的数量。那些愿意以360美元买一辆车的人不会掏440美元买一辆车。

在440美元的价格基础上，我已有了50万购车者。在360美元的价位上，我们一年的销售量可以增加到80万辆——虽然每辆车的利润减少了，但卖了更多的车，雇佣了更多劳动力，并且最终我们还会获得我们应得的利润。

同时让我在此说明，我认为我们不应该从我们的汽车上赚取过高的利润。一个合理的利润就是好的，但是不能太高。

所以，我的宗旨是只要生产成本许可，就应当尽快降低每辆车的价格，把好处让给使用车的人和工作的人们——这也将给我们带来令人吃惊的、巨大的好处。”

这一宗旨和人们一般的观念并不相同，一般人认为一个企业的目标是让股东获取最大限度的金钱利益。因此，我不需要一般意义上的股东——因为他们无助于推进企业的服务能力。

我的野心是雇佣更多的工人，尽可能地把企业的利益分给更多的人。我想要帮助人们过上更好的生活，拥有更好的家庭，这就需要把大部分的利润投回到生产中，因此我们没有给不工作的股东留有空间。参与工作的股东应当更急于增加他的服务机会，而不是单纯为了分得红利。

不论在什么时候，如果降低工资和取消分红之间出现了矛盾，我都会取消分红。不过这种时候是难得发生的，因为正如我已经说过的，降低工资并不能带来经济利益。降低工资只是糟糕的财务策略的表现，因为它同时也削弱了购买力。

如果人们相信领导负责任，那么领导责任的一部分就是看那些被领导的人是否有足够的机会，挣得自己的生活来源。

金融财务不能只限于公司的利润或债务，它还包括公司通过工资形式回报给社会的钱。这其中并无慈善之意——合理的工资中没有慈善因素。如果一家公司不能妥善管理，不能给一个工人提供更多工作的机会，并挣得一份好工资，这家公司便不可能稳定。

工资中含有神圣的意味——它代表着房子、家庭和家务。因此，当关系到工资的时候，人们都非常小心。在成本单上，工资只是数字而已，而在外面的世界里，工资却意味着面包箱、煤筐、婴儿的摇篮和孩子们的教育——家庭的舒适和满足。

同时，资本也有着同样的一些神圣意味。它作为工具，使生产能够进行。如果我们的企业连血本都赔光了，这对谁都没好处。

那些雇佣上千人的工厂如同家庭一样神圣，工厂是所有家庭美好事物的保证。如果想要家庭幸福，我们必须要努力使工厂忙碌起来。

工厂创造利润的意义在于它们一方面为那些依靠工厂的家庭提供了生活保障，另一方面为人们创造了更多的就业机会。如果利润只是让个人财富膨胀，这是一回事；如果它们是用来为企业提供更好的生存基础、更好的工作条件、更优厚的工资、更多的就业机会——那就是另一回事了。这样被使用的资本就不能随意挪动，它完全是用来为全体服务的——虽然它可以具体地使用在某个方面。

利润属于三方面：它们属于企业——使企业保持稳定发展和良好状态；它们属于那些产生利润的人们；同时，它们也部分地属于公众。一个成功的企业是造福于以上三者的——计划管理者、生产者和购买者。

那些获得超出正常标准利润过多的人，是最先应该削减价格的。但是他们从来都不这样做，相反他们把所有多余的费用都向下传，直到最后由消费者来承担全部费用。

除此之外，他们还对消费者要了更高的价格。他们的生意经就是："只要能得到就好。"他们是投机分子、剥削者，是损害合法企业的不良分子。

对于他们，不能抱任何指望。他们没有视觉，因为他们除了自己的金钱数字之外，再也看不见任何东西了。

这些人最容易谈论削减10%或20%的工资，而不是削减10%或20%的利润。但是一个真正的企业家，能够综观整个社会各方面的利益，并希望为这一社会服务，能够为稳定企业做出他的贡献。

我们的宗旨一直是保持大量的流动资金——在最近几年，这笔资金通常超过5000万美元。这笔钱存在全国各地的银行里，我们并不需要借钱，但我们建立了良好的信用，因此，如果我们缺钱，也可通过银行借款弄到一大笔钱。

但保留现金储备使得借贷毫无必要——当然，我对正当的借贷并不持有偏见。我只是不想拿企业的控制权去冒险，否则，我为之献身的理念就会落入他人之手。

金融问题的一个相当重要的内容就是克服季节性操作。金钱的流动应该是持续不断的，为了使工作获利，一个人必须稳定地工作。停产是巨大的浪费，它带来的浪费有失业的工人、停滞的设备，以及由于停工造成的高价而使未来的销售量受影响。这是我们必须面对的问题。

在冬天，购买者少于春天或夏天，我们不能为库存而生产。在什么地方用什么方法能存放50万辆汽车？并且，即使能储存的话，在旺销季节它们又将怎么被运走呢？即使能够存放，那么又由谁来出这么一大笔存放汽车的钱呢？

对工人们来说，季节性工作也是件困难的事。好的机械师不会接受一份一年只有几个月时间的工作。一年满12个月工作，可以保证招到有能力的工人，建立起永久性的生产组织，持续不断地改进产品，同时工厂的员工通过不间断的服务，对操作更加熟练。

如果每个人都想获得最大利润，那么工厂一年12个月都必须生产，销售部门都必须要销售，汽车商都必须购买。如果要让购买者在“旺季”之外考虑买车，就需要发起一场宣传运动，表明一辆全年运转的车的价值要高于季节性运转的车的价值。在进行宣传之后，还必须进行生产，经销商也必须卖出产品，以期待营业额的上升。

我们是汽车行业中首先面对这个问题的企业，福特汽车的销售其实是一个如何进行商品处理的问题。当每辆车都根据订单生产，一个月50辆车就是高产的时候，在生产之前进行预订是很合理的，因此当时的生产厂家在制造之前总是等待订单。

但是，我们很快便发现我们不能根据订单来进行经营。工厂的产量——虽然这产量已相当不错了——不能满足3月—8月间所订购的汽车需求量。因此，我们在几年前便开始了宣传运动，证明福特车并不只是夏天的奢侈品，而是全年的必需品。

与此同时，我们还告诉销售商，即使他在冬天卖出的车不如夏天卖出的多，为夏天储存一批货也是很值得的，因为这样他可以做到即时交货。

结果，这两方面的计划都起作用了。在全国的绝大部分地区，冬天使用的车差不多和夏天使用的车一样多。人们发现这些车可以在雪地、冰面和泥水中——也就是在任何地方行驶。

雪地中的T型车

这样一来，冬天的汽车销售量便越来越大，销售商们摆脱了季节性需求的困境，并且他们发现，为了应对将要到来的销售需求，预先购买是有利可图的，这样，我们工厂就没有了季节变化。

一直到近几年，我们工厂一直都在连续生产——除了每年一度的清理和结算，以及在特别萧条的时期，我们才中断生产，但那也只是为了调整我们企业，使它更加适合市场状况。

为了能够连续生产，并且由此实现资金的连续周转，我们必须对我们的操作进行仔细规划。

生产计划每个月由生产部门和销售部门认真制定出来，目标是生产足够数量的汽车，以满足手中的订单。以前，在我们组装并运输汽车时，这是最重要的，因为我们没有地方存放那些已经组装好了的汽车。

而现在，我们只是运送零部件而不是汽车了，我们仅仅组装底特律地区所需要的汽车。这并没有降低生产计划的重要性，因为如果生产流水线和订购数不能基本相当的话，那么我们或者将堆满卖不出去的零件，或者不能满足订单的需求。

当每天生产的零件可组装4000辆汽车时，只要稍微过高估计订单的数量，就有可能积压上百万美元的产品，这使得生产计划成为一项要求极高的工作。

为了从每辆车的低利润中获得适当的总利润，我们必须让资金周转得非常快。我们生产汽车是为了出售，而不是为了储存。卖不出去的产品仅一个月占用资金的利息数额就很大。

生产计划一般是提前一年就准备好，这一年中每个月生产的数量也都必须计划好。当然，要使原材料和我们从外面买的零件与生产计划相一致，这倒是一个很大的问题。

我们承受不起大量积压的汽车；同样，我们也承受不起积压大量的原材料，因此一切都得在该买的时候买，该卖的时候卖。我们只有很小的回旋余地。

好几年前，钻石工业公司遭到了火灾。他们一直为我们制造散热器的零件和黄铜铸件，因此我们必须赶紧采取行动，否则要受到重大的损失。

我们把我们所有部门的经理、造型设计师和制图人员召集在一起，他们在一张草图上工作了24—48小时，最后设计了一款新样式。

钻石公司租了一家工厂，我们通过特快运输送去一些机器，还为他们装备了其他设备，在20天之后他们的产品就送达我们手上了。我们手中的存货足够我们使用七八天，但那场火灾使我们有10天或15天不能把汽车运出去，还有事先准备的成品存货，这也能使我们支撑20天——因此我们的所有花费都属正常。

我要再次申明，能够获取资金的地方是工厂，它从未使我们的愿望不能实现。有一次，当我们急需用钱的时候，它非常有力地证明了从内部挖掘出的资金要比从外面借贷的资金更多。

第十二章

金钱——企业的主人还是仆人

1920年12月是全国所有企业都会记得的时间。在这一时间里，倒闭的汽车制造厂比开业的汽车制造厂还多，并且大部分倒闭的汽车厂都完全陷入了银行债务之中。到处都有流言说几乎每一家工业公司的经济状况都很糟。

我对此之所以感兴趣，是因为有报道称福特汽车公司不仅需要钱，而且无法弄到钱。我已经习惯了那些关于我们公司的谣言——因为谣传太多，以至于我几乎不想再作任何辩驳了。

但是，这一报道和以前所有的谣言不一样。它们是那么明确而详尽，说我克服了反对借贷的偏见，每天都可以看到我在华尔街上走来走去，手上拿着帽子向人要钱。谣言还说没有人愿意借钱给我，我很可能要破产了，并从汽车业中退出去。

我们公司确实面临着问题，这是真的。在1919年，我们为了买下福特汽车公司的所有股票，借了7000万美元。我们还有3300万美元的所得税要缴纳，同时还要给工人发每年的奖金，这笔钱就达700万美元。在1921年1月1日—4月18日之间，总计我们要支付5800万美元，而我们在银行里的钱只有2000万美元。

我们的收支状况是大家共知的，因此人们当然认为，不通过贷款的话，我们是不可能弄到所需要的3800万美元的。那是相当大数目的一笔钱，如果没有华尔街的帮助，这么大的一笔钱将无法轻易得到。

当时我们的经济状况相当不错，而且两年前我们借过7000万美元。由于我们没有抵押负担，并且又没有商业债务，一般来说借这样一大笔钱给我们，是不用担心的。事实上，对银行来说这是一笔很好的业务。

但是，谣言逐渐地把我们需要钱这件事作为我们即将倒闭的证据而广为传播，因而我开始怀疑，谣言虽是来源于全国各地报纸的新闻栏目中，但它们肯定都是从一个源头而来的。当我们得知是《克里克战斗报》一个很胖的金融编辑散发了关于我们的金融状况处于严重状态的公告之后，我的这种想法进一步得到了证实。

因此，我并不想去反驳这些谣传，而是去制定我们的财务计划——这计划中并没有包括贷款一项。

我不是在强调说你借钱最不利的时候，是多数银行认为你需要钱的时候。在上一章中，我提到过我们的一些金融原则，于是我们便应用这些原则，准备进行彻底的资产清理。

让我们来回顾一下，看看当时的情况具体如何吧。

在1920年初，局势表明战争中创立的投机企业将难以继续维持下去了，这些从战争中产生但没有真正的存在价值的企业终于失败了。当时人们减慢了购买商品的速度。

虽然我们的销售量仍然正常，但我们知道迟早都会受到影响。我在认真考虑降低商品的价格，但各项生产成本都无法降低。工人们虽拿着高工资，但做得却越来越少，原材料供应商根本就拒绝考虑降低价格。对于暴风雨将要来临的警告，根本就没人去理会。

在6月，我们的销售量开始受到一些影响，从6月到9月，销售量的增长越来越小。我们必须得采取一些措施，以使我们的产品能够适合公众的购买力。我们必须做出大动作来向公众证明，我们确实是在动真格的，而不是玩假的。

因此，在9月，我们把旅行车的价格从575美元降到了440美元——这个价格低于生产成本，因为当时我们用的是高价时期买的原材料。

这次削价行动果然产生了相当大的轰动效应。我们遭到了许多批评，他们说我们是在扰乱现状——这确实是我们想要做的。我们只是想尽我们的一份力，把价格从人为的高价降低到原本的价格。

我仍然坚持这种观点，即如果当时或再早一些的时候，所有的生产厂家和批发商都进行大幅度的降价，并进行彻底的资产清理的话，我们便不会有如此长时间的经济萧条期了。希望获得更高价格的思想占据着整个计划，这只会延误经济调整的时间，而且没有人能得到他们所希望的高价。

如果接受一些损失的话，不仅生产力和购买力会变得和谐起来，而且我们也没有这么一段漫长的闲散时期。如果总是抱着获得更高价格的想法，只会使损失变得更大。那些等待高价到来的人，得为他们的存货支付利息，同时也失去了合理的经营利润。

失业减少了工资分配，买者和卖者之间变得越来越有隔阂。有很多人认为应当把巨额信贷转向欧洲——这种观点的大概意思是这样的，他们认为这样一来，高价存货就可能销售出去。当然，那些提议并不是如此简单的。我相信相当一部分人确信如果大量的资金流向外国，即使没有希望收回本金或利息，美国的企业也会因此在某些方面受益。

这倒是真的，如果这些信贷被美国银行接受，那些有着高价存货的人很可能通过出售存货而获得利润。但银行总是宁愿保留冻结资金，以至于它们更像是冰屋而不是银行。我认为那种抱着谋取利润的想法而一直坚持到最后是很自然的事情，但这并不是一种好的经营方式。

我们的销售量在降价之后增加了，但不久之后又开始下跌，因为我们的产品并没有完全适合全国的购买力，以便销售得容易一些。一般来说，零售价没有达到最低价，公众对任何价格都不会信任。于是我们又实施了一次削价计划，并把我们的产量保持在一个月10万辆左右。

这种产量与我们的销售量是不相称的，但我们想在生产停工之前，尽量把我们的原材料转化成汽车。

我们知道为了处理库存，我们不得不停工。我们计划在开工时再来一次大的降价，并且我们手中有存货以供应市场需要，然后，新车将用低价购进的原材料制造。这次我们决心要把价格降得更低一些。

我们在12月停工了，希望在两个星期后开工。然而我们发现有那么多事情要做，以至于有近6个星期没有开工。从我们停工的那一刻起，关于我们的经济状况的谣言更加活跃了。

我知道相当多的人希望我们去借钱——因为如果我们借钱，那么就得接受他们提出的条件。然而我们并没有去借钱，我们并不需要钱。

有一个人愿意向我们提供贷款。纽约银行的一位官员拜访了我，并带来了一项金融计划，它包括一大笔贷款和一份协议，协议规定银行方面派出一位代表，作为我们公司的财务主管，负责公司的资金管理。

我可以肯定，这些人的用心是好的，但我们并不需要借钱，虽然当时我们正好缺少一位财务主管。就这点来说，那位银行家对我们情况的判断是很正确的。

但是，我让我的儿子埃德赛尔担任了财务主管，同时兼任公司董事长，这样一来，我们就有了财务主管，因此那位银行家就不能帮我们做任何事了。

福特与其子埃德塞尔

然后我们开始清理资产。由于处于战争期间，必须生产很多战备物资，因此，我们被迫违背了只生产一种产品的原则。这也使我们增加了很多新的部门，行政人员增多了，很多分散生产造成了浪费的现象。战备物资往往是匆忙生产的，因此也是一种浪费的生产。我们开始抛弃一切不能用于汽车生产的东西。

唯一需要立即支付的，是公司自愿支付给工人的700万美元的奖金。虽然并没有规定非得支付奖金不可，但我们想在1月1日发放下去。我们用手中的现金支付了这笔钱。

我们在全国共有35个分厂，这些全都是组装零件的工厂，但其中的22个厂也生产零件。停工以后，这些工厂停止了零件生产，但继续组装汽车。

在停工的时候，我们在底特律实际上已经没有汽车了，而且把所有的零件也都运走了。1月，底特律的销售商必须去远在芝加哥和哥伦比亚的工厂提货，以满足当地的需求。

各分厂则根据每个销售商一年的销售定额，给他运去足够一个月销售量的汽车，销售商们为销售汽车而努力地工作。在1月下旬，我们召集了大约1万名骨干员工，他们中大多数是工头、低级工头、助理工头，于是我们开始在高地公园的工厂进行生产。

我们还收回了在外国的钱，并卖掉了我们的副产品，然后准备全面开工了。

开工是在能保证获取利润的基础上逐渐进行的。资产清理使那些造成产品价格高、利润降低的浪费现象被去掉了。我们还卖掉了一切没有用的东西。

此前，生产每辆车平均每天得雇佣15个工人，后来我们仅需雇佣9个人。这并不是意味着15个人中有6个人失去了他们的工作，而是他们不再成为生产性的人了。

我们这样减少生产人数，是贯彻了这样一条原则：任何东西、任何人必须要有助于生产，否则就应当被去除。

我们也大量削减了办公室人员，给原来在办公室的人提供了较好的车间工作，他们大多数人都接受了新工作。我们废除了所有对于汽车生产毫无帮助的规定和统计形式。我们进行过大量的统计，因为统计数字很有趣，但统计学家并不能制造汽车，所以他们只好走了。

我们去掉了60%的电话分机，任何企业中只有相对来说很少的几个人才真正需要电话。以前我们每5个人便有一个工头，现在每12个人安排一个工头，其他的人都去机器那边工作。

我们把每辆车的间接费用从146美元削减到93美元。当你认识到这样做，对于一天产量超过4000辆汽车的工厂意味着什么的时候，你便会清楚，即使不依靠资金，也不必降低工资，只需要消除浪费现象，就可以使产品达到一个“不可能”的价格。

更重要的是，我们发现了如何通过加速资金周转，使企业只需要很少的原始资金。在我们增加资金周转率的过程中，一个重要的因素就是那条底特律—托里多的艾伦顿铁路——我们买下了它——铁路在经济计划中占有重要地位。关于道路问题，专门有一章进行讲述。

从一个小小的实验中，我们发现如果改进货运服务方式，就可以把生产周期从22天缩短为14天。也就是说，从原材料的购买、生产，到把生产好的产品交到批发商手里，这段时间可以比原先减少33%。而我们当时有大约6000万美元的原材料存货，以保证生产不中断，而在把时间减少1／3之后，便可盘活2000万美元——或者说是一年1200万美元的利息，加上成品的库存，我们节约了大约800万美元——这样，我们可以节省2800万美元的资本，节约了一大笔钱的利息。

在1月1日，我们有2000万美元，而到4月1日，我们有了8730万美元，这比我们需要偿还的所有债务还多了2720万美元。这就是我们从企业自身挖出来的东西！

这一数字是从以下这些方面得来的：

手中的现金，1月 ……………………………………$ 20,000,000

把手中的存货转为资金，1月1日—4月1日 …………$ 24,700,000

从国外的代理机构中收集到的货款 ………………$ 3,000,000

加速商品流通而盘活的资金 ………………………$ 28,000,000

副产品的销售额………………………………………$ 3,700,000

出售自由式公债所得 ………………………………$ 7,900,000

总计 …………………………………………………$ 87,300,000

我把这些全部列出来，并不是在介绍我们的业绩，而是想指出一个企业怎样从自身内部发现财源，而不必去借钱，并且也想引发一点小小的思考，我们在筹钱时不必采取贴息借贷的方式，因为这会让银行家们过得太舒服了。

本来我们可以借4000万美元，如果我们想借的话，还可以借到更多。假设我们借了钱，那么会发生什么事呢？难道我们会更好地开展我们的经营吗？或者是更糟糕呢？

如果我们借了钱，就不再会承受压力去找出降低生产成本的办法。如果我们能以6%的利息借贷这笔钱——我们将会受到一些制约，并且还不止于此——光利息这一项，对于每年50万辆汽车的产量来说，每辆车的价格就要增加4美元。那样，我们现在就不会享受到更好的生产方法所带来的好处，并且还要背上一大笔债务。

这样一来，也许我们每辆汽车的成本要比现在多100美元。更严重的是，我们的产量就要减少，因为在高价格之下我们不可能有那么多的购买者；同时我们会雇佣更少的工人。

总之，我们将不能提供最佳的服务。

银行家提出的救治方案就是借钱，而不是别的更好的方法。他们没有提议加一个工程师到公司里来，而是想要安排一位财务主管进来，这就引发了银行家进入企业的危险，因为他们只会用钱来思考。

他们认为工厂只是生产钱，而不是生产商品，他们看中的是钱，而不是生产效率。他们不能理解企业是从来不会站着不动的，企业必须前进，否则便会倒退。他们认为降低价格是扔掉利润，而不是为了建设企业。

银行家在产业事务中带来的影响太大了，大多数企业家私下都承认这一点，但他们很少公开承认这一事实，因为他们害怕银行家。事实上与钱打交道以谋取金钱的技能，比与生产打交道谋取利润所需要的技能要少得多，一般成功的银行家并不如成功的企业家那么聪明机智。银行家实际上是在通过控制企业的信贷而控制着企业家。

在最近15年或20年里，银行家们的手伸得太长了——特别是自从战争爆发后——联邦金融储备系统有一段时间提供几乎是没有限度的信贷供应。

正如我在前面提到过的，银行家由于所受的训练和所处的位置，完全不适合处理工业事务。因此，如果信贷的掌握者取得了处理工业事务的巨大权力，难道这不是表明金融体制出了什么问题吗？因为他们不去提供贷款，而是去控制工业的发展。

可见，并不是银行家对工业的敏感性使得他们进入工业管理，每个人都承认这一点。他们是被推到工业中的，不管他们本身是否愿意，体制将他们推到了那里。因此，我想要知道我们是不是在一个最好的金融体制下工作。

现在，让我申明一下，我对银行家的反感完全与个人情感无关。我并没有简单地反对银行家，而是我们非常需要那些能思考、有办法的金融方面的人才。如果没有银行系统，这世界就没法运行。

我们需要钱，需要贷款，否则，生产出来的产品将不能交换。我们需要资本，没有资本将无法生产，但我们是否把银行业和我们的信贷关系建立在了正确的基础上，这是另一回事了。

我并不想攻击我们的金融体制，也不是被这一体制打击过，而想要报复这一体制的人。对我个人来说，银行家们干什么与我没有任何关系，因为我们能管理好自己的事务，不需要外界的金融帮助。我对体制的追问不是出于个人的动机，只是想知道是不是最大的利益被分配给了最大多数的人。

任何一个好的金融体制，不会对一类生产者的待遇优于另一类生产者，我们想要知道有没有可能废除那些不利于创造财富的权力，毕竟任何一种等级立法都是邪恶的。

我们国家的生产方式已有了很大的变化，黄金储备不再是衡量它的最好中介。作为信贷控制的金本位制，即现在——我认为这是无法避免的——所运行的方式，是存在阶级性的。最终衡量财政的应该是一个国家的黄金储备数量——不管这个国家的财富形式如何。

我并不是要将货币或信贷这一问题教条化。就货币或信贷问题来说，没有人对此知道很多，以致能够将它教条化，这整个问题将像所有其他重要的问题一样必须得到解决。要解决它，就要用谨慎的、有充分事实依据的方法。

我们必须一步一步非常小心地前进。这问题不是政治问题，而是经济问题。我相信帮助人们去思考这个问题是十分有益的。没有充分的了解，问题本身是无法解决的，并且会因此而导致灾难。

货币问题在各种人的头脑中是第一重要的问题。但是我们只要看一眼这可以治疗百病的金融体制，就会发觉它是多么自相矛盾。

这个体制中的大多数人都把人类本是诚实的设想当作前提，这是第一个错误。如果所有的人都是诚实的，即使是我们目前的金融体制也会运行得非常好。事实上，整个金融问题中有95%是关于人的本性的问题。一个好的体制必须是检验人的本性的体制，而不是依靠人的本性的体制。

人们现在正考虑金钱的问题。如果那些拥有大量金钱的人有什么信息，他们想让人们知道，以免人们误入歧途的话，那么现在就正是时候，因为对各种金融危机的恐惧会随着时间悄然逝去。

人们在本质上是保守的，他们比金融家们更为保守。那些认为人们很容易被引诱、很容易被哄得把钱花光的人，并不了解人们。正是由于人们的保守，使得我们的货币仍然保持稳定——尽管金融家玩弄着各种花招，那些花招是用大量的技术语言包装出来的。

人们永远是站在正当货币一边的。由于他们是如此坚定地站在正当货币的这边，以至于造成了一个严重的问题——他们一旦知道真相后，将如何看待他们所面对的体制呢?

目前的金融体制是不可能由于浮夸的语言、政治轰动、经济实验而发生改变的。它将在形势的压力下改变——往往是在我们无法控制的形势和我们不能控制的压力下。我们现在就处于这样的形势之下，而且现在就承受着这样的压力。

人们必须得到帮助，去自然地考虑金钱问题。必须告诉他们金钱是什么，是什么使得它成为金钱，目前的体制可能会采用什么样的手段使所有的国家和人民处于极少数人的控制之下。

金钱本身是极其简单的。它是我们运输系统的一部分，是把物品从一个人手中传送给另一个人的简单而直接的方法。金钱就其自身来说，是对人有利的，它并不是恶魔，它是人类社会生活中最有用的工具之一。当它按照它的本意做事时，对人完全是有益的，不会造成任何阻碍。

但货币应该就是货币。1英尺总是12英寸，但是什么时候1美元就是1美元呢？如果“吨”的重量在煤场发生变化，“克”的度量在杂货店里变化，一码的尺子今天是42英寸，而明天却成了23英寸——通过被称为“交换”的秘密过程——人们很快就会改正它们。

但1美元并不总是1美元，当100美分的1美元变成65美分为1美元，然后是50美分为1美元，然后是47美分为1美元，就像以前的老美国金元和银元一样，对这种“贬值的钱”“跌价的钱”又能怎样呢？1美元保持100美分，就像一磅保持16盎司和1码保持为36英寸一样，是必需的，不能胡乱变化。

那些从事正当银行业的人，应该是探索和理解我们目前金融体制的第一人，而不是满足于精通当地的金融方法。如果摘掉他们那些“银行家”的称号，并把他们从有影响力的位置上驱逐出去，银行业将得以恢复，并成为它本应该成为的公共服务机构。那时，现在的金融体制和金融方式的不平等将不复存在，从而减轻人们的负担。

当然，这只是“如果”，但也并不是不可能的。事情的确很困难，如果那些有技术设施的人不来解决这一问题，那些缺乏设备的人便可以来试一试。没有一个阶级会认为进步是对它的攻击。其实进步只是基于自身的召唤，用自己的经验帮助其他人发展。只有那些不明智的人才会阻挡进步，并因此成为进步的牺牲品。

我们所有人都在一起，并一起前进。对任何人或任何阶级来说，对进步生气都是极愚蠢的。如果金融家们觉得这一进步是那些智力低下的人的行为，如果他们把所有改善的建议都看成是对他们个人的攻击，那么他们就不适合继续领导人们。

对一个银行家来说，如果目前的不良体制比一个更完善的体制更有利可图，如果这位银行家对其个人的利润看得重于为社会公众做出贡献的荣誉——即帮助社会建立一个更好的体制，那么造成利益冲突是无法避免的。

但我们可以明确地对那些自私的利益集团说，如果他们发起的斗争是为了永远确保一个只为他们带来利润的体制，那么他们的战斗就已经失败了。

为什么银行家应该害怕呢？世界仍旧存在，人们仍旧在彼此做生意，仍然会有钱，也仍然需要金融体制的专家。这个世界什么都不会少——除了伤疤和死结。

当然，社会将会进行一些调整。银行业将不再是工业的主人，而是工业的仆人。企业将掌握着金钱，而不是金钱掌握着企业。具有毁坏性的利息体系将得到极大的修改。银行业也将不再是冒险，而是服务，银行将比现在为人们做更多的事，它不再是世界上花费最大的行业、在分红上获利最大的行业，它的费用不再那么高，所获的利益将分给所服务的社会。

旧秩序中有两个事实是基本的事实：

一是在国内，金融控制的趋势是发展成最大的中央银行机构——或者是一家政府银行，或者是一个联系密切的私人银行集团。在每个国家总是由私人或半公共利益集团掌握着信贷。

二是整个世界，同样也有集中化的趋势。美国信用就在纽约银行的控制之下，就像战前世界的信用是由伦敦控制一样——英国的英镑作为世界贸易的结算货币单位。

我们有两种改革方式：一种是从底层开始，一种是从顶层开始。后一种比较稳定，前一种方式正在俄国试行。如果我们的改革从顶层开始，那么就要有社会远见和一种真诚的利他主义感情——而这些是和自私的精明完全对立的。

财富既不是由世界上的金钱组合而成，也不能由世界上的金钱来充分代表。黄金本身并不是有价值的物品，它与财富的关系，如同衣帽间与衣帽一样，不会增加什么价值。但它可以方便地使用，并作为财富的标志，给它的拥有者或掌管者一些权力，对那些财富的真正生产者进行控制。

与货币这一用于交换的商品打交道，是非常有利可图的。当货币自身变成一件可以买卖的货物时，在真正的财富发生转移和交换之前，篡权者和投机分子便已经在产品上抽取一份税了。

如果金钱被认为是代表世界上的真正财富——而事实上世界上的真正财富总是多于金钱，那么货币的控制者能保持生产力这一点就更有说服力，并且真正的财富经常被迫去等待金钱的到来，这样就导致了最矛盾的现象——一个充满财富的世界却无法满足人们的需求。

这些事实并不只是财政方面的问题，它们只是作为数字而被保留在那里。它们是和人类的命运紧密相连的。

贫穷很少是由于缺乏物品造成的，而往往是由于“货币紧缺”造成的。国家之间的商业竞争导致了国际争端和纠纷，并进而激发了战争——这充分表明这些事实对人类的重要。因此，贫穷和战争这两个最大的恶魔，都是从同一条根上生长出来的。

让我们来看看从一个更好的方向开始，是不是有可能解决问题呢？

第十三章

福特自传

贫穷的根源

贫穷的原因来自很多方面，其中一些重要的方面都是能够被人为控制的，就如同特权也是如此。我认为完全可能消除贫穷和特权这两种现象——这不会有什么问题，消除它们是值得去做的。因为这两者都是违反自然法则的，但它们都存在着，而且是不合乎法则的。我们必须对好的结果抱有希望。

贫穷，我认为是指缺乏个人或家庭必需的食品、住房和衣物。在生活水平上有不同的等级，人们的智力和体力都不是完全相等的。任何以这样的假设——即人是或应该是平等的——为前提的计划都是违反自然法则的，也是行不通的。

我们不可能也不值得去把高的水平降低，这样做只是会使贫穷普遍化而不是个别化。强迫效率高的生产者效率降低，并不能使效率低的生产者提高效率。

贫穷只能靠丰富的物质来消除。我们现在的科学已经够发达了，作为发展的趋势，我们总可以看到，有一天生产和分配都非常科学，以至于所有的人都能根据自己的能力和勤奋获得属于自己的那一份。

极端主义分子认为工业的发展将必然会压迫工人。现代工业正在逐渐改善工人和社会的状况，我们采取一些计划和方法，最好的结果就是能够随着个人的创造性和天才的发挥而到来——即通过领导者的智慧。

政府在本质上是消极的，它不可能给予任何有建设性的、积极的帮助，只能给予消极的帮助——消除进步的障碍，使之不再成为社会的负担。

贫穷的根本原因，我认为是生产和消费之间——包括工业和农业之间——权力的来源和运用之间的不良关系。因为缺乏调节而造成浪费是极其糟糕的事情。在明智的领导采取措施之前，所有这些浪费的产生都是难免的。

一旦领导者考虑更多的是钱而不是服务，浪费就会继续下去。

浪费现象只能被有远见的人去除，而不可能被没远见的人去除。目光短浅的人总是把钱放在第一位，看不到浪费的存在。他们认为服务是利他主义的，是不现实的事情。他们不能从一些细小的事情上看到大事——即看到一切事情之中最重要的事情，那就是以纯粹的金钱为目的的机会主义者的生产是最没有意义的。

服务可以建立在利他主义的基础之上，但那种服务通常不是最好的服务。并不是所有的工业企业都不能够公平地分配它们所创造的财富，只是因为浪费实在是太严重，以至于没有给予每个参与的人应有的一份财富。事实上，产品的价格通常太高了，这就限制了消费的广泛性。

让我们再看一些浪费现象。比如动力方面的浪费，密西西比河谷没有煤，但在它的中央却奔腾着数百万马力的潜在动力——密西西比河水。

如果河岸边的人们想要动力或能量，他们就买从几百英里之外运来的煤，而这些煤便以远远高出它们的动力或能量价值的价格出售。如果他们买不起这些昂贵的煤，便出去砍树，因此便失去了水力的最大维护者——森林。

直到现在，他们还没有想到身边的水能动力，除了最初的投资之外，这种动力不需任何花费，可以用它来取暖、照明、做饭，这座河谷可以为它所养育的大量儿女而奉献。

消灭贫穷不是要靠个人节俭，而要靠更好的生产。“艰苦”和“节俭”的观念似乎已经过时了。“艰苦”这个词代表着恐惧，然而大量的悲剧性的浪费现象，在某些环境下通常也是物质最丰富的环境，这总给人留下深刻的印象，因此就导致了对奢侈的强烈反对——人们领悟了“节俭”作用。但这只是从大恶过渡到小恶，并不是从错误过渡到真理。

节俭是那种“一半生活”的人的法则。毫无疑问，它要比浪费好得多，但它并不如享用好。那些为他们的节俭而骄傲的人常把它当作一种美德。一个贫穷节俭的人在多年的岁月中积攒了一些小金属片，便把它紧紧抓住不放

——还有比这更可怜的吗？如果能够很快地获得生活必需品不是更好吗？

我们知道那些节俭的人们，甚至对自己呼吸空气的数量都很吝啬。他们舍不得给予别人任何东西，他们是紧紧收缩的——身体和灵魂都一样，因此节俭也是一种浪费——它是对生活的精髓、生命的活力的浪费。

有两种浪费者——一种是肆意挥霍的人，他把自己的财富随意抛弃；另一种便是守财奴型的人，他与其让自己的钱烂掉也不使用。那些过分的节俭者很可能被归入守财奴一类。

奢侈通常是过分地压制花费的反面，而节俭也可能是奢侈的反面。

任何东西给我们就是为了使用的。只要我们不滥用，就是正当的，不是浪费。对我们生活中的东西所犯下的最重的罪，就是滥用它们。“滥用”是一个有多种含义的词，我们更喜欢说“浪费”，但浪费只是滥用中的一种，所有的浪费都是滥用。

强调节省是应该的，每个人都有一份积蓄是应当的，也是值得的。如果你可以有却没有留下一份积蓄，那也是浪费。但节省也可能做得过分，例如，我们可以教育孩子们把他们的钱积攒起来，不能不加考虑地乱花，但这并不是积极的方式，它并没有引导孩子学会安全有用的花销方式。

教育孩子如何投资和使用钱，要比教他们节约更好。那些不遗余力地节省几美元的人，如果把那几美元用于投资也许会更好——首先投在自己身上，然后投到一些有用的事情上，最终他们将会省下更多钱。

年轻人应该先去投资，而不是去储蓄，他们首先应该给自己投资，以增强自己的创造能力。在自己达到能力的最高峰后，那时将有足够的财富，可以把收入的很大一部分存放起来。

如果你在阻止自己变得更富有生产能力，你就不是在节约，实际上是在失去自己最重要的资本——你在降低自我投资的价值。

“使用财富”的原则可以作为我们的指导。如果使用财富时是积极的、活跃的，是有生气的，那么这种使用便是活的，它增加了物品的价值。

如果不改变其他状况，个人需要就可以得到满足，这显然是最好的。但是，工资增长、价格增长、利润增长，和其他方面的增长，人们都想把钱弄到自己这里。这如同一伙人在趁火打劫，他们不考虑对别人会有什么影响，这是不良的想法，认为只要能赚到钱，一切风暴都能扛过去。

工人们也认为只要能得到更多的工资，风暴就可以过去。资本家也认为只要能得到更多的利润，不管怎样的风暴都能平安度过。

有一种信念认为金钱是万能的。在一般的情况下，金钱是非常有用的，但金钱的价值不会大于它在生产中的作用。如果它被迷信地认为是真正的财富的替代品，并因此而受到崇拜，那么它的价值就完全失去了。

有一种观点——即认为工业和农业之间存在着根本性的对立——一直存在。事实上，它们之间并没有对立。如果认为因为城市太拥挤了，所以人们都应该返回农村——这完全是胡说。

假如所有人都这样做，那么农活很快就不再会是令人满意的工作了。让所有人都进入工业城镇的说法，也同样是没有道理的。如果农业荒废了，工业还有什么用呢？

农业和工业之间应该是互惠互利的。工厂主能使农场主成为一个好农场主，提供他所需要的；农场主和其他购买者又可以给工厂主提供他所需要的，从而使他成为一个好工厂主。然后，以运输为基础，他们就会有一个建立在服务基础上的稳定而良好的关系。

如果我们生活在一个较小的社会中，那里的生活节奏没那么快，那里的农田和菜园里的产品就没有那么多的中间商，那里的贫穷和不安也会少很多。

让我们看看所有的季节性工作，就以建筑业为例。

建筑工人在整个冬天里几乎都无事可做，只有等待着建筑季节的到来，这是多么大的浪费！一些熟练的工匠为了避免冬天的损失，被迫到工厂去找活干，即使在建筑的季节，他们仍留在工厂里，因为他们害怕一旦自己走了，等冬天再次到来时，可能就找不到工厂的工作了——这和前面一样属于技术浪费。这种体制造成的浪费多大！如果农民们在播种、耕作和收获季节

——它们毕竟只占一年时间的一小部分——能够离开工厂，回到农场干活；如果建筑工人在建筑季节能离开工厂，重操旧业，他们都将会好得多，而整个世界也将会更加安稳！

假设每个春天和夏天我们全都去室外住，过3个月或4个月的户外生活，我们便不会有如此多的“松散的时间”了。

福特在自己的农场

农业有农闲季节，那时农民可以到工厂来，帮助生产他所需要的产品。工厂也有它自身的淡季，这时候就是工人到地里去生产粮食的时候。这样我们便可以让闲散离开他们，恢复人类和自然之间的平稳和谐。

平衡生活的看法，使我们获得的不是小利，它不仅对我们的品质修养有益，而且使我们的头脑更开阔，判断更准确。我们今天的绝大多数不安定，都是由我们的一些狭隘、偏颇的看法引起的。

如果我们的工作更加多样化，如果我们能看到生活的更多方面，如果我们能看到这一方面是多么依赖于那一方面，我们将会更加善于平衡我们的生活。如果人在广阔的天空下工作一段时间，会变得更好。

这并不是不可能的事情，一切美好、正当的事情都有可能实现。它只需要一点小小的技巧——即少注意一点贪婪的野心，多注意一点生活本身。

那些有钱人认为，一年之中的冬季或夏季能在休养胜地无所事事地游玩三四个月，是一件美事。但是对于大多数美国人来说，即使他们能够享受这样的美事，也不会去浪费时间，他们更愿意进行一些调节性的户外工作。

几乎可以肯定，我们周围的大多数不安定情况都是由于不正确的生活方式造成的，很多长期不断地干着同样工作的人，享受不到健康的阳光和户外的空气。如果他们以扭曲的视角来看待事物，似乎不应该责备他们。这一点同样适用于资本家和工人。

生活中会有什么妨碍正常的生活方式呢？工业中会有什么使得工业与那些为工业服务的人员不和谐呢？如果工业中的劳动者每年夏天都从车间走出来，这将因妨碍生产而遭到反对，但是我们必须从更广阔的视野来看待这个问题。

我们应该考虑到工业劳动者在三四个月的户外劳动之后，会增加其能量；我们也要考虑到他们返回田野，会对生活产生很大影响。

正如我在前面所讲的，我们正在把农业和工厂相结合起来，并且也取得了非常满意的结果。在离底特律不远的诺斯维尔，我们有一家生产阀门的小工厂，工厂的管理和生产相对来说都很简单，因为它只生产一种产品。

我们用不着去找技术工，因为技能性的工作都是由机器完成的。住在乡下的人们能够一边在工厂做工，一边在农场耕作，因为机械化的耕种并不会很劳累。而且工厂的动力就来自于水利。

另一座更大的工厂正在菲莱特洛克修建，离底特律约有15英里。我们在河上修了一座水坝，这座水坝同时也成了底特律、托里多和艾伦顿铁路的一座桥梁，在那个地方这条铁路正好也需要一座桥；同时，它还有一条公路

——全都是在这一次施工中建成的。

我们想在这个工厂里生产玻璃。把河流截断后，可以储蓄足够深的水，这样我们大多数原材料就可以从水路运进来。它还可建一座水电站为我们提供能源动力。因为是在乡村中，所以不可能有拥挤或其他由于人口过多而引起的各种事故。

这样，人们有自己的耕地和农场，同时又可以在工厂干活。这可以延伸到工厂周围15英里—20英里的范围——因为现在工人们可以开汽车来上班。在那里，我们将把农业生产和工业生产相互结合起来，并且完全没有那些由于人口过于密集而造成的不便。

有一种观点认为，工业型国家必须将它的工业集中起来，我认为这是没有道理的，因为那只是工业发展的一个阶段。

随着我们对工业生产了解得越多，我们知道了用可替代品生产产品，那么产品便可以在条件更好的地方进行生产——这些好的条件，无论是从雇员的角度来看，还是从生产的角度看来，都是最好的。

人们无法在一条小溪边建一座大型工厂，但可以在小溪边建一座小型工厂。把这些小型工厂组合在一起，每一座小型工厂只生产一种零件，这样生产出来的整个产品比在一座大型工厂里生产的更便宜。

也有例外情况，比如铸造业。对于这种情况，我们建立了罗格河工厂，把制造金属和铸造结合起来，这样我们就利用了所有的无用动力——当然，这需要大量的投资，并且在一个地方要配有相当多的人力。但这种情况是一种例外，而不是带有普遍性的，它并不足以影响到工业集中化的过程。

工业将会逐渐分散化。如果一座城市被毁了，不可能重建一座和它一模一样的城市，这体现了我们对这座城市的真正评价。如果不是有城市作对比，我们不会感到乡下是如此宜人。

由于城市中的人拥挤在一起，人们互相了解更多一些。如果在乡下，他们就不会如此。卫生、照明、社会组织——所有这些都是基于人们的城市生活经验的产物，但同时我们今天所面对的每一种社会疾病，都是来自城市，并以城市为中心向外传播。

你会发现较小的地区的人们会随季节的变化而和谐地生活，既没有特别的贫穷，也没有特别的富有——没有任何人口众多的地区所有的动荡不安的暴力和瘟疫。

一座有着数百万桀骜不驯的危险分子的城市里，总有一些可怕的事情发生。而在30英里之外，那些幸福而满足的村民却看着城市的狂言疯语。

一座大城市里的人们真是一群无助的可怜虫，他们使用的每一件东西都是从外面运来的，一旦停止运输，便停止了城市生活，只能依靠商店的货架生活，然而货架什么也不能生产出来。

城市不能自给自足，不能给自己做衣服穿，也不能给自己取暖、盖房子住。城市的工作和生活条件是如此地做作，有时人的本能会对这些不自然的东西起来造反。

况且，大城市的生活和经营的费用非常高，让人几乎无法承受。它收取的税那么重，以至于没有剩下多少钱来提供生活了。政客们发现很容易借到钱，他们总是把钱借个精光。

在近10年内，美国的每一座城市的管理费都大大地增加了，而这笔费用中相当大的一部分是用来偿还借钱的利息。这笔钱有一些被用于生产砖头、石头和灰沙，有一些被用于城市生活的必需设施，比如供水工程和下水道工程，但是其费用远远超出了应有的数额。

那些用于修建这些工程的钱、为了维护人民安全和交通秩序的钱，远比人们从社会生活中获取的利益多得多。现代城市是在挥霍浪费，它迟早是要破产的，明天它将不能再这样挥霍了。

提供大量廉价且便捷的动力——并不是突然之间，而是随着它的被使用而慢慢到来——将比任何其他的事情更能使生活保持平衡，并有助于消除滋生贫穷的浪费。也许对一个地区来说，并不只有唯一的电源，在矿井口建一个火力发电站，其电力是最经济的。对另一个地区来说，水力发电也许是最好的。但是在每一个地区肯定有一个中心电站，它可以提供廉价的电力——

它应该和铁路或供水一样是必需的。

我们能够把每一种动力源都利用起来，供共同的利益使用，当然这要保证能筹到资金才行。

我想，我们应该重新界定我们关于资金的观念。

一个企业所创造的资金，如果是用来增加工人们的机会和他们的舒适度及财富，或者用来为更多的人提供就业机会，或者是降低为公众提供的服务费，那么这种资金即使是由一个人掌握，也不会对人类构成威胁。它是工作的积余，它的使用是为造福全体人的。资金的拥有人不会把它当作是个人的报酬。没有人会把这样的积余看作是他自己的，因为它不是一个人单独创造的，而是整个企业共同生产的产品，每个工人都是创造财富的一员。

没有任何一种经营只与今天有关，只与参与其中的个别人有关。它必须是具有持续性的。合理的工资应该支付给每个人，应该保证企业中每一位参与者都有一份舒适的生活——不管他的工作是什么。

但是为了企业有能力帮助那些为它工作的工人，企业自身必须得保留一份盈余。一个正直诚实的企业主，会把他盈余的利润用于这些方面——不管这笔盈余放在哪里，也不管是由谁掌握，重要的是如何使用它。

那些不能用来创造更好、更多的工作机会的资金，与沙子一样毫无用处。那些不能用于改善日常工作的条件、不能公平地给日常工作以相应报酬的资金，并没有履行它的职能。

资金的最大用处不是创造更多的钱，而是能更多地改善人们的生活。我们这些从事商业的人，如果不能帮助解决这些社会问题，便没有做好我们的主要工作，便没有提供应尽的义务。

第十四章

我们的机会与生俱来

几百年以来，人们总是在谈论自己没有成功的机会，都在议论如何把自己所拥有的东西分割成许多份，以便供更多的人享用。然而，每年都会有人提出一些新的思想，与此同时，也有很多机会相伴随产生。

今天，许多被验证为正确的新思想一旦付诸实践，就能把我们生活的这个世界提升到一个全新的水平，并且可以通过为那些以出卖苦力为生的劳动者提供生计而消除困扰着人们的贫困。但是，在这些新思想孕育和发展的过程中，唯一的障碍就是那些陈旧而且迂腐的观念。

这个世界总有些人自缚手脚，自蒙双眼，而且他们还不住地问别人：“世界为什么还是老样子？”

在这里，我随便提出一个思想作为事例——其实这是其他某个人可能也有的思想，只是由我将其系统整理并付诸实践罢了：

福特与他的第一辆及第1000万辆汽车

制造一辆简单而且具有强大动力的小汽车，不仅使其价格低廉，而且还要给汽车制造工人比以前更高的工资，这便是我当初的想法。1908年10月1日，我们终于制造了第一部现代式的汽车；到1926年6月4日，我们制造出第1000万辆汽车；而到1926年的今天，已经有1300万辆汽车驶离我们的生产线。

这些听起来或许很有趣，但也许并不重要。重要的是，我们的公司从一个车间的几个人，发展到今天雇佣20万员工，而且他们每天的收入都在6美元以上。我们的交易商和服务中心又雇佣了20万人。但是，请记住，我们所使用的东西并不是全都由我们自己直接生产。

粗算起来，我们所购买的用来制造汽车的东西相当于所生产的东西的两倍，因此我可以毫不夸张地说，还有至少20万人在我们的工厂外面为我们工作，这样，大概有60万员工直接或间接地为我们生产汽车。这也就是说，18年前我的一个简单的念头至今得以实施后，就为近300万男女老幼提供了生计。

当然，这样的估算还不包括那些从事汽车零配件批发和维修汽车的人。这些人为数尽管不多，但也不应忽视，要知道汽车还处于发展的初期。

我对这些数字丝毫没有夸张的成分。我并不是在谈论具体的人或公司，而是所谓的思想。这些数字仅仅显示出一个简单的思想所能创造出的伟大成就。

我们都知道，人们需要食物、衣服、房子等等。如果大家集聚居住在一起，那么还需要供应他们集聚所需要的物资，例如我们应该有一座比纽约还要大的城市。而实现所有这些所需要的时间应该比孩子长大的时间还要短，这显然不是梦呓。而那些认为没有机会发展的人，我不知道他们所指的机会是什么。

其实，机会到处都存在，我们每个人生来都有机会！

世界上有两类人——一类是先驱者，另一类是追随者。后者常常攻击前者，因为他们认为，先驱者把所有机会都抢走了。然而，简单的事实却是，如果没有那些先驱者首先铺平道路，追随者就会失去他们的方向。

为什么这样说呢？我们不妨想想自己的工作。

你的工作是你自己创造出来的呢，还是别人为你创造的？你是在为自己创造机会呢，还是别人创造出来的机会使你受益了？

我们也见过那些根本不想要任何机会的人大发其火——在他们看来，机会所创造的所有成果必须全部送给他们才行。但这样的脾气可不是我们美利坚民族所具有的，而正是从其他国家、其他民族进口过来的，虽然机会就在他们身边，但是这些民族没有发现机会的能力。

如果说在几年前，每一个机会都有1000个人去争取的话，那么现在却是每一个人都有1000个机会在等着他。世界发生的变化就是这么大，不论你信还是不信。

但是，在过去工业的发展过程中，机会并不如现在这么多，机会还很有限。人们只能看见一条出路，大家都想挤上这条路。其中一些人被挤出来并不奇怪，因为人比机会多，而这正是我们过去竞争之所以非常激烈和残酷的原因。那时，人们选择机会的余地不大。

但是，随着现代社会工业的不断发展，更多的机会相继涌现。设想一下，工业每向前发展一步，会开辟多少创造性的活动空间？很显然，在日益激烈的社会竞争中，任何人要想抓住自己的发展机会，达到成功的彼岸，就必须为他人创造出更多的机会——多于自己开始时几倍的机会。

不承认过去缺乏机会，就无法理解现代工业崛起的奥秘。有些行业发展很快，但有许多收入却来自那些即将被淘汰的部门和产业。

但是有足够的事实证明，过去在人们的需求压力下不断向前缓慢发展的工业领域中，总有一些人能够高瞻远瞩，而另一些人却目光短浅，后者当然会落在前者的后面，甚至被前者甩得远远的。

有时候，成功者所采取的方法并不道德，但是他们取得成功的本身并不是不道德——由于他们能够洞察到人们的需求以及满足这些需求的方法和手段，如果他们依赖不诚实或残酷的方法做成了某件事的话，那么，这件事本身绝对是应该受到指责的。

把成功归因于不诚实是人们通常容易犯的错误。我们常常听见有人说某人太诚实了，做不成大事，这样说其实对那位失败者是一种安慰，但诚实绝对不是失败的原因。

不诚实的人有时确实能够成功。但是，他们成功的前提条件是，只有当他们所提供的服务超过他们的不诚实本身时，他们才有可能成功。诚实的人有时候也确实会失败，因为他们还缺乏与诚实相匹配的其他基本素质。说到不诚实者的成功时，他们成功的原因中应该将"不诚实"这一特征排除，因为并不是"不诚实"才导致了他们的成功。

不相信机会的人，仍然会凭借他人创造的机会为自己找到位置，自己无法直接取得成功的人只能是接受他人的领导。

我们今天前进的速度是不是太快了呢？不仅仅是在汽车制造业方面，而且包括我们生活的各个方面？

人们会听到许多有关工人被繁重的劳动压垮，每个微小的进步是以这样或那样的付出为代价，或者关于效率是如何毁灭人们生活中的一些美好东西等等之类的议论。

现在的生活确实失去了平衡——而生活也一贯如此。直到现在，大多数人还没有闲暇时间可以供他们去利用；当然，他们也不知道如何利用这些闲暇时间。我们面临的最大问题之一，就是在工作和放松之间找到某种平衡，在睡眠和吃饭之间找到平衡，甚至明白人类生老病死的原因究竟何在。

毫无疑问，我们现在所生活的时代比以前任何时代的前进步伐都要快，或者更准确地说，我们被生活推动得越走越快。例如，20分钟的汽车里程与4个小时的徒步奔波相比，哪个更容易，哪个更困难？旅行者会选择哪一种交通方式更省力呢？哪一种方法更节省时间呢？

不久的将来，汽车一天所跑的里程可能会被在空中飞行一个小时所代替，那时候我们这些生产汽车的人将遭遇困境吗？

这种所谓的被抛弃的精神状态是我们的现实生活呢，还是书本中描述的神话呢？人们在书本中往往能读到现代工人因为工作而精疲力竭的描述，但你们听到工人们亲口这样说了吗？

我们不妨走进那些参加实际工作的人群，走进那些每天乘公共汽车上下班的普通工人中间，走进一天之内横越美洲大陆的年轻经纪人中间，和他们交谈，你就会发现人们的态度各不相同。但是有一点是相同的，他们不但不回避生活现实，而且对未来充满了热切盼望。为了明天的美好生活，他们总是倍加珍惜今天的时光。这就是那些勤奋的工作者，这就是那些不愿在图书馆里苦思冥想，试图用以前的旧模式去套住新世界的劳动者。

和公共汽车中上下班的工人们交谈，他们可能会告诉你，仅仅几年前他们还要到很晚才下班，而且回到家总是累得没有空换衣服——他们只能穿着工作服吃饭，吃完饭直接上床睡觉；可是现在却不同了，他们可以在车间里换下工作服装，在太阳还没有落山之前就回到家，早早地同家人一起吃过晚饭，并且有空和家人一起乘车外出兜风。

他们会告诉你，以往那种令人窒息的工作压力已经没有了。也许，人们在工作时比以前要更加认真，但是过去那种无休止的、令人疲惫不堪的无形压力已经不复存在了。

如果再去问问那些带动社会变革的领导者们，他们也会告诉你同样的情况。

他们精力充沛，而不是气虚力竭。他们沿着前进的道路大踏步前进，他们会说：拉历史的车轮后退比顺应历史发展潮流而行动更费力气。

有这样一个事实：那些感到头痛的人正是那些竭力阻止世界向前发展，试图用他们的旧思维去理解新世界的人们。发展对他们来说，这一切绝不可能。

“效率”一词现在还被人们痛恨，这是因为人们不了解它的真正含义。

追求效率只是用我们所知道的最好的方法去做事，而不是用最坏的方法，这就好比用汽车装载木材上山，而不是靠人力背上山。换句话说，就是让工人们掌握一定的技术，为他们提供动力以便让他们挣得越来越多，生活得越来越舒服。

我们福特公司一直在努力开发更多的动力资源。我们不仅去煤田，还去江河湖海，总是希望得到一些廉价而方便的资源，并将其转化为电力，输送到我们的工厂，以提高工人的产量，增加工人的工资，降低我们的产品——汽车的价格，让消费者得到真正的实惠。因此，你必须充分地利用动力，充分地利用原材料，充分地利用时间。

我们可以远离家乡去修建铁路，开发矿山，砍伐木材，建造轮船。为了节省几个小时的时间，我们不惜投入几百万美元——虽然我们所做都是分内之事，那就是制造汽车。

我们在制造汽车时所使用的动力又生产出另一种动力——将发动机的动力输入汽车，让汽车得以发动行走。价格20美元的原材料可以变成20马力的汽车动力。截止到1925年12月1日，我们已经通过汽车和拖拉机为这个世界贡献了3亿马力的动力，这相当于尼亚加拉瀑布的97倍！全世界共消耗2300万马力，其中我们美国的消耗量就超过900万马力，占1/3还多。

开发所有这些动力对国家经济的深远影响，我们迄今还不知道怎样估算。但我相信，美利坚合众国的繁荣，在很大程度上应该归因于这些增加的动力；另外，把人们从繁重劳累的工作中解放出来，也有助于唤醒他们智慧的大脑。

交通的便利推动了社会的进步。我们用汽车改变了整个国家的面貌。我们并不是因为繁荣才有汽车，而是因为有了汽车我们才繁荣。

要知道，并不是所有人立刻都能拥有汽车。购买汽车应该循序渐进——我们根本没有能力接受全部的订单，以我们现有的用户每6年更新一辆汽车的速度来计算，我们每年200万辆的汽车生产量只能满足那些老用户的需求，根本甭提为新客户提供服务了。

这个问题我们暂且不提。

总的来看，不管农业收成如何，一个国家的全面繁荣与否和汽车的使用数量有更直接的联系，二者应该相对称。这是一个无法回避的事实，因为你不能不考虑到对各方面的影响而只顾盲目地大规模开发动力资源。在汽车的众多优点中，除了其本身的用途以外，汽车进入人们的生活后还使人们认识了开发动力的更多好处——它教会人们如何充分地利用动力来为他们的生活服务。

在汽车进入家庭以前，很多人一生都不曾去过离家乡50英里以外的地方。这样的情况在美国已经一去不复返了，在世界上的许多地方也已经属于历史了。

T型车的大规模生产，使美国成为“轮子上的国家”

当俄国人派代表来为他们的农庄购买拖拉机时，我告诉他们：

“你们不要买拖拉机。你们首先应该买汽车，好让俄国人熟悉机器和动力，了解汽车给人们带来的各种便利。汽车会促进国家的公路建设，然后便有可能将农户生产的东西运往城市出售。”

于是他们听从了我的建议，买回去数千辆汽车。结果几年后，他们又买回去几千辆拖拉机。

现在，重要的不在于可以通过什么计划和使用价格低廉的动力，完美地制造出汽车或其他什么物品，这一点我们早已经明白。我们也知道汽车的优点的确很重要，但尤其重要的是，通过发展汽车工业，我们发现了工业发展的一种崭新动机，抛弃了一些空洞乏味的术语，例如"资本""劳动力"和"公众"等等。

多年以来，我们对"追求利润的动机"这句话已经非常熟悉。它的意思是那些被称为"资本家"的人提供生产工具和机器，并且以尽可能低的工资雇佣人力——也就是劳动力——然后制造出产品，接着把这些产品卖给那些被称为"公众"的人们。资本家以最高的价格出售产品，然后将利润归为己有。

听起来，"公众"如子虚乌有，公众的钱也不知从何而来，但大家都认为公众需要保护，以免受到那些唯利是图的资本家的盘剥。工人们也要受到应有的保护，于是就有人杜撰出了"生活工资"这一概念。事实上，所有这些完全是对整个工业发展进程的曲解。

对于小型的企业，或许可以按照"资本——劳动——公众"的错误模式来运转，但是对于大公司绝不可能，小企业也不可能依靠压榨工人而发展成为大公司。原因很简单，购买产品的公众并不是天外来客。

企业主、工厂雇员和购买物品的公众都是相同的主体，如果企业在经营过程中不能依照高工资、低价格的原则运作，那么，企业将无法生存，因为不那样做，购买产品的顾客将因为受到限制而不会购买你的产品。

因此，企业的雇员才是该企业本身最好的客户。

我们福特公司的真正发展应该追溯到1914年。那一年，我们把员工的最低工资标准从每天2美元提高到每天5美元，这样，我们等于增加了我们自己的购买力。相应地，其他人——例如商店职员，他们也可以间接从中受益——他们的购买力也被我们相应带动了。我们国家所出现的繁荣局面，正是通过高工资、低价格以增加人们的购买力这一思路来实现的。

这是我们公司的基本动机，我们称之为"工资动机"。

但是，并不是你要求高工资就付给你高工资，如果公司在提高员工工资的同时不努力降低产品的生产成本，那么购买力就无法增加。

根本没有什么“生活工资”，因为除非支付相当于员工工作量的工资，否则员工就没有办法依靠工资正常生活。也没有所谓的“标准”工资，只有上帝才知道多高的工资才符合标准！我认为标准工资的提法是以企业管理和发明创造已经到达尽头为前提的。

其实，没有什么办法比低工作量、高工资更能损害工人利益的，因为那样做等于提高了商品的价格，商品就卖不出去，公司也就没有收入，最后只会使得工人根本没有钱买得起商品。

当然，认为商品的利润或者因为发明创造降低生产成本所带来的利益都属于工人的看法也不正确，这种观点也是对工业生产进程的误解。

利润主要应归于企业，工人只不过是企业的一部分而已。如果将全部利润都给工人，那么企业产品质量的提高，以及与之相关的许多工作都将无法做到，而且商品价格会上涨，人们的消费水平会下降，企业便逐渐濒临破产。因此，利润应该用于降低生产成本，而且成本下降的最大实惠应给予消费者。事实上，这和提高员工的工资是一样的效果。

这些道理听起来好像很复杂，但我们实际操作起来却既简单，又很见实效。

我们只有把企业发展成大企业，才能实现推动经济发展、开发动力、降低消耗的目标，也才能最后实现“工资动机”——当然，大企业并不一定是企业生产的集中化，相反我们要使企业分散化。

任何企业，只要全神贯注于提高对顾客的服务水平，只要以工资动机为基础，为员工利益着想，肯定能够发展壮大。企业不可能停留在某一规模上停滞不前，它必须向前发展，否则就会后退。

当然，大量收购小规模的企业似乎也能建立一个大企业。但是，结果可能不是一个真正的大企业，而只是一个企业展览馆，这只能让人们看到用钱可以买到很多稀奇古怪的东西。因此，依靠金钱买不来大企业，建立大企业只能借助服务的巨大力量。

美国人民的生活要依赖大企业。在我们国家，不论我们把企业分成多少块，我们的企业必然是一个大规模企业。美国土地辽阔，她众多的人口潜藏着巨大的商品需求与之相适应，也需要大规模的生产和供应来满足这些需求。

在美国，任何一种小商品的生产都是一个规模很大的产业，例如自行车，现在的产量和需求量比当初自行车热潮时还要大。企业必须不断发展，否则市场供应就会不足，产品价格便会居高不下，最终顾客便不会购买你的产品。

我们不妨看一看200年前马萨诸塞州桑地伯利农场主们的生活。

当时，为了降低昂贵的生活费用，波士顿的商人和居民们曾经开会研究并采取了一系列措施。当时各种商品的合理价格为：咖啡每磅20美元，男鞋每双20美元（记录中没有提到女人的鞋价，可能女人没有必要穿鞋），棉布价格很高，盐价倒不算高。显然，这些商品价格都比现在的要高。

到底是什么原因导致上述商品的价格降低到了目前的水平呢？答案是企业——是商品供应的有效组织。

企业总是从小做起，逐步壮大，其间并无任何神秘可言。当交通困难时，人们也离不开锄头和铲子，这些东西很容易买到。或许，这些东西并不是最好的工具，但它们是最容易得到的。这里面却隐含着一个最大的商业因素——就是选择最接近需要者的地方供应商品。

过去，市场几乎就是制造产品的场所，小城镇中可以生产人们所需要的一切，所有行业都在邮电所的附近发展起来。例如铁匠生产农业劳动所需的大部分铁制工具，纺织工生产除了厨房用具以外人们生活所需的大部分纺织物。一个小城镇可以说就是一个自给自足的社区。

当然，这并不是说所有这些服务（或物品）都是最好的或者是最便宜的。例如，任何一位杂货店老板都会告诉你“农场黄油”并没有什么特殊的意义，因为这得看农场主的老婆用什么方法制造出黄油的，或者看她们的手艺如何，最好的黄油和最坏的黄油都是通过家庭作坊的方式制造出来的，而现代的牛奶场却可以制造出质量均衡的上乘黄油。

很显然，随着疆域的不断扩大，各个社区的工艺便可以相互交流，尤其是随着交通的发展，提供质优价廉的黄油的供应商（或企业）便会得到更广泛地区的客户。

因此，许多较大型的企业最初大都设立在美国东部地区，因为那里是全美国的人口中心，这里的人口日益增加。工业在矿区发展最快，因为那里能提供基本的工业生产原料——铁矿砂和油料。当食物供应成为紧迫的问题之后，工业便常常分布在粮食产区和人口密集区之间。

大企业的发展绝对不是盲目的，而是按照客观需要有序进行的。工业的组织者们是有头脑、有理性的人。也许某项发明或创新最初只来源于一个人或几个人，但是，没有众多人的支持，任何发明和创新都不可能发展成为一个企业，或者形成一项新的产业。

现在，随着我们国家的疆域不断扩大，我们的企业也在不断发展壮大，对此我们有较深的了解。如何发展企业是一门科学，同时它又离不开其他科学的支持。我们正处在一个从背负生活艰辛向享受生活乐趣转变的过程。

第十五章

福特自传

大企业的发展有没有极限

对于工人们来说，如果他们买得起他们生产的所有产品——也就是说，如果“工资动机”能够完全得到贯彻实施的话——那么，发展大企业就是势在必行。

要让工人们买他们所生产的产品，其实也不是都能做到，但是有一条必须得考虑到：这些产品的用途必须基本上符合工人们的需要。企业不能期望工人会购买一台蒸汽机、一座摩天大楼或者一台管风琴，因为这些东西对工人们来说，并没有什么实际的用处。事实上，他们所需要的是优质的食品、漂亮的服饰、宽敞的住房和包括他们自己在内的全家人的欢乐幸福。

工人们无法通过任何政治计划或依赖任何谈判组织（例如工会）获得这些东西，因为法律和谈判都是与生产不相干的，它们制造不出这些东西——据我个人看来，工会组织并不被工人们广泛认可。过去的几年中，就有很多外国工会的领导人来见我，他们都毫无例外地与我大谈政治问题，而外国工业界的领导人谈起政治时，则总是愤愤不平。

从表面上看，这些企业领导人一直在寻求如何调解劳资双方之间的分歧和矛盾。当然，如果总是用“劳资”这个概念来思考问题，就永远走不出圈子，但是，他们至少还是在探索如何通过生产来解决问题的出路。而那些劳工领袖们却似乎更希望找到一个机会来发表讲话，或者为自己求得一官半职。

在现实中，人们一直被教导要提防那些大企业。人们对大企业的担心，一方面是因为他们不了解大企业，另一方面是由于他们害怕大企业搞经营垄断。另外，他们还害怕金钱的影响力，在他们心目中，经常把大企业和金钱的影响力混为一谈。由此可见，他们的思想已经落后于时代许多了。他们还停留在那个将100万美元当成是天文数字的年代，那时候人们都认为谁也不可能通过自己的诚实劳动挣到100万美元。

坚持这种观念的人思想非常狭隘，否则他们应该明白，无论如何诚实劳动也要比不诚实劳动更容易挣到钱。所有这些偏见都可以归结为一点——他们把企业尤其是大企业看做是和金钱有关的东西，而不是一个服务性的社会组织。

现在，我们需要记住——今天就是今天，今天既不是昨天，也不是明天。

这个世界需要领袖人物。昨天的领袖是军事性和政治性的。过去，不论组成什么形式的政府都无关紧要，国家只要有领袖就能成功，否则就会走向失败。但是军事领袖和政治领袖都没有创造性。对于企业而言，企业的成功只能建立在这样一个基础之上，即取代别人已经创造的物质并进行创新。

历史已经翻开了崭新的一页。今天，军事领袖或政治领袖根本做不到像工业界的领袖那样去为人民服务。为什么呢？各地的政治领袖们很可能仍然具有高素质，他们之所以显得无能，是因为他们无法摆脱过去的思维定式——要求政治（或政治家们）去做只有实业（或企业家们）才能做到的一切。那些以改革为己任的人并不理解这个道理，他们认为政治是万能的，能够做到只有实业才能做到的事情，所以他们喜欢提出这样或那样的价格规则，依据是他们自己能够创造国家的繁荣。

人们对法律所“规定”的繁荣抱有极高的期望，仅此而已。把工作仅仅当作谋生的手段，其实是对生活的污辱。思想家们认为，工作可以使人类在道德上、生理上和社会上拯救自己的灵魂。工作不仅仅能使我们生存下去，还能够给予我们所想要的生活。但是，如果工资和物价可以由法律来确定的话，那么繁荣好像总是离不开高工资和高物价（但实际上并非如此），而法律也就可以取代工作了。

现在大家应该明白，真正的繁荣离不开物价的降低，降低物价才是正常情况下促进经济繁荣的唯一途径，也只有这样，才能够避免经济的非正常震荡。

我们不妨考虑这样几条基本原则：

首先，为什么我们需要有繁荣呢？所谓繁荣，就是很顺利地、不间断地为人们提供正常的、多种多样的需求，而且满足这些需求的供应非常充足；其次，当繁荣到来时，我们的各种供给还要有所剩余，以帮助那些资源尚未得到开发的偏远地区的人们。

既然如此，那我们为什么没有出现这种让人神往的繁荣呢？即使在困难时期，我们也有形成繁荣的各种有利因素，可问题就在于如果我们的管理体制没有出问题的话，我们为什么要经受不必要的困难时期，而无法享受应有的繁荣呢？

但是，必须有人来引导人们走向繁荣。群龙无首的人们只有面对绝望时，他们才会显示出本来的力量。并不是所有的人天生都是聪明的，他们需要有人来教导。也不是所有人都明白，在工作中运用智慧就一定能避免辛苦，他们也需要有人来教他们。不是所有人都明白如何将手段和目标协调一致，也不是所有人都知道去珍惜劳动的成果，也不是所有人都知道节省人间最珍贵的商品——时间，因此他们都需要有人来教他们。

福特是工业领域内卓越的领袖

同样，在工业领域也要有自己的领导人物——而且是高级统帅。在工业界，如果有了出色的领导，就必然会促使大企业或大公司的诞生。

一个公司会发展到多大规模？

一个公司的发展有没有限制？如果有，那么这个极限究竟是多少？

应该规定它们必须要为公众利益服务吗？

垄断的危险是什么？应该限制垄断吗？

如果我们来看一看一个服务性的公司是如何诞生的，以上这些问题的答案就不言自明了。

首先，公司要以为顾客提供服务为目的，也就是说公司的成立必须在为顾客提供服务之后，而服务不能在公司成立之后再去做。因此，公司的设计至关重要。

要想做好这个世界的一切事情，都离不开设计，花在做正经事上面的时间永远都不会白费。从长远来看，正确的设计还会节省时间。

也许有人会问："我们应该如何设计？"

我的答案是，也许你要设计的东西别人已经非常了解，你可以参考别人的方案设计出更好的方案；但是，更好的方法却是按照自己内心所想的去判断推理他人所想的。

要坚持立足现实，让公众愿意和你做生意。公众——也只有公众才能为你带来生意。

如果说我们现在的钢铁质量还不错的话，那是因为在当初钢铁质量还不好时，公众仍然去购买，这使得钢铁企业有机会和实力去提高钢铁生产技术。

如果说我们现在拥有的交通设施很舒适便捷的话，那是因为有人曾经为令人烦恼的交通设施付过钱，才使我们现在的交通系统发展得如此完善。

如果说我们今天的汽车很便捷耐用，而且性能可靠的话，那是因为当初汽车处于试验阶段时有人买过它们。

如果说我们现在有了各种各样的石油产品的话，那是因为人们曾经购买和使用过汽油，正是由于他们的信任和帮助，才使得石油生产和加工工业在全世界迅猛发展。

可见，是公众造就了企业，那么，企业的责任就是为公众提供服务，而那些在企业内部工作的人也是公众的一部分。这样，一个基本的公司方案便确定下来——企业发展后所得到的利益应该给谁?

假如某个行业通过提高生产效率和改善服务，使得客户购买产品或服务价格下降，那么，该行业发展所获得的好处就等于给了它的顾客。如果生产某件商品的成本比以前少了1美元，那么，这1美元就要在产品售价上体现出来。这样，就会有越来越多的人买得起这种商品。客户越多，企业就会发展得越大；企业生产成本降低的幅度越大，反过来也就越能促进企业的发展。

显然，不管企业的生产效率如何，如果企业所获得的效益不能与公众共同分享的话，那么，这个企业就得不到发展。

假如在生产过程中节省下来的1美元被划入到企业利润当中，客户购买产品的价格仍然没有变化，那么，企业的产品销售量也不会有任何实质的变化。假如企业在生产过程中节省的1美元用来作为工人工资发给工人，企业的产品销售量同样也不会有任何变化。

但是，如果将这1美元与公众共同分享，公众很快就会得到很大的好处，企业随即会受到良性刺激——产品价格下降，企业的业务量随之上升，结果以前只能雇佣几十个人的企业现在却招聘了几千人，工人的工资因此大幅度提高，企业利润也相应增加。

也就是说，只要企业生产的产品价格下降，产品的价值和工人的工资就会相应上升，企业盈余也会自动增加。

应该注意的是，企业绝对不能迫于工人工会的压力，而把全部利润划归工人工资的账下。对于一位拥有5口之家的工人来说，降低其全家生活必需品的费用，比只给他提高工资而不降低生活必需品的价格会带来更多的好处。增加工人工资必须依靠增加企业业务量来实现，不降低面向公众的商品价格，就不可能增加企业的业务量。

与其说劳动者是销售者，不如说他们是购买者。整个汽车生产过程中，最重要的环节就是用户购买，汽车生产企业要为购买者提供便利，这样才可以创造工作机会，可以增加工人工资，也可以创造扩大生产和服务所需要的盈余资金。所有这些任务都是管理者应该负责的。

对于一个普通工人来说，他在任何管理体制下都可以工作。在生产车间里，工人们并不关心或很少关心他们的工作方法是否是最好的，也很少关心原材料和他们的劳动能否得到最好的结果。他们习惯于做那些一成不变的日常工作。企业每天工作的重要性在于生产价值，而这是属于管理者负责的事务。

假如某个企业确立了为公众服务的政策并使企业得以发展和繁荣，但企业却无法自给自足时——它必须从企业外部购买企业所需的一切，那么企业的供应也会受到威胁。

供应原材料的企业一旦因为管理不善而引起工人罢工，其他依赖这个企业供应原材料的企业就不能得到应有的供给；交通管理政策的失误常常会造成交通费用上涨，影响原材料供应商以合理的价格向客户销售商品……凡此种种，企业管理者就会受到企业外部劳工活动和原材料供应商的影响。保护企业客户的利益是企业管理者必须承担的义务。顾客需要买得起的商品，他们害怕商品的价格上涨到他们买不起的程度。

企业——也就是产品的生产者——必须立即决定他为客户提供的服务是受自己难以控制的外力的制约，还是由自己控制。如果他能正确做出决定，即服务的数量和质量由我们自己控制，那么，他就会逐渐过渡到自己生产原材料以及其他事项。后面我们将对此详细论述。

控制原材料供应以后，紧接着便是对服务的考验。

我们使用的每一种原材料都会产生出利润，如原煤利润、石灰石利润、铁矿石利润、木材利润、交通运输利润等。生产商应该把这些原材料利润和产品利润加在一起，装进自己的腰包吗？

如果他是一个真正按照用户至上原则行事的企业家，他就只会提取企业发展所必需的必要利润，而会放弃各个环节的辅助性利润，并将这些利润返还给顾客。

企业家利用以前公众给他的利润促进了企业的发展，现在他的企业可以通过稳定的产品供应、稳定的成本消耗和较低的销售价格来回报公众。这样，在一种商品中取得的多种利润便相应减少。

检验一个企业服务质量的标准，就是看这个企业产品的利润在多大程度上返还给了公众。企业削减一种产品的利润种类和利润总额，很快会对社会公众产生积极的影响。

这样做对一个企业是一种危险呢，还是一种优势？

如果这样的企业能不断地发展，这样做当然是一种优势。企业可以通过向公众提供服务获得发展，企业的规模大小标志着它向公众提供服务的能力。

另外，企业向公众提供服务的能力也会受到企业管理水平和交通运输状况的制约。我们没有感觉到在管理上有多么费力气，在很大程度上是因为我们的管理体制比较灵活。我们的企业在发展，各个部门在增加；与此同时，从最底层涌现出来的许多人才也能胜任公司的管理工作。

真正制约着企业规模的关键因素是交通运输状况。很显然，在交通不便利的条件下，如果产品运得特别远，企业就无法为顾客提供应有的服务——这样就会限制企业的发展规模。从生产企业到用户之间的运输环节和距离太多太远，这正是我们现在面临的实际情况。

因此，如果把低销售价格和高工资同时视为危险的话，那么，大规模的企业就是一种危险。

另一个值得重视的问题，就是有些公司成立以后，没有重视为顾客提供服务，而只片面注重销售股票。

有些人认为大企业有危险仅仅是因为它的规模大，他们相信，企业利用本地资源自给自足的方法最合适。这种方法早在100年前显然是好的，那时候，鞋匠在自己居住的小镇里制造鞋子——他们做出来的鞋的确不错；当地马车制造者为整个小镇制造马车……

在筹建企业的过程中，我们千万要记住，为每一项发明创造或革新领取工资或利润的人，正是那些最终购买这些新产品的消费者。如果没有人去以消费补充生产消耗，那么，任何新的工业产品包括拖拉机、汽车、脱粒机、火车机车等都开发不出来。

那些过时的商业思想，包括乘人之危牟取钱财的做法，也不再为一直以来奉行此类商业法则的人所信奉和坚持。美国的商业思想要以经济科学和社会伦理为基础——也就是说，我们要坚持在遵守法律和习惯的前提下从事商业经营活动，因为再也没有什么活动能比商业活动对人们产生那么大、那么持久的影响了，但我们不一定要求对商业活动做出统一的规定。

不过，公众总是不会忘记给商业活动设定一些规则的。对于我们这样一个富有文明和智慧的民族来讲，想要绝对控制或垄断某种商品简直是不可能的。可以想象，一个不愿意对茶叶征税的民族，怎么会容忍别人完全控制他们的生活必需品呢？一个解放奴隶的民族，怎么可能再把他们自己变成奴隶呢？这好比回形针生产者有权利生产好的回形别针，否则其他人会取代他们。真正的控制权最终还是在公众手里。

不管大企业或是小企业，都是因市场的需求而做出相应的反应，而市场需求则是由企业所提供的服务带动的。如果企业的服务一旦停止，市场需求便不复存在，如果需求没有了，那么又何来大企业呢？

即使把全世界的钱都加在一起，也都不能抑制美国人民的竞争精神。把一件事做好，有助于把另一件事做得更好。

企业只能是因公众的需求而不断发展。但是，不论什么时候，企业的发展都难以超过市场需求，任何垄断和控制都比不上公众对服务的反应。企业唯一可能的垄断就是“提高”，以最优质的服务为基础。这种“垄断”是企业的一种优势，但是对大家来说都没有好处，因为试图垄断某个产业的行为不过是变相地浪费资金，而不能促进整个行业的发展。

但是，大企业的增长会不会扼制个人的创造力呢？

在大企业中，年轻人还有没有前途呢？

一个人是到别人的企业去工作好呢，还是自己创业好？

清楚下面两方面的情况以后，再问这些问题就好理解了：一是现在开创私人企业的机会比以前多，二是到别人的企业工作和开创自己的企业各有利弊。

有些人总是在不断地调换工作。在任何一个行业里我们都能看到这样的人——他们曾经创办了自己的企业，后来又放弃了；也有另一种人——他们希望有一天辞去现在的工作，自己当真正的老板。

那些放弃自己的企业，到别的企业工作的人有各种各样的理由——有些人觉得受不了那种创业的压力，他们更适合听从别人的调遣，但不习惯于去指挥和领导别人，甚至无法让自己企业的服务跟上时代的发展或形势的变化，所以他们最后选择了在别人的指导下工作，这样，既有稳定的收入，也有闲暇时间来培养自己的业余爱好，或者随便做点别的什么事情。

这些人之所以选择在别人的企业中工作，是因为他们看到在现代企业中，施展他们的才能有更广阔、更有利的机会。因此他们终生梦寐以求的东西显然就在他们的身边，而且早已经由其他人为他们铺设好了，他们只需投入到其中，就可以实现自己的目标了。

这就是现代企业对年轻人的吸引所在：他们起步的企业已经磨炼成熟，具备了走向更加成功的条件，因为它们已经积累了丰富的经验。

如果说创业者在自己开创企业的过程当中，体会到一种竞争精神的话，那么，在他人的企业中工作更能感受到合作的气氛。现代化大企业的发展有赖于许多人的聪明才智和奉献精神，这种合作的前提是人们在工作中都有共同利益，而不是什么个人爱好或感情协议。

同时，在大企业中，得到提升的机会和竞争能力的提高比在小企业中更多、更大。因为在大企业需要更多的人去填补各种岗位，因此机会更多，而且报酬也更多。

在美国，即使大企业的薪水也会比小企业的利润还要高。那种认为企业会嫉妒员工进步的思想是过时的，因为只有在企业内部员工的聪明才智获得充分发挥的前提下，企业本身才能得到发展。企业的生存离不开员工的智慧和活力，而这些潜能要靠企业来激发。与小企业相比，每个大企业都需要更多、更好的人才。这种对人才的需求越大，企业为人才所提供的机会也就越多。

我们现在的情况是，需要做的事情远比我们现有员工所能做的还要多——所有这一切都是大企业所带来的影响：

当员工比机会多时，总是会出现各种异常激烈、通常又不合乎人道的竞争。但是，如果认为这是现代企业的基本规律，则是没有道理的。现在的社会环境已经发生了很大变化，我们知道，良性的、正常的竞争有助于企业的发展，因为在过去很多机会稀少的领域都出现了更多的发展机会。

那些以服务为宗旨的大企业会规范自己的企业行为，调整自己的企业规模。但是，如果企业在经营中只是一味地依赖金钱的影响，而不是将全部精力放在为用户服务上面，那么，问题马上就会出来了。

第十六章

金钱不是企业唯一的目标

企业——也就是为我们提供各种物质生活必需品的机构——常常受到两种思潮的威胁，这两种思潮的代表者虽然相互对立，但实际上道理都一样——他们一类是职业金融家，另一类是职业改革家。

这两者都会导致企业的失败——这就是他们的共同之处。他们采用的方法不一样，动机也不一样。但是，如果对他们不加阻止的话，任一种人都将把企业带入死胡同。

对金融家我们不能非难——他们的确非常了解资金管理的各种工作，也知道金钱在人们生活中的重要地位。

对改革家我们也无可指责——他们知道他们所做的事情，也明白他们的理想对社会的影响及其所带来的各种社会机遇。

但是，职业金融家就不同了，他们从事金融活动的目的，只是为了从中赚取利益，而从不考虑人民的福利；职业改革家也是为了满足自我而进行所谓的改革，他们也从不关心人民的福利。这两类人才是对社会的真正威胁。德国就是毁于职业金融家之手；而俄国则被那些职业改革家毁掉了。你可以比较一下，这两类人谁做得更好一些。

这两类人要么通过政治家来控制欧洲，要么直接控制欧洲，他们应该对那里的贫困负主要责任。国际联盟及其附属机构，包括国际法院，都在他们的控制之下，他们没有给人们任何机会。他们强烈反对任何能给人们带来福利的思想。

在国外，人们往往满足于以协议或条约的形式做出让步和达到目标，但是，世界各地的人们将学会摒弃职业政治家和职业金融家的说教，就像我们美国人民对国内这两类人的态度一样。

他们将依照真正的经济原则来采取行动，他们不仅了解在企业和金钱的影响力之间并无任何联系，而且知道以金钱的力量来影响企业的发展是那些金融家所使用的一贯手法。

由于我们通常用金钱来表示那些根本不是金钱的东西，所以在人们看来，那种观点——即关于金钱是企业生存的血液，如果控制了金钱就能够控制企业的观点，乍看起来好像是有根有据，并没有什么不对的地方。

我们不妨来看一看福特公司。

因为会计制度和税收的目的，企业常常会按照一定的模式，在很多方面以美元来显示。这样，福特公司就成了一个数额巨大的企业，而且这些数字常常会被印刷出来，于是绝大部分人就以此为依据，认为我们公司在某个地方藏着那一笔钱。

其实，绝对不是这样的。我们公司有发电厂、车床、大冶炉、煤矿、铁矿、轧机等等，还有一些用来加工原材料、生产汽车和拖拉机的机械设备。在通常情况下，所有这些设备的价值完全取决于企业的管理水平。谁能说得出一箱工具对于一个正在工作的木匠来说，到底该值多少钱呢？

40座大冶炉、50台压印机、一个传输系统、一堆煤、电梯、卡车、高楼以及铁、木料和砂石——这只不过是在某个地方发现的物质而已。但是这些东西从来不用物质来表示，而总是用美元表示出来，实际上它们并不等于美元——它们只是大冶炉、机器、卡车、电梯、高楼和其他的物质而已。

这些东西对企业很重要，比数额巨大的美元都重要，或者难以用金钱表达出来。

不妨这样来说，如果你把一座建筑物用美元装满，绝对不如在里面装满机器和一些有技术的员工那样有用，因为这些才具有生产能力。

在税单上，所有这些生产设备都用美元表示出来，而且政府将以此为依据，向企业征收一定数额的美元。不止一个企业依据这种用美元计算的资产而被迫交纳高额税款，直至最后破产。

以上所说的只是这种以美元来思考问题所产生的恶劣影响之一。

我们必须学会将金融和企业区别开来。我们是一个拥有许多大企业的国家，但是，正如前所述，大企业控制不了任何东西，它们受到公众需求的制约。令人奇怪的是，竟然没有几个人能将企业和金融截然区分开来。

在过去此起彼伏的工人运动中，雇主总是被叫作资本家。但是，问题在于雇主并不是资本家，他们只是受资本家控制的人。在那时，大部分企业都是依靠借贷资金经营，从而使资本家对企业具有超乎寻常的控制权。企业家处在对立情绪中的劳工群体和贪婪的资本家两者的夹缝中间，做任何事情都很困难：

有人想多获得利息和股红，有人想少干活多拿钱，这使得企业家根本没有机会为社会大众提供服务，而且，企业家总是要背负其他人加在资本家头上的各种罪名。

但是，现在已经有所不同了。企业家不会像金融家那样降低企业的服务水平，而且他们已经从金融的枷锁中解放出来。当金融发挥正常功能、为企业服务的时候，那么，金融活动便被认为是为人类提供服务的工具之一。

25年之前，我们听到很多有关大企业的说法，其实那时候并没有真正意义上的大企业,当时，我们所具有的只是对金钱的最原始垄断。仅仅拥有金钱并不是企业，也创造不出大企业。金融巨头们预料到了工业时代的到来，于是便大量投入资金，通过这种手段来达到控制企业的目的。一段时期，这个国家都受到他们的盘剥。

职业金融家一般都不是好的企业家,投机分子创造不出价值,但是，在当时，金钱是万能的，金钱可以控制一切思想，势力猖獗。

我们不妨回忆一下25年前的情况：

现在称得上大企业的企业在那时尚不存在，当时也不存在巨额资金——金钱现在并没有控制大企业，我们也能看出，我们并不是在金钱的超级控制之下。

几个世纪以来，一些用心不良的家族集团已经在很大程度上掌握了全世界，尤其是欧洲的黄金，他们经常利用金钱的魔力来决定欧洲地区的战争或和平。他们的能力并不在于他们手中的黄金，因为黄金本身并没有什么力量,他们的力量恰恰在于他们引导了人们对黄金的认识。

黄金本身无法役使人们，真正使人们沦为金钱奴隶的，是人们对黄金的痴迷和看法。金钱的影响力确实存在——但不是金钱对人的控制，而是职业金融家对金钱的控制，这种情况曾经被视为金钱对人的控制。但是现在随着工业的发展，金钱正逐渐地回归到它应有的位置，就像车轮上的轴，而不是车轮本身。

现在，没有任何一个金融托拉斯控制美国的工人或创造者们——那些用他们的双手和智慧为社会提供创造性服务的人们。

我并不是说金钱和利润对于企业无足轻重。

企业的运转必须以一定的利润为基础，否则就会走向灭亡。但是，如果有人企图将利润作为企业经营的唯一目标，而不注重为社会公众服务，那么，企业肯定不能生存下去，因为它没有继续生存的源泉。

虽然企业以利润为目标是明确而务实的，但这样做事实上并不客观，也不正确。因为就像我所解释的，这样只会把增加产品的销售价格、降低工人薪水作为目标，结果就会导致市场的不断萎缩，直到最后全部衰竭。这正是许多国外企业面临困境的主要原因。

国外的大企业主要控制在职业金融家的手中，在管理企业当中，那些实际操作企业运转的人并没有什么发言权。谁也不能期望工人去买他所生产的产品，改革家也借机捉弄工人们，说工人们的前途就是要争取提高工资、缩短工时，他们（改革家）想要的正是职业金融家们想要的——不费金钱就可以获得的东西——这样，金融家和改革家就在不知不觉中走上了同一条道路，共同加入对企业的围剿。

这正是国外大谈对外出口贸易的必要性的原因所在。因为他们没有推行高工资、低销售价格政策，国内市场没有得到开发，工人们只是几种少数生活必需品的消费者。

但是，本来可以不这样的。通过我们设立在世界各地的工厂，我们已经让人们看到，情况本来可以不这样的——正如下文所显示的。

我相信，在美国国内福特公司的工人所拥有的汽车数量，比全世界其他地方所拥有的福特汽车的总和还要多。出现这种情况并非偶然，也不是因为美国具有异常丰富的自然资源。几乎在世界上任何地方都能发电：大不列颠（英国）有充足的煤炭和水力资源；欧洲大陆的国家有的有煤炭资源，有的有水力资源，或者两者兼而有之。如果将金融家建立的隔阂打破，这些国家也不缺乏原材料。

福特汽车公司

但是，现在原材料已经不再如以前那么重要了，我们时刻都在研究如何更经济地使用原材料。今天，我们使用钢铁已经不再用“吨”来计算了，而是根据钢铁的力度，这是我们最重要的进步之一，而且我们学会了对原材料进行循环利用。

欧洲国家认为企业没有出口便不能运转的原因是，职业金融家和职业改革家分别从上下两个方向榨干了人们的购买力，他们将本国人民榨干以后，又想剥削其他国家人民，于是企业被迫转向国外市场。

国家之间也可以有健康的贸易往来。竞争不应该是怀有恶意的——这样的竞争只会导致战争。在建立国内市场以后（全世界各地都能做到这一点），出口贸易将会成为国家与国家之间相互补充的自然而健康的贸易往来。现在世界市场上的竞争，很大程度上是因为对国内人民的剥削造成的。

显然，将金钱的影响力和企业混为一谈，等于把两件事说成一件事，或者将两种互不相关的因素强行结合到一起。企业不可能既为社会公众服务，同时又发挥金钱的影响力。事实上，与其说金钱的力量可以为企业服务，倒不如说它更容易导致企业的毁灭。有情况表明，上述情况正处于良性发展之中。

企业以它的资产作抵押所换来的资金是死的，当企业的经营必须受到“死的资金”的制约时，企业的主要目标就成为替资金所有者挣钱，而将对公众的服务下降到了次要地位。如果企业产品的质量延迟了客户还款，产品的质量就得打折扣；如果企业的全面服务影响到还款，这种服务就得取消。这种资金不是在为企业服务，相反，它想让企业为资金效劳。

对于企业中的资金来说，如果不管企业盈亏，都要从中分取红利的话，那么这样的资金就不是活钱。它不是属于忠诚为企业服务的一部分，它是企业的一种负担，企业越早摆脱它越好。死钱不是一个工作伙伴，而是一种沉重的负荷。

活钱才是企业运转的一部分，它和企业同生死、共命运，和企业共同承担可能出现的损失。企业可以依赖它的每一分钱，这绝对不是企业的债务。

企业中的活钱在企业中的使用，总是和资金投入者的积极努力分不开的。死钱只是一个吸血鬼。

“用户至上”的原则早已经在美国深入人心，它将传播到全世界，并将改变我们这个世界的面貌。

人们从战争中首先应该吸取的教训并不是战争本身，而是战争的破坏性，即战后无法恢复到战前的状态的那种破坏性。如果不能使他们理解战争确实是一场更加严重的灾难，那么他们就仅仅会把战争淡化为一次事故或一次错误。

旧的方法已经失灵，过去的智慧现在看来很愚蠢，以前的动机已经失效。如果说放弃错误的方法，转而接受新生事物是一种进步的话，那么，我们可以说世界确实已经进步了。

经验证明，旧方法已经失去效用。世界的进步并不是因为我们越过了某个明确的界限，而是因为一种对待事物的态度。错误不会在瞬间全部消失，真正正确的东西才刚刚显露。

有些人知道这样一个道理：企业是金钱以外的东西，而金钱只是一种商品，并不是什么力量。

任何企业，一旦开始利用金融活动筹集资金，就意味着它快不行了。有时候企业为了发展，从利润中提取一部分作为扩张资金以外，还有必要通过其他途径得到一些资金。当然，有时候企业也需要紧急资金的帮助，这与单纯的为资金而融资不同——企业通过金融来赚钱，而不是通过服务来赚钱。

一般来说，企业的经营风险不是在它需要资金的时候来临，而是它成功经营到了非融资不可的时候，这时企业必须为发行股票和债券奠定基础。公众容易上当受骗，容易被人占便宜。

例如，加拿大福特公司的股票上市后，每股的市场价为485美元，可是一些剥削者却将这种股票全部买进，然后他们再按照1：2的数字发行所谓的“银行股”，每只银行股的发行价为30美元。也就是说，他们将每股485美元买进来的股票以每股1000美元卖出去。奇怪的是，公众却心甘情愿地用两美元的价格购买本来可以用一美元就能买到的东西，而且毫不知情。这个例子很好地说明了一个成功的企业是如何沦为金融工具的。

因此，当一个企业开始走向成功的时候，真正的考验就在眼前。金钱的魔力总在暗示人们，不用去生产，只需靠发行股票就可以获得利润，向真正的价值里掺水赚钱很容易。人们误认为这就是企业，所以很容易受到诱惑。

其实，这根本就不是企业，而是一种慢性自杀。你可以找到一个以前曾依靠金钱维持下来，而且现在仍然在运转的大企业——每个大企业都是先缓慢启动，然后因为它满足了人们的某种需求而得到发展；但是当它一旦发展到一定的程度以后，一些金融家便开始注意上它，打它的算盘了。当企业受到金融家的关注的时候，它应该自主发展，而不能依赖金融的外在力量。

企业必须克服的另一个障碍就是债务。

现在，债务成了一种产业，诱导人们借债也是一种行业。如何充分发挥债务的优势，几乎成了一门哲学。

很多人面对债务的压力时，会振奋起来，这可能没有错。但若是这样的话，他们就不是自由人了，也没有自由的工作动机，只有还债这一动机存在——还债的工作动机其实是一种奴隶性的动机。

当企业债台高筑时，企业的忠诚便被人为地割裂开来。那些职业金融家们想整垮一个企业或加强自己的资金安全系数时，总是会使出借债的方法。

企业借债后，就相当于要服侍两个主人，一个是社会公众，另一个是金融投机分子。这时候，企业不得不牺牲一方利润去满足另一方，那么公众就会受到伤害，因为背负债务后，企业无法自由选择自己的忠诚对象。

一些企业现在已经通过内部资金积累摆脱了金融家的控制。如果企业将利润拱手送给那些现在和将来都不参与经营的人，也就等于把企业置于一个错误的基石上。

现在，人们已经把这样一些原则——企业必须全心全意为公众服务；企业的利润首先要作为服务工具归企业使用，然后再分给那些为企业发展呕心沥血的人——视为商业教条的一部分内容。

但是，企业和金融家们都没有能力去强迫公众买这或买那。金融家们对企业的所作所为带来了遍地的灾难，如果像有些危言耸听者所说的——金融家威力无比，那么，欧美大陆将到处都是衣衫褴褛的农民们。

企业对用户或公众的服务可以进行控制，而且将来也能够进行控制。

金钱无法控制小麦、煤炭和其他生活必需品，它生产不出这些东西来。现在世界上开掘的煤矿数量是实际需求量的两倍。不久以前，小麦在市场上还像毒品一样稀少，可是现在在美国，金钱既控制不了煤炭，也控制不了农场和农场主们。按照传统的观念和思维，金钱将会使煤炭成为稀缺物，但是我们现在却用之不尽；金钱也会使小麦供不应求，但是，全世界现在粮食充足富余。

可能你需要出去多次才能买到一辆汽车，但是买一吨煤就不用费这么大的精力。根据人们的不同需求，煤炭的实际供给要大于汽车的实际供给。这不是金钱控制的问题，而是一个很好的商业规则和方法。

福特展示T型车

真正的商业规范是：人们一直在追求财富对自己的青睐，并且寻求为那些始终都有信誉的人服务——这就是公众。如果企业的生产成本有所降低的话，就让它流向公众；如果企业的利润有所增加的话，就让公众享受到产品的低价格销售；如果产品的质量有所提高的话，就让它精益求精，因为当产品还很粗劣时，公众并没有因为这一点而拒绝购买你的产品。

这是良好的商业规范，应该始终坚持下去。因为在商场中，没有什么能比提供良好服务更能与公众建立良好关系的了。这种关系比金钱的影响更安全、更持久和更有力。

人们抵制金钱影响的最佳办法，就是建立一个健全而充满活力的、为社会大众提供优质服务的商业系统。

对那些搞欺诈经营的企业要多加曝光，但这并不是说商业欺诈行为越来越频繁，而是因为它越来越不合乎时代潮流，越来越不受人们欢迎。

在美国历史上，商业欺诈的萌生就像早期的不道德竞争一样，是因为缺乏机会。任何时候欺诈行为都没有存在的理由，但是在某一时期人们至少可以理解它。不过，现在欺诈行为却是令人难以理解的，因为只有当机会稀缺的时候，才是欺诈盛行的时候，而现在欺诈已经过时，诚实的机会却无限之多。

工业企业为人们提供服务和创造利润并不矛盾，不像有些人所想象的那样。在我们的现实生活中，适用合理的经济原则不但不会减损财富，反而会增加财富。

如果我们都以“索取”作为自己奉行的原则，那么全世界就要穷困得多，因为我们没有遵守商业服务的规则。

在一般情况下，建筑工人们总想建筑房屋，面包师们总想烤制面包，制造商们总想制造产品，铁路总想运输货物，工人们总想有班上，商人们总想销售商品，家庭主妇们总惦记着要购买东西。那么，为什么这一切有时候会突然中断呢?

就是因为当这一切都进行得很顺利的时候，有人宣称：

“现在是彻底改变观念的时候了。人们开始想要我们所卖的东西，因此现在是提高价格的大好机会。他们如此强烈地想买，那就得多掏钱。”

这样做是邪恶的，就像用钱去发动或资助战争一样。但是，有时候是出于无知，有一部分企业不了解经济繁荣的基本法则，这就使得那些与之相反的商业习俗趁机而起，致使人们认为商业中最聪明的办法便是尽可能从别人那里获取。

幸运的是，现在许多人都知道贪婪地获取无异于扼杀企业——分文必取、斤斤计较不是企业行为。当所有人都明白利润应该是挣来的，而不是攫取来的时候，我们就不必再担心金钱的影响或其他的什么影响了。

那样，我们就可以使繁荣长久，人人受益。

第十七章

金钱的用途

一位来福特公司参观的外国企业家曾对我们说：

“我们必须预先确定利润，否则我们就收不抵支。除非我们以产量和利润为基础，否则我们就会破产。那么，你们是如何管理的？”

这个问题并不是开玩笑，这位企业家也是一本正经的。但是，他颠倒了马和车的位置——在进行服务之前，他就开始考虑如何去赚取利润了，其实利润是不请自来的东西。

我们认为，利润是良好的工作成果的一种自然体现。金钱和煤炭、钢铁一样，是一种不可或缺的商品。如果不是这样去看待金钱的作用，那么必然会遇到大麻烦，因为那样的话，金钱就会成为凌驾于服务之上的东西。而在社会中，不提供服务的企业将没有生存的空间。

将金钱和企业混为一谈，主要是由于股票市场的操作所造成的，尤其是当人们将证券交易所股票价格的变化当成了企业状况的晴雨表之后，就更容易令人们产生误解。人们总是这样作出结论：当企业的股票价格上涨时，企业经营状况就很好；否则，当企业的股票价格下跌时，企业的经营状况就不好。

事实上，证券市场和企业的经营状况并没有多大关系，和企业的产品质量、产量、销售也没有什么关系，和企业资本的增长基本上也没有任何关系——它只不过从一个侧面来反映企业的表现罢了。

企业的股票价格在证券市场上的波动和企业的利润情况关系不大。在证券市场上，绝大部分股票交易都和企业的盈利情况没有关系。

除了少数比较敏感的投资者群体以外，利润状况怎么样并不会产生多大的影响，至少它不是证券市场上股票投资者的主要目标，其中一些十分活跃的股票甚至没有红利。

证券市场上的逐利者们所追求的并不是企业生产的利润，股票的价格主要取决于在证券市场上究竟有多少人想购买那个企业的股票。

如果企业的管理者企图从证券市场中赚一笔，却不注重服务的话，那么，证券市场的情况就会大不相同了。

这些栖息在证券市场上的公司寿命一般不长——成立快，倒闭也快，然而人们却因此而认为证券市场和企业的命运息息相关。

不过，即使没有一点儿股票交易，美国的企业也不会受到任何影响。从另一方面来看，如果企业的股票明天全部被易手，企业本身的资本也不能增加一分钱。

就一个企业的基本利益而言，企业在证券市场的表现就像一场棒球比赛——它只是一个侧面的表演，既和企业管理的基本原则无关，也不能提供企业基本需要的东西。它只有企业价值的偶然而猛烈的变化。如果排除掉极端投机的因素，那么，股票的自然交易仅仅是一种简单的金融活动。

我们认为，如果企业的影响不是由那些企业管理者来控制，那么企业发展就会遇到困难，因为它常常会因此而成为挣钱的机器，而不是商品生产的机器。然而，一旦企业的主要职能是生产红利而不是商品，那么，它的重心将会发生偏转，就会听从股东而不是客户的调度。这样，企业生存和发展的基本目标也就被否定了。

那些不参加企业经营的股东常常成为导致人们生活成本增加的基本因素之一。但是，有些人并不同意这个观点，他们认为股票起到了一种促进企业运转的作用。然而，这并不正确。

例如，当广受欢迎的股票成为企业生产的负担时，企业的利润就只能属于某些人，而不是属于公众。为了满足某些股东的要求，有一种产品的价格曾经被无缘无故地增加了50美元，还有一种产品的价格也由于同样的原因而被提高了125美元。

产业并不是金钱——它是思想、劳动和管理的结合物，它所体现出来的价值不能用红利来衡量，而是在于产品的质量和使用性能。质量绝不会

福特公司推出T型车时的广告

因为金钱而被提高，但是提高质量显然可以带来更多的金钱。

当企业的资金全部来自产品的客户时，任何企业都会富裕起来。这笔财富不是从公众那儿掠夺来的，也不是从企业那儿克扣来的。除此之外，通过任何其他方式增加的资金都会对企业产生制约作用。

当然，股票投机买卖也不是没有一点儿作用——例如有些本性本来还不错的人，因为被股市掏光了血本，最后被迫去上班。买卖股票将很多人的注意力从正经的生意上吸引走了，纠正他们的方法就是利益。

财富绝不会因为股票交易而有所增加，它至多只能是使财富发生转移。股票交易并不能创造财富，它仅仅是一场游戏的得分记录。

曾经有人引用我的话，说股票市场对企业发展有益处，但是，这位记者在引用时省略了原因——“因为在股市遭受挫折而使得很多人重操旧业，干正经事。”

以前，人们误以为企业只是企业主自己的事。现在，人们则改变了观点——企业是在企业内部工作和领薪水的员工们的事。但是，这个观点和认为企业是为了生产股票而生存的观点一样，都是错误的。

这方面，在我们工厂中学习的大学生们的论文很能说明问题。

他们写的内容十分有趣。这些大学生富有激情，聪明而好学；除了从本能上认为工人们敌视公司以外，他们不属于任何党派。除了一两个人以外，其余的人都认为我们公司雇主和雇员之间的关系良好、工作条件优越等等。但是，没有一位大学生关心公司的产品。

如果在考察医院时也依照这种方法，大学生们的考察报告将会描述医生的办公室如何舒适、护士的食宿多么完备、实习生的时间安排如何恰到好处，而根本不会提及医院对病人的服务情况如何。

这些大学生判断企业的标准在于企业内部员工所得到的利益。这就像以教师的收入来判断学校的优劣、以医生的既得利益来衡量医院的好坏一样。然而判断学校的优劣只能以学生的学习成绩作为标准，医院的好坏也只能以它所治疗的病人作为参照物——这是医院的职能。

以前，企业的重点是为企业主们赚取利润；现在，企业的重点又转向了雇员的福利方面。这些思想都有问题。

当然，工人的福利应当被重视，但是，如果企业的核心不是为公众服务，那么，任何其他的重点都是错误的。在企业完全推行为公众服务的目标之前，工资和利润都不能得到合理的解决。

企业的首要责任，是为公众的利益服务。

最后，企业存在的合理性也应当以对公众有所裨益为基础。如果公众忽略了像工资这么重要的因素，那么企业也不能为公众提供良好的服务——因为这些因素是有机地结合在一起并共同作用的。

企业既不是为了企业主的利润而存在，也不是为了员工们的福利而存在。那些目光短浅的资本家和心胸狭窄的工会分子都对企业持相同的观点——他们的不同之处仅仅在于谁是获利者。

我们不妨简单回顾一下：我们假设当初某件产品并不是为了使用的目的而被那些逐利者开发出来的。

那么，当产品的开发达到了一定阶段后，企业就需要扩大生产，这样，那些有钱人就会看到赚钱的机会终于来了，于是他们建立工厂，购置设备，到处招工。但是，他们真正的生产目的是获取利润，如果必须进行调整，那么，受到损失的将会是商品，而不是利润。他们会采取任何行动——降低工资、偷工减料、减少数量、提高价格——只要能增加利润即可以。

而工程师则有不同的追求。

对他们来说，目前的标准代表了今天的水平，他们希望明天将它进一步发展到新的水平——在这个问题上，工程科学是目光短浅的金融业的敌人。为了获得丰厚的利润，货币商们投资装备了价格昂贵的高炉。这些高炉并不是为了造钱而被设计出来的——它们的用途在于制造“金属”。工程师们可以开发出更好的新一代高炉，但是不是以新换旧，这还得由金融巨头们来决定，他们决定的标准不在于能否降低人们的生活成本，提高生活质量，而是能否创造更大的利润。

以新换旧当然离不开金钱的投入。最初，资金是由公众提供的——解决公众关心的每一个问题，都会带来足够的资金，以保证技术的不断进步。企业的利润与其被说成是对企业过去经营业绩的奖赏，还不如说是一笔保证未来技术进步的资金。金融家们既然看不到问题的这一层面，他们就竭尽全力反对企业将资金投入技术进步当中，认为这是不必要的开支。而工程师则坚持将资金投入到技术革新中。

再看一看工资问题。

工资是购买力的源泉，商业活动的运转有赖于人们具有购买的愿望和购买的能力。另一方面，有一部分人鼓吹工资应当包括产业进步所产生的所有好处，他们观点的片面性和局限性应当引起我们的注意。

也有人主张，提高管理效益所带来的好处也应该计入工人的工资当中，例如生产增加、成本降低、产品附加值提高等等。

我们可以以自己的公司为例子。

我们的进步大部分来自于内部——也就是说来自企业的内部管理，如工艺的简化、劳动力的减少、成本的降低等，所有这些措施大幅度地降低了我们为客户服务的成本。

对于这些因为成本降低而产生的利润，我们有3种解决方案：

我们可以说："我们要保存好全部利润，因为这笔钱是依靠我们自己的能力挣得的。"

或者说："我们将把成本降低所带来的好处全部装进工人的工资袋中。"

再或者说："由于为客户提供服务的成本降低了，我们也将相应降低产品的价格，让客户得到实惠。"

在第一种观点中，增加的利润属于那些靠动脑筋来增加利润的人。

在第二种观点中，增加的利润应该属于产品的直接生产者——工人。

在第三种观点中，公众有权利以尽可能低的价格购买他们所需要的服务。

哪一种选择更加合理呢？

答案不言自明。

公众应当享受这笔利润。雇主不是公众，企业的员工也不等于公众。企业雇主和员工会享受到因为降低产品的价格而使企业规模扩大所产生的利益。正如以前所提到的，产业绝不能为了某一个阶层而存在。当产业的目的是为某一个阶层挣钱，而不是为全体公众提供服务时，那么，情况就变得复杂了——企业将会不断地陷入困境当中——伪科学家们将其描述为"经济周期"。

他们撰写著作来论证他们的观点，认为商业秩序只能运行那么长的时间，每隔一段时间，商业就会陷入危机。这完全是一种金钱至上的观念。

我们不想看到商业滑坡，也不需要任何失业。向西行进的先辈们每天前进12英里，那时候，每小时16英里是从来都不曾听说的行进速度，而现在，汽车一天可以行进六七百英里。问题在于，我们的行进速度这么快，在驶进繁华的城市时稍微慢一点并没有什么大不了的，它也不意味着停滞不前。胆怯者们总喜欢寻找各种被称之为"经济滑坡"的痕迹，好像是一群神经衰弱者在管理企业。

研究我们的经济机器的最佳时机已经消失了，因为在到处呈现繁荣景象之际，绝大多数人都在忙着捞取实惠，他们没有花时间去改进它。当这台机器出现故障停下来时，我们才去正视它、研究它。

等到一台机器破旧到完全不能运转，还不如在机器正常运转时去加以维护。因此，最好的研究方法是在机器正常运转之中。

T型车一推出便受到很多人的青睐

然而，人们并不愿意这样做，即使一些经济观察家们也是因为要预测经济不景气而不得不观察经济运行情况。现在，观察经济不景气已经成为一个行业，那些靠此吃饭的人可以提前躲避危机，不过，仍然没有人愿意在经济健康运行时出钱从他们那里购买灵丹妙药。

如果我们认为经济衰退是不可避免的，那么，我们无疑正在丧失良机。

选择现代医学是为了尽力使人类永远保持健康，而人类的思维习惯则使我们希望社会经济永远处于繁荣状态。解决困难的“妙方”就是降低产品的价格，增加工人的工资。除了战争或其他自然灾害以外，几家大公司只要作出努力就可以消除人们对经济衰退的恐惧。

当太阳高照，并且一切顺利时，我们不愿意去思考经济问题，这肯定会给我们造成重大损失。顺境当中的失误正是未来困境的种子。然而，当一切顺利时，没有人愿意听别人说三道四、挑剔毛病。那样的做法正是“得过且过”。

由于看不到经济运行的自然规律而导致经济衰退时，人们才会去议论。但是，事情既然已经发生，我们就只有忍受经济恢复和调整所带来的痛苦。

经济运行的顺境和逆境也形成了两种与之相适应的思维模式：一种是经济顺境中的保守思想，另一种是经济逆境中的激进思想。这二者之中没有哪一理论能够单独保证经济会持续向前发展。激进派认为保守派没有推进经济发展的手段，这似乎不无道理；而保守派则反驳，认为激进派也不能处理好他们批评的任何事情。

但是有一点任何一派都不能否认：责任总是由那些实际上在负责的人来担，这些人也被划入“保守分子”——他们的职责使得他们不能像激进分子那样不负责任。在相当长的时期内，只要“保守派”和“激进派”不能达或一致，保守分子将会通过客观政策继续来掌管经济机器的运行。

那么，既然如此，会出现什么结果呢？

很简单——保守派最后会以人民委托者的身份出场。为了银行和商家的利益，他们也会在一定程度上改进商业系统。他们已经显示了为美国带来比其国家更多的食品和房屋的能力。

很显然，既然他们以委托人自居，那么，他们就要为进一步提高全国人民的福利而做出贡献——这实际上是一个社会工程师的角色。它的结果或许会造成个人财富的减少，但绝不会减少有效资本。

最有害的就是这样一种思想——政府可以维修经济机器。

政府干预的结果就是征税，以用来安抚那些叫得最响的人。所谓的“进步计划”就是“我们可以强迫国家为我们服务”。政府的一系列福利援助计划实际上是一种“乞丐思维”的体现，它告诉人们：政府可以为某些人提供特权，只要你提出要求，它可以施舍给你任何东西。

这样一来好像弱者更有力量，但其实并不是这样。国家的计划并不意味着“国家”本身去向他人施舍，而是号召全国人民去执行它的施舍计划。

强者援助弱者并没有错，但是，这样并不能证明弱者就是至高无上的。为弱者提供服务如果不能达到帮助弱者独立自强的效果，那么，这种服务就是错误的。

形成伸手讨要的思维习惯是极其恶劣的。这也正是我们的慈善行为的弊端之所在，它既削弱了那些捐助的人，也削弱了那些接受援助的人。慈善是对一切努力上进的毁灭。

培养某些人依赖政府的习惯，这本身就是错误的；同时，它也将使政府的财富不能投入到其他必要的方面。例如，当沙皇俄国被推翻时，它留下什么了？什么也没有！所谓的太平盛世并没有出现，相反，倒是出现了混乱的局面，旧秩序中某些好的方面也不再存在了，新制度的创建者们这才发现他们手中并没有可供支配的资源——甚至连面包都不充足。

我们的各级立法机关成天被包围在各种施舍方案中，这些方案本想形成一种机制——使全国各地没有一个地方不得到实惠，其结果却是使各阶层之间、各利益集团之间的对立没有休止。立法者起初在很大程度上认为，他们的职责就是像护士一样为人民服务，而不是为自立自强清除障碍，铺平道路。立法机构错误地坚持认为，这些活动会使他们深受人民群众的欢迎，认为这样做才真正代表了人民群众的愿望。

立法组织也试图用法规制度来修正不完美的经济机器，可是政府的经济理论十分荒谬，它颁布的绝大多数法律都是为了限制人类的自私行为——这能促进经济进步，但实际上任何法律也做不到这一点，相反，却严重地束缚了经济的发展。

再来看看税收吧。

在全世界中规模最大的政府行为就好像是征税。似乎没有几个人了解高税收和贫困之间的关系——高税收导致生产的低效益，进而造成社会贫困。

人们也没有充分研究政府的真正职能应该是什么。

但是，有一点至关重要，政府的税收不能危害到下一代的生活。

有关税收的一个很重要的理由就是阶级意识。根据人们的收入情况进行征税是对的，但是将税收的职能看成是阶级宣传的工具是错误的。实际上，税收中并没有阶级的区别——全体人民都在纳税。拥有巨资的人通过诚实劳动赚钱，并且如实地大量纳税，实际上是公众在支付这笔钱。逃税者所留下来的税收负担最终还得由公众来负担。

因此，正确的方法就是透过金钱的表面现象认清它的本质，这样我们就可以克服税收上的许多错误。

假如某个企业处于扩张态势之中，税收员来向它征收个人所得税："请缴纳新机器设备税。"

请问，在这种情况下，政府所获得的税收价值难道会和一个企业扩张时所增加的就业机会和利用资源所带来的效益一样大吗？

事实上，这样做是在征税呢？还是在真正没收社会商品呢？

让我们设想一下，当征收遗产税不以金钱形式而以实际财产形式进行，会出现什么情况呢？

税收人员会说：

"我们将运走一座高炉、两台升降机、10台机器和25%的煤炭作为遗产税。"

这样做是可以理解的——如果认为那些对社会造成危害的罪犯所拥有的财产也是有罪的，如果认为剥夺活人的财产是错误的，而剥夺死人的财产则是对的，或者坚持认为政府可以容忍罪恶的雇主在活着的时候扩张企业，而在他死后则必须剥夺他的企业，那么，上述行为也是可以理解的。

然而，无论如何，抽走企业的部分财产作为遗产税，比以金钱形式缴纳遗产税要好得多。遗产总是以货币数量的形式表现出来，但是，事实上并不存在货币。绝大多数人继承的只是一个职位、一个需要管理的企业、一份要承担的责任。

继承亲人的工作去管理或控制一个企业，这实际上是在接受一项任务，而这项任务完成的好坏直接关系到许多人的就业和许多家庭的生计。

这种谬误不同程度地存在于我们国家和其他国家，它影响和束缚了企业的发展——那就是把企业当作金钱、大企业就是一大笔钱的错误观念。

第十八章

经营铁路

在美国，没有比铁路更好的例子，能表明一个行业可以背离它的服务功能。

我们的铁路存在许多问题，很多的研究和讨论都致力于解决这个问题，几乎每一个人对铁路行业都不满意。公众对它不满意，因为客运票价和货运价格都太高了；铁路职工对它也不满意，因为工资太低而工作的时间太长；铁路的所有者对它也感到不满意，因为他投资出去的钱没有取得应有的收益。

一般来说，一个管理良好的企业，与其相关的人都会感到满意。如果公众、企业员工、企业所有者都对企业的运行不满意，那么这个企业的运行方式肯定存在着非常严重的错误。

我并没有想要摆出一副铁路业权威的样子。也许有铁路业权威，但如果美国铁路今天所提供的服务，是铁路业经验积累的成果，那么我对这种经验的作用不会有多深的尊敬。

我在此丝毫没有怀疑铁路现在的管理者——那些真正做事业的人——能把美国的铁路管理得让每一个人都满意。我同样也不怀疑，这些现在的管理者是被一系列的环境条件所迫，造成无法管理的局面——这一点是大多数麻烦的根源。我认为那些懂得铁路的人没有被派去管理铁路。

在前面关于金融的一章中，我已阐述过不加分别地借款的危险。那些试图掩盖管理错误的人，都会想着去借钱，而不是想办法去纠正错误。

我们的铁路管理者实际上就是在不断地借钱，这样一来，从最开始他们便不是自由的，铁路的指挥棒不是由铁路管理者们握着，而是由银行家们握着。

当铁路欠债很多的时候，管理者们更多的是从债券和有价证券中筹钱，而不是通过为公众服务来挣钱。铁路所挣的钱只有一小部分用于维修保养。

当铁路良好的管理使收入增多，在股票有红利的时候，分红首先被内部的投机者使用。他们控制铁路的财政政策，使股票价格上涨，然后把他们的股票卖掉。

当铁路收入下降，或被人为地抑制时，投机者再买回股票，然后随着下一次的操纵，使股价上涨，再把股票卖掉。

在美国，没有一条铁路没有经过一次或多次的破产。因为经济利益建立在有价债券上，整个企业倒闭后，它们便被实行破产管理，那些容易受骗的债券持有人就成了被玩弄的对象，开始同样老一套的“金字塔游戏”。

银行家的天然盟友是律师。在铁路上玩的这种游戏同样需要法律专家和顾问，而律师像银行家们一样，对企业一无所知。他们往往认为企业如果在法律规定之内运行，就是恰当的管理方式。他们还设法运用法律来改变或解释，使之符合自己的目的，他们是靠法律为生的人。

银行家把管理权从企业管理者的手中夺走。他们派律师去监督铁路是否违法，于是便产生了铁路内部庞大的法律部门。铁路不是按照企业管理者正常的感觉或根据具体条件去实施操作，而是根据法律顾问们的建议去操作。于是，规章制度在企业的每一个部门里传阅，然后又传来了州和联邦的机关规定。

现在，我们发现铁路被捆在一大堆的法律法规之中，内部有律师和银行家，外部又有各种政府规定，铁路管理者没有任何机会去自主管理——这就是铁路遇到的最大麻烦，要知道企业是不能靠法律来管理的。

我们完全有机会摆脱银行家和律师的约束，体味自由管理的感觉。这就是我们经营底特律、托里多和艾伦顿铁路的感受。

我们买下了这条铁路，因为它对我们罗格河工厂的一些改革措施造成阻碍。我们买下它时并不是要把它作为一项投资，或者作为我们的附属产业，或者因为它的战略位置重要，而是因为在我们买下它之后，这条铁路才呈现出良好的状况，人们才开始注意它。

而且，这还不是关键点。我们买下这条铁路主要是因为它与我们的计划发生冲突，其次我们才考虑对它做点什么。唯一做的事就是把它作为一个生产公司管理起来，把我们工业中每一个部门同样运用的原则灌输到它里面。

除此之外，我们没有做出任何特别的努力，那条铁路也不能作为其他铁路管理的示范。但是，它以最少的价格提供最大的服务，最终使得这条铁路的收入远远超过了支出，而这对于这条铁路的情况来说，就是不寻常的成绩。

它代表着我们企业进行的改革——但要记住的是，这些改革就像简单的日常工作一样——是一种特别的改革，并不能普遍地应用到铁路管理上。但我个人认为，我们的小铁路线和那些大铁路线相比并没有多大的区别。

在工作中，我们发现，只要我们坚持的原则是正确的，无论它被应用到什么地方都没有多大的关系。例如我们把应用到高地公园大工厂的原则，应用到我们所建立的每一座工厂，都同样地取得了效果——也就是说，无论是用5还是500乘以我们所做的一切，都没有任何差别，其结果的差别只是乘法表的事，而没有其他的不同。

底特律、托里多和艾伦顿铁路是20多年前建立起来的，从那之后每隔几年便要对它重组一次。最后一次重组是在1914年，因为战争的发生，联邦政府对铁路的全面接管中断了重组。

这条铁路共有343英里的铁轨和52英里的支线，我们还拥有45英里的其他铁路线路的使用权。它从底特律一直向南，穿过俄亥俄河到艾伦顿，经过西弗吉尼亚的煤矿区。

由于它穿过了很多大的铁路干线，因此从一般的商业眼光看来，购买它应该是很有利可图的——它的确很有利可图，但似乎只是对银行家来说如此。

在1913年，这条铁路每英里的净收益是105,000美元。然而在它的下一次破产时，降低到了每英里47,000美元。我不知道这条铁路总共有多少收益，只知道在1914年的重组中，评估后债券持有人被迫转成近500万美元的金额——这也是我们为购买整条铁路所付的钱。

我们为外面的抵押债券支付了60%的现金，虽然就在购买之前规定的价格只是30%—40%的现金。而且我们仍为每股普通股付了1美元，为每股优先股付了5美元——这看起来是一个公平的价格，因为债券从未有过利息，而股票要想分红利那更是几乎不可能的事。

铁路拥有的全部车辆包括70台机车，27节客车车厢，2800节货车车厢。所有的车辆都处于非常糟糕的状态，相当大的部分根本无法继续使用了。所有的建筑物都十分肮脏，未经粉刷，几乎快要倒塌了。路基像一条生锈的带子，而不像是一条真正的铁路。

当时，修理厂的人员过剩而机器却不够用，实际上所有事情都在产生极大的浪费。然而，还有一个特别庞大的管理和执行部门，当然，也有一个法律部门，仅法律部门一个月的开支就近18,000美元。

我们在1921年2月接管铁路后，便开始应用我们的产业原则。我们清除了原来设立在底特律的一个管理和执行办公室，把所有的管理交给一个人来负责，给他在货运办公室配了一张大办公桌。法律部门和执行部门一起被裁掉了，没有必要让那么多爱打官司的人和铁路运行纠缠在一起。

我们很快处理完了积压的问题——有些问题已经出现好几年而没有解决。如果有法律问题出现，我们马上就解决，并且根据事实来解决，因此法律咨询的费用一个月很少有超过200美元的时候，所有不需要的会计制度和其他制度也全部废除了。

这样一来，铁路的在职人员从2700人减少到了1650人。

根据我们的政策，除了法律规定需要设立的部门和办公室之外，其他的部门和办公室一律都取消。

一般的铁路组织内部大多是僵化的。一个问题要经过一层层地上报，没有得到上级的命令，任何人都不会去做事情。

有一天早晨，我很早就到了铁路上，发现一辆救援列车停在那里，蒸汽机车已经发动，乘务员也已登车，一切准备都已就绪，但它还在“等待命令”。在命令下达之前，我们把列车开到事故地点，并把故障清除了。

要打破这种依赖“命令”的习惯，还有些困难。一开始时，人们害怕承担责任，但随着改革计划的推行，他们似乎越来越喜欢这种自行承担责任的方式了。现在所有人都敢履行自己的职责。

一个人领取一天8小时工作的工资，那么他就要在这8小时中工作。如果他是一位工程师，跑完了4小时的一趟车，然后他可以在任何需要他的地方做另外4小时的工作。

如果一个人工作的时间超过了8小时，超时的部分不会给钱，但他可以把超过工作的时间算入第二天的工作时间中，或者把它积攒下来，即使有一天他不来上班也可以领工资。我们的8小时一天是一天工作8小时，而不是计算工资的基础。

最低工资是8美元一天。由于没有额外人员，我们减去了一些办公室人员、修理厂的人员和铁路上的人员。在一个车间，20个人现在干比以前59个人还多的活。

例如在不久之前，我们有一个铁道班，在两条平行的铁路上干活，由一个工头和15个工人组成。另一条铁路是40人一班，和他们干着同样的铁轨维修和铺道砟工作。在5天之内，我们那一班比对方那一班多完成两根电线杆之间的路线！

我们的铁路被重新修复了。几乎全部路轨都重铺了路渣，还铺了很多的新铁轨，机车和全部铁路车辆都在我们自己的工厂里进行了大维修，因而所花的费用很少。

以前购买的车辆装备质量都很差，或者根本不适合使用，我们就购买质量更好的设备。通过防止浪费，而节省下了用于设备购买方面的钱。

职工们看来完全愿意为节约而合作，他们不会扔掉任何可能有用的东西。我问其中的一个职工：“你能从一部发动机中得到什么？”他用一大本经济账来回答我。

我们就这样限制了乱花钱，使每一件事都以节约的原则进行。这也是我们一贯的原则。

福特先生修复的铁路

火车必须运行，并且要准时运行。货运所用的时间被降到了只有原来的2/3。一节在侧线上的车厢并不仅仅是一节车厢，显然它是一个值得去问的大问题——我们必须知道它为什么在那里？以前货车经过费城或纽约需要8天—9天，现在只需要3天半。整个铁路都在提供服务。

这条铁路为什么会扭亏为盈？人们做出了各种各样的解释。人们告诉我，这完全是因为福特公司的货运都改道了。如果我们真的把所有货运都改到这条线路上，那么怎么解释我们会把运行费用降得比以前低呢？

我们的确尽可能地把我们的货物转到这条铁路上来运输，但那仅仅是因为我们在这里能得到最好的服务。在过去的几年里，我们都是通过这条铁路来运送货物的，因为它的位置对我们很方便。但当它运货迟缓后，我们就不再使用它。我们不能承受5—6个星期的货运时间，这占用了太多的货运资金，同时也打乱了我们的生产计划。

为什么铁路不应该有一个时刻表呢？但它确实没有时刻表，延迟运送便成了法律纠纷，需按法律程序解决，这不是企业经营的方式。我们认为一次延误便是对我们的一次批评，并且是需要立即解决的事情——这就是企业经营。

铁路业普遍都不景气。如果以前底特律、托里多和艾伦顿铁路是一般铁路的标志，那么它们没有不垮台的理由。许多铁路不是由实际管理的人员在管理，而是由银行家的办公室在操纵，整个操作的原则和外观，都是为了金钱，而不是为了运输。

这种垮台只是由于他们对铁路的注意力更多的是在股市上，而不是在为人们提供服务上。过时的观念一直在这里保留着，发展完全停止了。而那些真正有眼光的铁路人员却不能自由地发挥自己的才能去进行管理。

10亿美元能解决这种问题吗？不能！10亿美元只会使问题变得更糟糕，它只能使目前的铁路经营方式继续下去，然而正是由于目前的铁路经营方式，才会导致所有这些铁路问题。

我们多年前犯的错误和做下的蠢事，现在正在报复我们。在美国铁路运输刚开始之时，就得教会他们如何使用，就像教他们如何使用电话一样。同时，经营好新铁路也可以使自己不必负债。

铁路融资在我们的企业史上是从最糟糕时期开始的，因此很多实践被作为先例确定下来，而且一直影响着铁路的工作。铁路所要做的首要事情之一，就是扼制其他的交通运输方式。

在美国，有一个极好的运河系统，运河大动脉正处于发展的高峰。然而铁路公司买下了运河公司，让运河被淤泥和杂草填满、堵塞，并不去管理它。现在整个东部各州和中西部的部分州都有运河水系的遗迹。

现在，它们正在尽可能快地被修复，并把它们联结在一起——包括各种各样的团体的、公共的和私人的水系——我们可以看到一个完整的水运体系将为全国各行各业提供服务。感谢他们的努力、毅力和信念，这一工程取得了很大的进展。

还有另一件事情，就是一个把运输时间弄得尽可能长的系统。任何一位熟悉州际商业委员会的人，都知道这意味着什么。

有一段时期，铁路运输不是旅行、生产和从事商务活动的人们的运输工具。似乎只有企业是为铁路的利润而存在的。在这一段时期里，把货物从托运站运到货物的目的站，采用最短的线路运输时，往往不被认为是好的铁路运输。他们让货物在尽可能长的路线上行走，并且在路上尽可能地多待一些时间，以便给更多的铁路线提供一份利润，而让公众承受由此而导致的时间和金钱的损失。这曾经被认为是理想的铁路运输模式，即使在今天它也没有被完全废除。

这种铁路政策给我们经济生活带来的重大影响之一，便是使一些经营活动集中化。事实上经营集中化并不是必需的，集中化对人们也没有利，但是它和其他事情一起，使铁路的业务翻了一倍。

举两种主要产品为例——肉和谷物。

如果你在地图上标出食品加工厂的位置，再标出牲口来源的位置；然后那些牲口在被变成食物后，又由同样的铁路线运回它们来的地方，由此你便会明白运输问题和肉价的问题了。

再看谷物，关心广告的人都知道全国最大的面粉加工磨坊在哪里，或许也一定知道这些大磨坊并没有处于美国的粮食种植地区。巨大数量的谷物由上千辆火车，运送很长的距离，然后把加工成的面粉拉很长的距离，再回到粮食种植的州和地区。这一铁路运输带来的经济负担，对谷物种植地区的人们来说，没有任何好处，对其他人也没有任何好处，而仅仅对垄断的磨坊业和铁路有好处。

铁路用不着对全国的企业负责，它本身就可以成为一个大企业——它们可以持续这种没有用处的拉来拉去。至于肉类和谷物，也许还有棉花，其运输负担完全可以减少一半以上，只要在运输之前，把它转化成能用的产品即可。

例如在宾夕法尼亚的煤矿区采煤，然后把开采出来的煤通过铁路运到密歇根或威斯康星去筛选，然后再把它运回宾夕法尼亚使用；再如把活菜牛从德克萨斯州运到芝加哥，在那里宰杀，然后再把牛肉运回德克萨斯；再如把堪萨斯州的谷物运到明尼苏达州去，在那里把谷物加工成面粉，然后再把面粉拉回堪萨斯——这些愚蠢的做法对铁路来说是好业务，但对企业来说就是极坏的业务了。

行驶在底艾铁路上的列车

几乎没有人会把注意力放在运输业的这种浪费现象上。但如果去掉铁路这种无用的运输，使问题得到解决，我们也许会发现我们国家的处境会好很多。

像煤炭这种商品，它们必须通过铁路从产地运送到使用地。工业原材料也是一样，它们必须从存储地运送到使用地。由于这些原材料并不是经常位于同一个地方，因此就需要进行大量的运输，把它们集中起来。把煤炭从这个地区运来，铜从那个地区运来，铁从另外一个地方运来，木头从另一个地方运来，把它们汇聚到一起才能进行工业加工。

但只要有可能，便应采取经营分散化的方针。我们不需要庞大的大磨坊，而是需要众多的小磨坊分布在所有的产粮地区。只要有可能，在出产原材料的地方就应该把原材料加工为成品。

也就是说，谷物应该在它出产的地区加工成面粉；养猪的地区不应该只出产猪，还应有火腿、熏猪肉和猪肉；棉花加工厂应该靠近棉花生产地而设立。

这并不是一种革命性的观念，从某种意义上看它还是反动的观念，但它没有提出任何新的观念。这只是非常传统的观点，也就是以前我们行事的方式，那时候我们还不会把什么东西都装在马车上，到处转悠几千英里，然后把运费加到消费者的头上。

我们的社会本身应该是完整的，不必依靠铁路运输来协调。人们从自己的产品中满足自己的需要，并把剩余部分运出去。或者他们有设备能把他们生产的原材料——像谷物和牲口——加工成成品，除此之外，他们还能够做什么呢？如果私人企业无法提供生产设备，那么农民们合作起来就能够做到。

今天的农民仍然遭遇着最大的不公，那就是农民虽然是最大的生产者，但他们被阻止成为最大的商人。因为他们不得不把他们的产品卖给那些商人，由这些人再把产品加工成商品进行出售。

如果农民自己能够把谷物变成面粉，能够把牲口变成牛排，能够把猪变成火腿和熏肉，那么他们不仅可以获得产品的全部利润，而且还会使他们周围的人们不受铁路限制，拥有更大的独立性。

这样一来，便减去了运输系统加在他们身上的负担，同时也可以帮助交通运输系统改善状况。这种事情不仅是合理合情、切实可行的，而且还是必需的。然而，铁路还是可以在其他很多方面发挥作用。例如它可以在运输更多原材料上发挥作用，它对交通运输状况和人们的生活费用仍会产生一定的影响。

这是自然规律之一，即把财产从那些不能提供服务的企业中抽出去。

我们在底特律、托里多和艾伦顿铁路上发现，只要遵循我们的原则，我们就能够把运费降低，并且接受更多的运输业务。我们还实行了一些降价措施，但州际商业委员会不允许我们降价。在这样的情况下，是把铁路当作一个企业来讨论，还是当作一种服务来讨论呢？

第十九章

友谊、战争以及其他问题

没有人在洞察力和理解力方面能够超过托马斯·爱迪生。我第一次见他，是很多年以前，当时我在底特律爱迪生公司工作，也许是1887年或稍晚一点。

电力方面的专业人员在亚特兰大市举行一次会议，爱迪生作为电力科学的领导者，在会上作了一次演讲。

我那时候正忙于开发汽油发动机，而大多数人以及我在电力公司的所有同事，都劝告我说把时间花在汽油发动机上纯属浪费，未来的动力将是电力。然而这些批评对我没有任何影响，我仍在努力开展我的工作。

但由于我和爱迪生同在一起工作，这促使我想知道这位电力大师是不是也认为电力将成为未来唯一的动力。这将是一件有意思的事。因此，在爱迪生先生做完演讲之后，我想办法和他单独在一起待了一会儿，并告诉他我正在做什么。

他马上便对我说的产生了兴趣。事实上，他对每一种知识的探索都有兴趣。然后，我问他内燃发动机会不会有前途。

他用一种特有的方式回答道：

"会有前途的。任何重量轻而又能产生大马力，并能自给自足的发动机，都会有非常光明的前途。其实，没有任何一种动力能做好所有的工作。我们现在还不知道电力能做哪些活，但我自己认为，它并不能做好一切。继续做你的发动机。如果你把你想做的做出来，我看必定会有远大前途。"

这就是爱迪生的观点。

他作为电力工业的核心人物，而当时电力工业又正处于年轻而充满激情的时代，虽然那些电力人员的眼睛看不到任何别的动力，只能看到电力，但他们的领导却能清晰地看到没有一种动力能做好所有的工作。我想，这正是为什么爱迪生能成为领导的原因。

这是我第一次见爱迪生，很多年之后，我又见到他，这时我们的汽车已经制造出来并且投入了生产。他还记得我们的第一次见面。从那之后我们经常见面，他成了我最亲密的朋友之一。我们俩一起对很多问题交换过意见。

他的知识非常广博，并且对每一个充满想象的问题都有兴趣。他不受什么限制，相信什么事情都是可能的，同时他又总是脚踏实地，一步一步地向前进。

他认为“不可能”只是因为还没有获得足够的知识。他认为随着我们的知识的积累，我们将完成任何不可能的事情。这是一种非常理性的方式。

他反对不进行知识积累而盲目蛮干。爱迪生真是世界上最伟大的科学家，他有建设和管理才能，不仅有设想，而且还能把它们转变成现实。他还有着一个发明家身上所罕见的管理能力，经常被认为是有想象力的、好幻想的人。

福特与“发明大王”爱迪生的合影

虽然他不是一个商人，但由于特别需要，他可以使自己成为一个商人。爱迪生能做好任何一件需要用脑筋去做的事情。他能看穿事物——对于今天的人们来说，最为缺乏的就是看透事物的能力。

约翰·巴洛夫是我另一个令人尊敬的朋友，我们都非常喜欢鸟。我喜欢户外的生活，喜欢在乡间的小道上穿行，跨越一个个篱笆。

我们在农场有500间养鸟的屋子，我们称之为鸟的旅馆。其中一座馆，有76个房间。

冬天，我们用铁丝把装满食物的篮子挂在树上，还放上一个大水盆，水盆里的水靠一个电热器保持温度，使其不至于结冰。

夏天和冬天，食物、饮水和住房都为鸟儿准备好了。在我们的孵化器里孵出过雉鸡和鹌鹑，然后把它们转到雏暖房里进行喂养。

我们有各式各样的鸟窝。麻雀是最不识好歹的鸟，它们的窝是不能晃动的，哪怕在风中也不能有晃动。鹪鹩却喜欢摇晃的鸟窝，所以我们用有弹性的钢丝做了很多鹪鹩笼子，这样它们便自然地在风中摇晃了。鹪鹩喜欢这种摇晃的感觉，而麻雀不喜欢，这样我们便能让鹪鹩在安宁中入眠。

夏天，我们任由樱桃留在树上，草莓留在地上，供鸟儿们食用。我认为我们这里是北部各州中鸟的数量和种类最多的地方。约翰·巴洛夫也说是这样，因为有一天，他在我们那里看到了一种他以前从来没有见过的鸟。

大约10年前，我们从国外购买了大量的鸟，如黄鹀、苍头燕、金翅鸟、红白鸟、黄嘴朱顶雀、红腹灰雀、松鸦、朱胸朱顶雀、云雀——大约有500种。它们在我们那里待了一段时间后，就自己飞走了，我不知道它们现在在哪里。此后我再也不想进口鸟了，因为我始终认为鸟儿有权利待在它们想待的地方。

鸟是人类最好的伙伴。因为它们的美丽，我们需要它们；此外，我们需要它们，也有一些经济方面的原因，因为它们可以为我们啄食很多害虫。我借用福特公司的名义对立法进行的唯一一次影响，就是为了鸟。我想这样做能使候鸟保护合法化，《威克斯—麦克林鸟类法案》主张为我们的候鸟提供避难所。但是这一法案还在我们的国会闲搁着，而且很可能失效。这一法案的支持者无法在国会议员们中间唤起大多数人的兴趣，而鸟儿是没有选举权的。

我们提出支持这一法案，请求我们的6000位经纪人都给他们在国会的代表发电报。事情开始变得很明朗了，鸟儿也有选票了，结果法案被通过了。

我们的企业从未用于任何政治目的，并且永远不会有政治目的。但我们认为人们有权选择自己所欣赏的法案。

我们再谈约翰·巴洛夫。当然，我知道他是谁，而且几乎读过他写的所有东西，但我从没有想过要去见他。直到好些年前，他提出了反对现代文明的观点。他说自己厌恶金钱，特别憎恨金钱赋予那些粗鄙的人权力，认为他们在毁坏美丽的乡间。他由对金钱的憎恨，而滋生出对工业的厌恶。他不喜欢工厂和铁路的噪音，甚至批评工业的进步，并且宣称汽车将会扼杀人们对自然的欣赏。

我不同意他的观点。我想他过于偏激的感情把他带上了一条错误的道路，所以我送了他一辆汽车，并请求他亲自试一试，让他自己去感受汽车会不会帮助他更好地了解大自然。

他花了不少时间才学会自己驾驶，此后便完全改变了他的看法，他发现汽车能帮助他看到更多风景。他有了汽车之后，几乎所有的追寻鸟儿的探索都是用汽车进行的。他终于认识到自己不再被局限于斯拉布赛德的数英里之内，整个乡间都在向他敞开了。

那辆车增加了我们之间的友谊，这是一种非常好的友谊。他不是一个职业的自然主义者，也不是为了伤感的情绪而进行艰苦的研究。在户外人很容易变得感情用事，因此追寻关于鸟的真理的人很难像追寻机器原理的人一样不动感情。但约翰·巴洛夫却做到了这点，他做的观察都是非常的准确，而且他对那些对自然生活的观察不准确的人很不欣赏。

约翰·巴洛夫爱自然，是因为他爱自然本身，而不是因为自然是他作为职业作家的写作素材。他在写作之前就爱上了自然。

在他的晚年，巴洛夫转向哲学研究。他的研究更多的是关于自然的哲学，是一个一直居住在自然的安宁氛围中的人所进行的悠长而静穆的思索。

他不是异端分子，也不是泛神论者。他并没有在自然和人的本性之间做什么区分，也没有在人性和神性之间做任何区分。

约翰·巴洛夫过着健康的生活。他很幸运，他的家就是他出生的农场。在漫长的岁月里，他的周围都是使人头脑安宁的环境；他热爱树林，并且让那些满脑子尘土的城市人也热爱树林，他展现给人们他自己所看到的一切。

他挣的钱仅够他的生活。他本来可以挣到很多钱，但那不是他的目标。像美国其他的自然主义者一样，他的工作可以说是观察鸟窝和山间小道。当然，这份工作是拿不到美元的。

当了解到汽车的真相后，巴洛夫改变了对工业的看法。也许我在这方面起到了一些作用，使他了解到全世界不能仅靠寻找鸟巢来生活。

在他生命中的某一段时期，他反对所有的现代进步，特别是与燃煤和交通噪音相关的工业。也许这是因为他对文学的喜好而产生的。

华兹华斯也讨厌铁路，梭罗说他靠步行可以看到更多的自然，也许是由于诸如此类的原因，使约翰·巴洛夫有一段时间反对工业发展，但这只是一段时间而已。

他终于明白过来，他说幸亏人们有不同的兴趣，就像他的兴趣在自然上，别人也有自己的兴趣，这是世界的幸事。自从有了观察记载以来，鸟巢的营造方式并没有发生什么变化，但这并不能成为人类不选择现代的住房而仍在洞穴居住的理由。这就是约翰·巴洛夫说服自己的理由。

他是一个自然的热爱者，但他并不是自然的仆人。随着时间的流逝，他终于能够看到现代工具的价值，并称赞这些工具，这真是一件很令人感兴趣的事情，但更有意思的是，他做出这些改变是在他年过七旬之后。

约翰·巴洛夫绝不会因年龄大而不能改变自己的观点。一直到生命的尽头，他仍在不断地成长。那些由于年老而不能改变观点的人虽生犹死，而葬礼只不过是一个形式而已。

在巴洛夫的谈论中，有一个人谈得较多——这个人就是爱默生。巴洛夫不仅从一个作家的角度了解爱默生，而且他在精神上也了解他。

他教我如何去认识爱默生。他是如此倾心于爱默生，有一度他曾像爱默生那样进行思考，甚至用爱默生的表达方式进行表达。但后来他终于找到了属于自己的路——这对他来说是一条更好的路。

我对约翰·巴洛夫的死没有悲哀可言。当稻谷在温和的阳光下变成成熟的金黄色，收获者便忙着把它捆成束，此时的谷粒没有任何悲哀可言，因为它已熟透了，已圆满地走过了自己的一生。约翰·巴洛夫就是如此。

爱迪生、约翰·巴洛夫和亨利·福特三人的合影

对于他，这仅是完全的成熟和收获，没有腐烂可言。巴洛夫几乎一直工作到生命的最后时刻。他的愿望得到了实现，他们把他安葬在他喜爱的风景之地，那是在他的84岁生日之时。那些风景将保持着原来的面貌。

约翰·巴洛夫、爱迪生、我和哈维·费尔斯顿一起结伴漫游旅行过几次。我们坐着有篷的汽车，晚上睡在帐篷里。一次我们去阿迪龙达克，再经过阿勒汉斯，并向南方一直走去。旅途非常有意思——只是他们在开始时引起别人太多的注意了。

今天，我比以前更加反对战争，并且我相信，全世界人民都知道战争绝不会解决任何问题——即使政客们不知道。正是由于战争，才使得世界的良好秩序成为今天的这个样子，成了一个松散、混乱的大杂烩。当然，有人从战争中发了大财；另一些人由于战争变穷了。那些发财的人并不是参战的人，或者那些在战争后方帮忙的人。

没有爱国主义者会从战争中捞钱，真正的爱国主义者不可能从战争中捞钱——从其他人的生命伤亡中捞取个人钱财。假如战士能因战斗而挣钱，母亲因为把自己的儿子交给死亡而挣钱，那么公民才有可能从那些为保卫祖国而献出生命的人身上挣钱。

如果战争还将继续，正直的商人们会越来越明白战争不是获得高额、快速利润的合法手段。战争每天都在使人们丧失信心。在多数人不认可战争和反对战争谋利者的情况下，总有一天对战争的贪婪会停止。

企业将会站在和平的一边，因为和平才是企业最好的财富。在战争期间，发明创造的天才也会非常稀少。

如果对上一次战争发生之前和战争之后的情况进行一次公正的调查，将会毫无疑问地发现，这个世界上有一群人掌握着巨大的权力，他们待在不为人知的幕后，表面上并不寻求公职或任何权力，他们不属于某个国家，而是属于整个国际社会。他们利用每一个政府和每一个广泛分布的企业组织，利用每一个公共机构，利用每一个民族心理的敏感点，寻找机会把整个世界抛进恐慌之中，这样他们便能从中攫取更大的权力。

那些赌徒玩的一个老花招便是当桌上有很多钱的时候，大喊一声："警察！"在随之而来的众人的恐慌中，他们便拿起钱，带着跑掉。

在现实世界中也有一股势力在大叫："战争！"在各国陷入混乱，人们为安全与和平做出无限的牺牲时，这股势力便带着从中捞取的好处跑了。

我们头脑里应该记住一点，那就是虽然我们赢得了军事竞赛，但并未完全成功地赢得对战争贩子的胜利。我们不应该忘记战争完全是人为制造出来的恶魔，并且是根据明确的技术而制造出来的。

为战争而开展的行动，与为其他任何目的而开展的行动一样。首先，他们把人们召集起来，通过一些聪明的故事，使人们对那些他们希望与之交战的国家产生疑心，并让整个国家产生疑心；同样让另一个国家也产生疑心。而他们所需要的就是一些有点聪明却没有良知的机构，和一个其利益与战争受益者的利益联在一起的新闻机构。

随后，"公开行动"很快便会出现。一旦两个国家之间的仇恨发展到一定程度，那么采取公开行动是一件毫不费劲的事了。

在每个国家，都有人高兴看到世界战争爆发，而看到它结束却会难过。上百位的美国富豪发家于南北战争；上千位的新富豪发家于世界大战。没有人能否认，对那种喜欢从战争中发横财的人来说，战争是一件有利可图的事。战争是金钱的来源，同样还出产鲜血。

如果我们真正考虑是什么使得一个国家变得伟大，那我们就不会那么容易被战争吸引。

外贸数额不会使一个国家变得真正伟大；创造私人财富和创造一个独裁政体一样，不会使国家变得伟大；仅仅把农业人口转变成城市工业人口，也不会使一个国家变得伟大。

一个国家只有通过人们的智慧开发它的资源，提高人们的技能，使财富得到广泛而公平地分配时，才会变得伟大。

对外贸易总是充满幻觉的。我们希望每一个国家都能尽最大可能地自力更生，依靠自己，不要让他们依赖于我们所生产的东西。他们应该学会自己生产，建立起基础稳固的文明。

当每一个国家都学会生产其能够生产的东西时，我们将回到彼此服务的基础上，循着那些互通有无的原则，因此不可能会有竞争。

温带地区绝不可能去和热带地区竞争热带的特产。这就好比我们的国家在茶叶生产方面绝不可能成为东方国家的竞争者，也不可能在橡胶的生产上成为南方国家的竞争者。

对外贸易相当大的一部分是建立在外国经济落后的基础上。那种自私的想法就会任其保持这种落后的状况，而人道主义则会愿意帮助落后国家变得自立。

比如墨西哥，我们听到很多关于“墨西哥的发展”的谈论。“剥削”是“发展”的一个代替词。当墨西哥丰富的自然资源的开发利用是为了增加外国资本家的个人财富时，那么它不是在发展，而是在被抢劫。这种做法永远不可能发展墨西哥，除非让墨西哥人自己发展起来。

那些外国剥削者在谈到墨西哥的发展时，考虑到了多少墨西哥人民的发展呢？在那些捞钱者看来，墨西哥人民只不过是他们挣钱的燃料，因而对外贸易则是他们的堕落原因。

那些目光短浅的人往往害怕这样的劝告。他们会问：“我们的对外贸易应该是什么样的呢？”

当非洲本地人种植他们自己的棉花时，当俄国本地人制造他们自己的农场设备时，当中国人开始供给他们自己的需要时，可以肯定，这就是有不同的情况。任何有头脑的人都不会认为整个世界能够长期由少数几个国家来供应全世界的需要。我们必须这样来想——当文明成为普遍的时候，世界将是什么样子？当所有的人都能自给自足时，世界又会成为什么样子？

当一个国家疯狂发展对外贸易时，它通常是依赖其他国家为它提供原材料，把其本国的人口变成工业人口，创造一个富人阶层，而把它自己的国内问题给忽视了。

长久以来，在美国，我们就有足够的事情要做，以此来发展我们的国家，把我们从对外贸易中解脱出来。其实，在我们寻求对外贸易的时候，我们有足够的农业产品可以养活我们，也有足够的钱把工作做好。

如果日本、法国或任何其他国家没有给我们送来订单，美国人便无所事事地站着，然而与此同时还有着100年也干不完的工作在等着我们去做，如果想发展我们自己的国家，有比这更愚蠢的吗？

商业起源于服务。例如人们总是把他们多余的东西给那些没有的人，种植玉米的国家把玉米运到那些不能种植玉米的国家；那些生产木材的地方把木材运到不长树的平原去；出产水果的国家把他们的水果带到天寒地冻的北方国家；草原国家把肉类带到没有草原的国家。这些全都是服务。

当世界上所有的人都能自立时，那么商业将重新回到这一服务的基础上来。商业将再一次成为服务，而不会有竞争，因为竞争的基础消失了。

不同的人们发展不同的技能，这些技能是独有的特长，彼此之间将不会有竞争。从一开始，人类便表现出各自不同的天才：这个人善于政府行政，那个人善于开发殖民地，另一个人则善于航海，还有的善于音乐和艺术、农业、商业，诸如此类，等等。

美国总统林肯

林肯说过，如果一个国家一半是自由人，一半为奴隶，将是无法生存下去的。如果人类一半为剥削者，另一半为被剥削者，也不可能永远存在下去。只有我们成为卖者或买者，生产者或消费者，不是为利润而是为服务而生产，保持平衡，否则我们的社会将处于混乱的状况。

法国能够为世界提供一些其他国家无法提供的东西。意大利也有这样的产品提供。俄国、南美国家、日本、英国、美国都有这样的产品提供。如果我们能尽快回到各种自然特长的基础上，抛弃这一套混乱的体制，我们就能尽早保证国家的自尊和国际和平。

任何试图掌控世界贸易的想法都会促使战争爆发，它不能促进任何繁荣。终有一天，银行家们也会认识到这一点。

我从不会为世界大战找任何冠冕堂皇的理由。战争似乎是在非常复杂的情况中自然产生的，而这种复杂的情况主要是由那些自以为能从战争中捞取好处的人创造出来的。

在1916年，别人向我提供情报，说有一些国家想要恢复和平，呈现欢迎和平的表象。正是因为希望这些是真实的，我才资助向斯德哥尔摩进发的行动——即“和平号轮船”的行动。

对那次行动的失败，我并不感到遗憾。虽然它失败了，但对我来说，它是值得一试的。我们往往从失败中学到的东西要比从成功中学到的更多。

我从那一次行动中所学到的东西是值得的。我不知道当时向我传递的这一和平的消息是真还是假，但我并不在意。我相信每一个人都会认为，如果在1916年结束战争，世界将会比今天发展得更好。

对于胜利者来说，他们在获胜中浪费了自己的时间和精力，而失败者也在抵抗中耗尽了自己。参战方没有人能得到什么好处，那场战争中只有荣誉或耻辱。我希望在美国参战的时候，将是一场结束战争的战争。

但我现在知道，战争是不能结束战争的，就像一场特大火灾不可能消除别的火灾的危险一样。当美国参战时，每一个公民的职责就是尽最大努力承担其责任。我认为那些反对战争的人的职责，就是把反战坚持到实际停战为止。

我反对战争，不是基于和平主义的立场或不抵抗原则。也许目前的文明状况就是如此，因为一些国际问题无法通过讨论得到解决，于是不能不通过战争来解决。但事实上战争永远不会解决任何问题，参战者只是在自己的头脑中认为可以通过战争解决问题。

一旦美国参战，福特公司的一切都将听命于政府的指令。直到停战时为止，我们一直拒绝接受任何交战国的订单。而这完全是违背我们公司的根本原则的，在紧急情况下干扰了我们的生产常规。

帮助战争中与我们国家没任何关系的一方，都是与人性本能相冲突的。一旦美国参加了战争，我们这些原则就不再适用了。从1917年4月—1918年11月，我们的工厂实际上在专门为政府工作。

当然，作为常规性生产，我们也生产汽车、零件、特种运输卡车和救护车。但是，我们也做了很多创新的事情，比如我们制造了2.5吨和6吨的卡车，还生产了大量的自由式发动机、航空发动机、1.55毫米和4.7毫米的弹药箱。

我们生产了监听设备、钢盔（这些都是在高地公园工厂和费城的工厂生产的）和鹰式舰艇。我们在装甲钢板、差动装置和船体甲板方面也做了大量的实验。

为了制造鹰式舰艇，我们在罗格河的旁边建立了一座特别的工厂。这种舰艇是专门为攻击潜水艇而设计的，有204英尺长，由钢材制造。我们进行这些生产的先决条件之一，是不能与任何其他军用物资的生产相冲突，并且要保证尽快交货。

舰艇的设计是由海军部队承担的。在1917年12月22日，我向海军部队提出制造这种舰艇的想法，直到1918年1月15日讨论才结束，最终海军部队答应与福特公司签订合同。7月11日，第一艘鹰式舰艇就下水了。

我们制造它的舰壳和发动机。除了发动机之外，整个结构没有锻接式轧制的缝纹，舰壳是用整块钢板做成的，它们是在室内完成制造的。

在4个月内，我们在罗格河边建起了一座1/3英里长、350英尺宽、100英尺高的建筑物，占地面积超过了13英亩。这些舰艇不是由专门的海洋工程师制造的，它们只是我们把我们的生产原则应用到一件新产品上而制造出来的。

随着停战，我们马上就抛弃了战争，又回到了和平时期的生产中来。

一个能干的人必定是一个能做事的人，而他的办事能力依赖于他所拥有的工具。他的工具依赖于他开始所拥有的和随后为之而做的一切。

一个受过教育的人，并不是指能记住一些历史事情的人——他应该是一个能做好事情的人。一个不能思考的人并不是一个真正受过教育的人，不管他获得了多少个学位。思考是最困难的事——也许这就是为什么只有很少思想家的原因吧。

我们需要避免两种极端的态度。一种是对教育抱轻蔑态度；另一种是抱势利的态度，以为在一个教育系统内向上爬是去除无知和平庸的有效方式。事实上，你不可能从任何学校里学到这个世界明年将会发生什么事情，但你能学到这个世界去年发生了些什么事情，以及这些事情的失败之处和成功之处。

如果教育是在警告年轻人避免人们已经尝试过的失败，这样他可以节省时间，那么这样的教育毫无疑问是有益的。这种标示着过去的失败和过错的教育，毫无疑问是非常有用的。

只是拥有一大堆教授的理论，并不是教育。投机是非常有意思的，有时候也能赚钱，但它不是教育。今天要想成为一个精通科学的人，只要知道100个还未曾证明的理论就可以，而不知道这些理论是什么就是“没受过教育”或“无知”。如果由猜测而得的知识是学问，那么一个人只要胡思乱想便可以成为博学之士了。根据同样的逻辑推理，他可以把世界的其他所有人都贬为“无知”，因为别人不知道他胡思乱想的是什么。

教育能给一个人的最好的东西，就是让他拥有自己的力量，让他掌握上天赋予他的工具，教会他怎样去思考。大学能提供的最好的服务就是提供了精神体操的训练场所，在大学里学生们的精神肌肉得到发展，有能力去做他们能做的事。

然而，要说精神体操只有在大学才有是不对的，每个教育工作者都知道，一个人的真正教育始于他离开学校之后。真正的教育是从生活这一门课程中得到的。

知识有很多种，你想学的知识要根据你处于什么样的人群中，或当时的流行是什么，哪一种知识最受尊重来决定。知识也有流行与不流行之分，就像任何其他东西一样。

当我们年轻的时候，知识曾经只限于《圣经》，有一些人对《圣经》非常精通，他们受人敬仰和尊重，这方面的知识那时候非常被看重。现在人们不确定，对《圣经》有深入了解是否还会给一个人赢得博学的名声。

在我看来，知识是过去的某人知道的东西，流传下来使所有那些愿意学习的人都能掌握它。如果一个人具有一般人的资质，他就有足够的能力运用我们通常称为“文字”的工具阅读或写作，那么在人类所有的知识中没有他学不会的，当然前提是他想学。

为什么没有人学会人类所认识到的一切知识？因为从来没有人认为值得去学那么多。人们发现只要学到了他们自己所要的知识就可以得到满足，而不是把别人发现的知识全都在自己大脑里堆积起来。你可以整个一生都在收集知识，但即使带着你所收集的全部知识，你也未必能赶上你的时代。你可以往你的脑袋里塞上各个时代发生的“事件”，但当你塞过之后你的头脑不过是一个超载的事件盒。关键在于头脑里的大量知识并不意味着活跃的精神活动。一个人可能非常博学，但却毫无用处；与此同时，一个人可以没什么学问，但却非常有用。

教育的目的不在于把一个人的头脑填满事件，而在于教会他怎样用他的大脑去思考。经常出现这样的事：当一个人不受知识束缚时，他倒能思考得更好。

人们很容易这样认为：人类还不知道的知识没有人能了解。并不是每个人都知道，人类过去的知识不能阻碍人类未来的认识。当你把人类的进步和人类目前还不知道的东西进行比较时，你就会发现人类知道的并不多，还有很多的秘密等着人类去发现。

阻碍进步的一个好方法就是把人们的头脑填满过去的所有知识，因为这会使他感到头脑太满了，再也没有更多的东西要学了。收集知识是一个人能做的最无用的工作。

你如何来帮助世界和整治世界呢？这是一道教育测验题。如果一个人能实现自己的目的，他才算一个真正的人。如果他能帮助10个人，或100个人，或1000个人实现他们的价值，他也可以算是一个真正的人。他也许对很多文字方面的事一无所知，但他仍然是一个有学识的人。

当一个人成为他自己的主人时，不论他是什么，都获得了他的学位，因为他已经进入了智慧之国。

那种我们称之为“犹太问题研究”的工作，和被它的反对者称为各种各样“犹太运动”“对犹太人的攻击”“反对闪族人运动”等等诸如此类的事情，不需要对关注这些事情的人解释。它是一个强烈地影响着美国的问题的一部分，这问题的根源就是种族歧视，它更注重的是影响和理想，而不是人本身。

我们的言语必须由客观的读者来判断，读者的智慧会把我们的词语和他所能观察的生活放在一起。如果我们的词语和他的观察是一致的，那就行了。

在证明我们的观点是毫无根据的或信口开河的之前，便开始反驳我们，这是极其愚蠢的。首先应该考虑的事情是我们所说的是否包含了真理，而正是这一点我们的批评者有意回避了。

我们的读者很快便能看出，我们并不带有任何偏见，唯一的偏向就是坚持我们建立文明的原则。在美国，有一些有影响的势力正在使我们的文学、娱乐和社会行为变得越来越糟糕。商业正偏离它过去的轨道，到处都是世风日下。并不是如莎士比亚的戏剧人物所说的白人的无情、残忍和粗鄙，而是一种邪恶的东西已阴险地影响了每一个行业，已经到了向它发出挑战的时候了。

这些影响可以追溯到种族主义的源头上去，这一事实值得我们思考，而且也值得受到歧视的种族中拥有智慧的人们去思考。对他们来说，他们完全可以采取行动，不再对美国的热情好客提出什么抗议。但是我们还应该注意到，基督教社会也应该抛弃在经济上或智力上保持的种族优越感。

我们并没有谎称自己关于美国犹太人的话是完全正确的，所说的只是目前对美国的印象。当这种印象改变了，关于这种印象的报道也会发生改变。至于现在，问题完全掌握在犹太人手里。如果他们像自己所宣称的那样聪明，他们应当努力使犹太人美国化，而不是去努力把美国人犹太化。

从最广义上来说，美利坚合众国的守护神是基督教，而它的目的也是为了基督教。这其中并不带宗教色彩，但它与一个基本原则有关——这个原则不同于其他的原则——这个原则就是支持符合道德的自由，在基督教人权和职责的基础上建立社会关系准则。

至于对人产生偏见或仇恨，这既不是美国人，也不是基督徒所独有的。我们反对的只是观念问题，错误的观念使人们的道德衰落。这些观念从一个很清楚的源头而来，而且是由很清楚的方法传播，只要被揭露出来，它们就能被控制。我们只是运用了一般的方法，当人们学会认识在他们周围具有影响力的源头和本质时，就认识到了。让美国人民能够明白这并不是自然退化，而是富有预谋的人为毁灭，这会使我们感到痛苦。

我们进行这一工作并没有个人的动机：当它到达一个阶段，在那个阶段我们相信美国人民能看清问题的要点，我们便把它留给人们去解决。我们的反对者说，我们开始这项工作是为了复仇，而我们放下这项工作是由于害怕。

时间将会证明我们的批评者只是在玩弄着回避的把戏，因为他们不敢去触及主要问题。

时间将会证明：对于犹太人来说，比起那些当着他们的面称赞他们，而在背后却批判他们的人，我们是他们最好的朋友。

第二十章

社会民主与工业

现在也许再也没有什么词比“民主”这个词用得更滥的了。那些大声地叫喊着这个词的人，我认为作为一种规律，其实是最不想要民主的人。

我总是深深地怀疑那些把民主挂在口头上的人。我在想，他们是不是想建立某种专制，抑或是不是想让别人去为他们做那些本来应该由他们自己去做的事情。

我拥护这样一种民主，即根据每个人的能力给予他平等机会。

我以为，如果我们把更多的注意力放在为我们的伙伴提供服务上面的话，我们将不会在意政府的空洞形式，而是会在乎它所做的事情。心中想到了服务，我们就不会为了对工业或生活产生好的感觉而担心，也将不会为民众和各阶层而操心，或者是为工厂的关闭和开工而操心。其实，这些事情和真正的生活并没有任何关联。我们应该深入实际，站在实际需要之中。

当人们清醒过来，发现并不是所有的人都具有人性这一现实时，肯定会感到震惊——那时，每个种族都不把其他种族看做有感情的人。

有人尽了很大的努力，想把它看成是一个阶层的态度，但这实际上是一切“阶层”的态度，这正如他们在“阶层”的错误观念上摇摆不定一样。以前经常有一种宣传，它努力想使人们相信，只有那些“富人”才没有人的感情，于是穷人特别具有人类美德的观点便传播开了。

但是，“富人”和“穷人”都只是很少的一部分。你不能在这两个名目下把整个社会进行完全分类，没有足够多的“富人”，也没有足够多的“穷人”能够符合这种分类。

富人如果不改变他们的本性就会变穷，穷人不必改变本性也会变富。

所以问题并未因此而受到影响。

在“富人”和“穷人”之间，是一大批既不是富人也不是穷人的人。一个完全由百万富翁们组成的社会，和我们目前的社会不会有任何区别。有些百万富翁必须种植小麦，或烤面包，或制造机器，或开火车——否则他们全都会饿死。

有的人必须工作。实际上我们没有固定的阶层，只有不愿意工作的人群和愿意工作的人群。人们从报纸和书籍上读到的“阶层”大部分是虚构的。

就拿一些资本家的报纸来说吧。

你会对一些关于劳动阶层的观点迷惑不解。我们那些曾经是并且仍然是劳工阶层的人们，都知道那些观点是不真实的。

再看一些劳动者们写的文章，你会对他们所谈论的“资本家”也会同样感到迷惑不解。

然而，这两者都有一方面是正确的——那个除了是资本家便一无是处、拿别人的劳动果实去赌博的人，他受到的所有指责他的话确实是应该的。他和那些骗走工人们工资的龌龊赌徒完全是同一类人。

我们从资本家的报纸上读到的关于劳工阶层的文章，极少由大公司的经理们写成，而是由一群作者——写一些他们认为能够让他们雇主高兴的文章的人——写的。他们写了一些他们认为能够取悦人的东西。

再检查一下劳工的报纸，你会发现另一群很相似的作者，他们在试图迎合那些他们以为只有劳动者才持有的偏见。

这两类作者都只不过是宣传家，并不传播事实的宣传是会自动揭穿的，并且也应该如此。

你不能向人们宣传爱国主义——为的是你在抢劫他们时让他们站着，一动也不动。

你不能向人们宣传努力工作和大量生产的义务，而把这当成你谋取个人额外利润的烟幕弹。工人也不能用什么言词来掩饰他并没有去做每天该做的工作。

显然，雇主阶层掌握了一些事实，被雇佣的阶层应该知道这些事实，以便能有一个正确的观点。毫无疑问，被雇佣阶层所认识的事实对雇主们来说也同样重要。

然而，尤其令人怀疑的是，这两方中的一方占据了全部的真理，而这一点正是宣传，即使它可能是一种完全成功的缺陷。持有一种观点的阶层打倒持有另一种观点的阶层是一件不值得的事。我们真正需要的是，把所有的观点都摆在一起，在此基础上进行建设。

例如，我们可以看看整个工会和罢工权的事。

这个国家唯一强硬的工会成员，是那群从工会领取工资的人。他们中的一些人非常富有；一部分人对于我们有很深影响的大金融机构的事务很感兴趣；另一些人则对他们所谓的社会主义是如此地极端，以至于到了布尔什维克主义和无政府主义的地步。

他们从工会领取的工资使他们摆脱了对工作的需要，这样他们就能够把全部精力投入到颠覆性的宣传上。

所有这些人都具有一定的声望和权力，但是如果这些是通过自然过程来进行竞争的话，那么他们是不可能得到的。

如果工会官员们自身也像它的众多会员那样坚强、诚实、高尚、聪明和质朴的话，那么最近数年的整个工会运动就会呈现出一种完全不同的面貌。但是这些官员个人——除了一些著名的例外——他们绝大部分并没有献身于这个集中体现了工人们自然、优秀、坚强品质的联盟，而是在利用这些人的弱点，特别是那部分新近到达美国的人的弱点。这些人还不知道什么是美国主义，如果把他们交由当地的工会领导去监护的话，那么他们将永远不会知道这一点。

工人们都有着朴实的感受——除去那极少数被灌输了“阶级斗争”错误信条的人，以及那些认同进步就是在工业中煽动混乱的哲学的人之外。这种哲学观点认为，当你一天得到12美元时，千万不要停止下来，鼓动起来要14美元；当你得到了8小时的工作日时，别像傻瓜一样心满意足，而是去斗争，要求一天6小时的工作日——找出一些事来！总是要生出一些事情来！

工人们这种朴实的感觉使他们能够认识到，随着原则被接受，情况已经有所改变。但工会的领导们却从来都看不到这点，他们希望一切旧的状况都保持原来的样子，不公正、蛊惑、罢工、仇恨，使整个国家陷入瘫痪之中。否则的话，哪里还会需要工会官员们呢？

每一次罢工都是他们一个新的证据。他们指出这点，并且说："你们看！你们还需要我们！"

唯一真正的工人领袖，是那些领导工人去工作并获取工资的人，而不是那种领导工人去罢工、破坏并挨饿的人。在我们这个国家，将来最出色的工会是那些利益相关的人们的工会——他们的利益完全存在于他们所提供的服务的作用及效率。

变革将会来临。

当"工会领导者们"的工会消失时，随它而消失的还有那些除了迫不得已而从来没为他的雇员做过一件好事的瞎子老板的"联合会"。

如果这种黑心的老板是一种（社会）疾病的话，那么这些自私自利的工会领袖就是抗生素。当工会领袖变成了（社会）疾病时，这些黑心老板便成了抗生素。这二者都是不符合他们本来职责的人，在组织良好的社会中，这两者都没有生存之处，他们将会一起从我们的社会中消失。

现在，我们听到那些黑心老板在说："现在是消灭劳工阶层的时候了。我们要求他们怎么做，他们就得怎么做。"这种声音将和鼓吹"阶级斗争"的声音一同走向沉寂。那些生产者们——从制图版的人到铸造车间的人——团结在一个真正的联合会中，从此以后，他们将自己处理他们自己的事务。

利用不满情绪是当今世界的一项有组织的活动。它的目的不是去解决什么事情，也不是想做好什么事情，而只是使这种不满的情绪一直持续存在下去。而用来执行这种工作的手段正是一整套错误的理论和虚幻的谎言。

只要地球仍旧保持其原来的样子，这些理论和谎言就永远都不会实现。

我并不反对劳工组织，也不反对任何可以帮助社会进步的组织。它是被组织起来去限制生产——不论是由老板组织的还是由工人组织的——这一点才是事情的关键所在。

工人们自己必须小心那些既对他自己有危险，也对国家的福利有危险的观念。

有时候，有人认为一个工人工作得越少，他提供给其他工人的工作机会就越多。这其实是错误地认为游手好闲是在创造工作，然而，无所事事绝不会创造工作机会，它只会产生负担。

福特二世与工人们在一起

勤劳工作的人从来都不会让他的工人同伴失去工作，事实上，正是那些勤劳的工人和那些勤奋的经理进行合作，开创了更多的事业，因此也提供了更多的工作机会。

这实在是一件非常悲哀的事，这种思想会广为流传——那些有头脑的人认为通过磨洋工可以帮助其他的人。只要稍微思考一下，就会发现这种想法的不通之处。

那些能够更安全地存在下去的国家，是它的工人们诚实地劳动、不对生产工具弄虚作假的国家。

我们不跟经济规律玩那种或松或紧的游戏，因为如果我们这么做的话，将会受到它的严厉报复。

现在一份工作由9个人做，而以前由10个人做，这一事实并不等于第十个人就此而会失业，只不过他不再被雇佣干这份工作了，公众（纳税人）并没有为那份工作付出多于他们所应付的，以承担他养家的责任——因为最终算来，是公众在出钱。

一个对效率有充分清醒认识的公司，一个对公众充分诚实、只向他们收取必要的成本费而再也不多要的公司，一般来说，它通常有很多工作机会去雇佣那第十个人。它是注定要发展的，而增长就意味着工作机会。

一个管理良好的企业，总是会寻求如何去降低公众负担的劳动成本。它肯定能比那些浪费时间，并使公众为它的低效率管理付出代价的公司雇佣更多的工人，并且付给更高的工资。

因此，第十个人是不必要的耗费，最后的消费者必须为他付这笔钱。他在那份工作上是不必要的，但这并不意味着在这世界上的所有工作都不需要他，或者说在他所工作的特定工厂中不需要他。

公众必须为所有的低劣管理付出代价。目前我们所面临的困难大多数都是和磨洋工、掺假、低劣和低效率相关联，人们就是以此来回报他们所挣的钱的。

当一个人能做的事让两个人来拿工资时，那么公众便付出了比他们应付的多一倍的钱。这是事实，只是前几年在美国，我们每个人所生产的产品还不如战前许多年前生产的产品多。

一天的工作远远不止是在工厂工作完规定时间的“任务”，它还意味着提供与所拿工资相当的服务。当这个公式被任何一种方式（例如一个人付出的比他所得到的更多，或者所得到的比他付出的更多）破坏时，严重的混乱不久就会暴露出来。

如果让这种情况蔓延到全国的话，你就会看到一切都乱成一锅粥。所有那些工业中的困难都起源于工厂的运作中破坏了这一基本公式。

管理者必须和劳动者共同承担责任。管理者本身也一直很慵懒——他们发现，多雇佣500人，和改进管理的方法以及使以前的100个人从这项工作中解脱出来去做其他的工作相比，要更加容易些。公众将会为此付钱，企业也会繁荣，管理也不必费力气。办公室的情况和车间的情况没有什么不同。

于是，平衡的法则经常被经理们违背，就像被工人们违背一样。

实际上，仅靠要求是不能获得任何重要成果的，这就是为什么那些罢工总是失败，即使它们看起来好像是成功了。

取得更高工资或更短工作日，把负担转嫁给社会的一次罢工，并不是真正成功的。它只能是减少工业所能提供的工作机会——使得工业更加难以提供高水平的服务。

这并不意味着没有任何罢工是合理的，它可以让人们将注意力集中在一个恶魔身上。人们可以为正义而罢工——但是他们是否能因此得到正义则是另一个问题。

为了得到适当的工作环境和公平的工资而罢工是正当的。令人悲哀的是，人们只有被迫采取罢工这种手段，才能得到他们本应该有权得到的东西。应该没有人为了得到他本该得到的权利而被迫去罢工，他应该将它作为自然之事而自然、轻松地得到那一切。

通常，这些合理的罢工是雇主们的错，因为有些雇主不称职。

雇佣工人——使用他们的能力，按诚实的比例确定他们的工资和生产量之间的关系，还有企业的发展——并不是小事一桩。

一个雇主可以是不称其职的雇主，这就像一个操作车床的工人是个不称职的工人一样。合理的罢工是一个标志，它标志着老板需要干一件他能够干得了的工作。

不称职的老板所造成的麻烦要比不称职的工人引起的麻烦更大。你可以给不称职的工人调换更多合适的工作，但是前者通常必须交由《赔偿法》去处理。因此，如果老板做好了他的工作的话，合理的罢工是绝不会出现的。

还有第二种罢工——有着隐藏意图的罢工。

在这种罢工中，工人们被一些操纵者当成了工具来使用，他们希望通过工人来达到自己的目的。

举一个例子：现在有一个大公司，它的成功是源自于高效率和高质量的产品满足了公众的需要，它有着公正的记录。

对投机者来说，这样的公司是具有很大诱惑力的。如果他们能控制它的话，他们就可以从投入其中的所有诚实劳动中大发一笔。他们能够破坏掉企业优厚的工资和利润分配，并且从公众身上、从产品当中、从工人那里攫取最后一美元，并把这个公司降低到和其他企业一样没有纪律和效率。

这些罢工的动机或许是投机者个人的贪欲，或者是投机者想改变公司的经营方针——因为它的示范地位使其他的企业主感到难堪，那些企业主不愿意做他们本应该做的事情。

这样的公司无法从它的内部去损伤它，因为它的工人没有起来罢工的理由。所以投机者便采取了另一种办法——这个公司可能由许多外面的工厂为它提供材料，如果这些外面的企业能够被鼓动起来的话，这个大公司就会瘫痪。

所以，这种罢工总是从外面的其他工厂煽动起来的。

每一种阴谋都在想着切断这家公司的材料来源。如果外面的那些工厂和工人们明白地了解到这是一场什么样的游戏的话，他们就会拒绝去参加了，但是，他们并不知道。

他们被那些别有用心的资本家当工具给耍了，却一点儿也不知道。

然而，有一点应该引起参加这种罢工的工人们的怀疑——如果罢工不能自行解决的话，不论双方如何去协商解决，那么里面必然有一个肯定的推论，即肯定有第三者在其中，他们想让罢工继续下去——这种被隐藏了的影响并不想在任何期限和条件内结束罢工。

如果这样的罢工是罢工者获胜的话，工人们的状况会得到改善吗？当公司被抛给外面的投机者的手中之后，工人们难道会得到更好的待遇，或者会被给予更高的工资吗？

还有第三种罢工。

这种罢工是由那种企图给劳动冠以恶名的对金钱的贪欲挑动起来的。

美国工人一直以有着正确的判断力而称誉于世。他不会降低自己，让每一个大喊大叫的人牵着他的鼻子走，并去相信那人的许诺能从稀薄的空气中创造出黄金时代。

他有自己的头脑，并会使用这个头脑。他总是能知道最基本的道理——没有充分的理由，暴力并不会带来什么好结果的。美国的工人以自己的方式，在它的人民和世界人民当中赢得了一定的声誉。公众们倾向于尊敬地听取他们的观点和希望。

但是，似乎有一股很坚定的力量想把美国工人和布尔什维克联系在一起，做出一些人们从来都没有听说过的举动，这将使公众的情感由尊敬转变为批判。

然而，仅仅是避免罢工并不能推动企业的发展。我们可以这么对工人们说：

“你们是应该抱怨的，但是罢工并不是解决问题的方法。无论你们是胜利了还是失败了，罢工都只会使情况变得更加糟糕。”

然后，工人们可能会承认这是真的，并自我控制不再罢工。

这又解决了什么问题吗?

没有!

如果工人们将罢工当成一种取得好的结果的坏手段而加以摒弃时，这只能是意味着雇主必须紧张地工作，以改正错误，改善工人们的状况。

不论是在美国还是在其他国家，福特公司与工人的关系，都是令人完全满意的。我们与工会之间不存在对抗，我们既不参加雇主组织的活动，也不参加雇员组织的活动。我们公司的工资总是高于任何有理性的工会所要求的工资，工作时间也低于他们所要求的时间。

对于我们的工人来说，成为工会会员没有任何必要。有一些工人可能参加了工会，但是大部分工人并没有这样做。我们并不知道具体情况怎样，也不想去知道，因为这不是我们所要关心的事情。

我们尊重工人们，同情他们的善良目的，批评他们的不良目的。我认为，反过来他们也会尊重我们，因为我们公司从来都没有产生过任何从工人和管理人员中间谋取权利的意图。

当然，激进的蛊惑者们不时地想制造一些麻烦事。但大多数人仅仅是把他们看成是人类当中的怪物，认为他们的兴趣和那些四条腿的东西完全一样，他们可以被归入这一类。

我们在英国曼彻斯特的工厂中，与行业工会确实在公正地打交道。

曼彻斯特的工人们绝大多数都是工会会员。一般来说，英国的工会对产量有严格的限定。我们接管了一个生产汽车车身的工厂，它是木匠工会的成员，工会的官员们立刻要求见我们的管理人员，并提出了一些要求答复的问题。

由于我们只是和自己的雇员打交道，从来不与外面那些代表打交道，所以我们的人员拒绝见工会的官员们。于是他们便叫木匠们出去罢工，而那些不愿意罢工的木匠们则被开除出工会。

然后，那些被开除的工人提出诉讼，向工会要求分到他们的那一份互助基金。我不知道最后法庭是如何判决的，但这就是英国行业工会的官员们企图干涉我们经营的结果。

我们并没有努力去讨好那些和我们工作在一起的人。这绝对是一种给予和获得的关系，在我们大幅度提升工资期间，我们确实有一支相当强大的监督队伍。我们调查过工人们的家庭生活，并努力去调查清楚他们拿自己的工资去干什么了。

在那时候，这也许是有必要的，给了我们很有价值的信息。然而，这并不是一件需要长期干下去的工作，因此这种做法已经被废除了。

我们并不相信那些取悦讨好他人的手段，或者职业化的个人情感和人的因素。对于一天的工作来说，要干这种事情已经没有时间了。

人们所需要的不仅仅是一些有价值的同情。社会环境并不是用词语就能够改造好的，它是人与人之间日常关系的结果。最优秀的社会精神可以从一些行动中得到显现，虽然这些行动需要耗费管理人员的一些精力，但它能为所有的人造福。这是唯一一条可以表达良好意愿并能够赢得尊重的道路。

宣传，公告，讲演——它们什么都不是。重要的是，诚实地采取正确的行动。

对人来说，一个大企业真是太大了。它变得如此巨大，以至于将要取代人的本性了。

在一个大企业中，雇主就像雇员一样，淹没在人群之中。他们共同创造了一个庞大的生产机构，输送出供我们这个世界购买的商品，人们购买商品所付的钱，反过来又为企业的每一个人提供了一份生活。

在一个规模庞大的企业中，有一些神圣的东西——它为几百几千个家庭提供了生活。

当人们看到一个婴儿降临到这个世界上，当人们看到男孩女孩结伴去上学，当人们看到年轻的工人用他们自己工作所挣得的钱结婚、建立自己的家庭，当人们看到成千个家庭用自己所挣的钱购买生活用品时——当人们看到一个庞大的生产机构使所有这一切都得以成立时，那时，人们就会感到让这个企业继续发展是一项神圣的事业，它变得比个人更伟大、更重要。

雇主也不过是和雇员一样，有着人性的所有弱点。只有他工作称职时，他才有资格拥有他的工作职位。如果他能领导企业向前迈进，如果他的工人们相信他能把工作做好，并且不会危及他们的安全，那么他就是称职的。否则他就像一个婴儿一样，不能胜任他的工作。

像所有其他人一样，雇主完全凭他本人的能力来赢得对他的评价。也许他是个徒有虚名的人物——一个公告牌上的名字。但还有企业——企业比人的名字更为重要，企业能供给生活，而生活是可以感受到的一件事情。

企业是现实的。它在做事情，它是与生活息息相关的。证明企业合格的条件是，工资能够源源而来。

在企业中，你不可能有太多的和谐。但是你完全有可能在挑选人员的时候，因挑选他们的和谐而与目标偏离得太远。你可以有足够多的和谐，以至于失去了足够的冲劲——一定的竞争意味着努力和进步。

一个组织正是因为有了竞争，才能为一个目标而和谐地工作。但对于一个组织来说，每一个独立的工作单位之间能够和谐地工作则是另外一回事。有一些组织花了许多时间和精力来维持一种和谐的感情，以至于他们再也没有多余的精力去工作——而这正是那些组织为之成立的目标。对于这个目标来说，企业组织是位于第二位的。

唯一有价值的企业组织，是那些所有工作人员都为了同一个主要的目标而努力工作、共同前进的组织。忠诚地相信，并且诚恳地对一个共同的目标持有希望——这是最为重要的和谐原则。

我非常怜悯那些可怜的伙计。他们是如此柔软、脆弱，以至于他们总是要将自己置于一个感情很好的环境中才能进行他们的工作。

确实也有这样的人。除非他们能够获得足够的精神和道德勇气，以把他们从对感情的软弱的依赖中解脱出来，否则他们最终是要失败的——不仅他们的事业是失败的，而且他们的人生也是失败的。这就好比他们的骨头没有足够的硬度，以使他们依靠自己的脚站起来一样。

在我们的企业组织中，对良好情绪有着过多的依赖。人们过于喜欢与那些他们喜欢的人在一起工作，这最终将会损害很多珍贵的品质。

请千万不要误解我的意思。

当我使用“感情良好”这个词时，我说的是那种习惯于以个人的喜好作为标准来评判一切人和事的情况。如果你不喜欢某个人，他有什么错误之处吗？或许是你有什么地方不对。

你的喜好有什么事实依据吗？似乎每一个感觉正常的人都知道，有一些人他不喜欢，但这些人实际上比他自己更加出色。

如果不把所有这一切局限于企业内部，而是放在更广阔的空间来看，那就没有必要去让有钱人爱穷人，或者让穷人爱有钱人。雇主并不需要去爱他的雇员，雇员也不需要去爱他的雇主。每一方都必须做的是，根据自己的职责，公正地对待另一方。

这才是真正的民主，而不是谁应该拥有砖头、石灰、火炉和工厂。

民主和“谁应该成为老板”这样的问题根本就没有关系。

这个问题非常像“谁应该成为四重唱中的男高音”这个问题，很显然，那个能唱高音的男人应该成为男高音。你可能会将卡罗索去掉——假设根据某种音乐民主理论，卡罗索可以列入音乐无产阶级，难道这样就能让另一个男高音来代替他？或者卡罗索的音乐天赋依旧是他自己的？

第二十一章

为什么需要慈善业

为什么在一个文明社会还会存在对慈善事业的需要呢？我所反对的并不是人们应有慈悲之心。上帝不允许我们对一个需要帮助的人冷漠无情。人类的同情心是一种非常优秀的品质，冷漠、自私是无法取代它的。

人类任何伟大的进步，都离不开人类的同情心。正是为了帮助人类自身，才需要每一项重要的服务。

问题在于，我们把这一伟大而美好的动力用在了那些渺小的事情上。如果同情心使我们给挨饿的人以粮食来充饥，为什么它不能使人类做得更好——使饥饿不再出现呢？我们的同情心如果能帮助人们摆脱困难，那么我们也应该有足够的同情心，能让他们根本就不会陷入困难当中。

给予别人是容易的，难的是如何使得给予不再被人们所需要。要使给予成为不需要之物，我们就要看到被给予者贫困的原因——当然，我们要毫不犹豫地把他从当前的困境中解救出来，但不能仅仅是暂时性的解救，这其中难以做到的是找到其贫困原因。大多数人能够乐意帮助一个贫困的家庭，但是却难得动脑筋把贫困彻底地消灭掉。

对职业性的慈善者或任何类型的商业化人道主义，我都不欣赏。自从人类的慈善行为被系统化、组织化、商业化和职业化的那一刻起，真正慈善的心灵便被消除了，它就成了一件冷漠而且令人不愉快的事情。

真正的帮助是永远不能被印制成卡片或做成广告。大多数的孤儿在那些慈善者的家里得到精心照顾，在收养机构却不是这样。住在家里的老人要比在养老院的老人更多；由家庭成员给予借款而得到的帮助，要比通过社会贷款给予的帮助更多——这就是建立在人道主义基础上的人类社会对自身的守护。

这是一个很沉重的问题——我们应该把慈善的商业化控制在多大程

度上。

专门的慈善机构不仅仅是冷漠，并且其弊端多于益处。它贬低了接受帮助者的人格，打击了他们的自尊，它和伤感的理想主义是相连的。

几年前，有一种观念很流行，即慈善服务是我们应该期望的，而且是为我们而做的事情，因而有数不清的人成了善意的“社会服务”的接受者。我们当中的一大部分人被这种服务宠坏了，陷入了依赖的、孩子般无助的状态。

由此，也产生了为人们提供服务的一些常规职业，可称赞的热情服务得到了发展，但它并未给人类的自强贡献任何东西，也没有改变社会状况——即产生对这些服务的需求的状况。

其实，此种做法更糟的是，因为它不是训练人们的自强和自足，反而增强了人们的憎恨情感，这些抵消并超过了慈善的好处。

人们经常抱怨说自己帮助过的人“忘恩负义”，其实没有比这更自然的事情了。第一，我们所谓的慈善之举并不是真正的慈善，没有人完全是出于同情的；第二，没有人会对被迫接受别人的恩惠而感到快乐。

这样的“社会服务”造成了一种紧张关系——施舍的接受者感到他在接受施舍时被藐视了，而施舍者在施舍的时候是不是也感到自己被蔑视了——这也是一个问题。况且慈善从不会使一桩事情彻底了结。慈善机构的目标如果不是使其成为不需要的话，它就不是在提供真正的服务。慈善行为只是在为其机构创造工作，它是那些不进行生产的行业中的又一项。

当那些几乎无法谋生的人摆脱了不能进行生产的状况，能够重新投入生产时，慈善便成为不必要了。在前面的内容中，我已经讲述过我们工厂的经验，证明在进行细分工的企业中，有很多工作可以由那些缺手、断足和失明的人来做。

科学的企业并不是怪物，不会把所有靠近它的人都吞掉。如果它是这样的怪物，那么它就没有成为生活中应成为的角色。

在企业的各个方面肯定会有工作，这些工作需要强壮的人去做。但也会有其他的工作，这样的工作也很多，需要比中世纪工匠的技术水平更高的人去做。产业分工使得一个身强力壮的人或一个有技术的人都能发挥他的力气或技能。

在以前的手工工业中，一个技术人员要把他相当多的时间用于不需要任何技能的工作之中，那是一种资源的浪费。因为在那个时候，任何一件既需要技术劳动又需要非技术劳动的工作都是由一个人来完成，因此几乎没有工作留给那些由于太笨而学不会技术的人，或者那些没有机会学手艺的人去做。

没有机器的帮助，只靠手工劳动的话，只能挣得维持温饱的生活，而不可能有剩余。一般来说，一个人到老年后，就由他的孩子们来赡养，如果没有孩子的话，他就应该得到公众的赡养。事实上所有这些都是很不必要的，产业分工可以为任何人提供合适的工作机会。

在高度细化分工的企业里，盲人能干的活比普通人还多。在这样的一些工作岗位上，那些被当作慈善救济对象的盲人，完全能够和那些生性灵巧、身体健全的人一样过上美好生活。反过来说，让一个身体健全的人去做一份可以由残疾人做的工作，实在是一种浪费。如果让盲人去编织篮子是一种浪费，那么，让囚犯去锤石头或捻麻绳，或做其他琐碎的工作，同样都是浪费。

一座管理完善的监狱不仅能够自给自足，而且每个坐牢的人还应该能够养活他的家庭；即使他没有家，也应该能积攒一笔钱，当他出狱的时候能带走这笔钱。我并不是在提倡囚犯进行劳动或者像奴隶一样役使他们，这样的想法是不恰当的。监狱方面的事，我们已经做得很过分了，从一开始就是错误的。

我认为监狱应当纳入整个生产计划之中，它可以成为一个生产单位，为减轻公众的负担而工作，同时也可使囚犯受益。

我知道，现有的法律——由那些没有头脑的人通过的——限制监狱进行工业活动。这些法律大多数是听从所谓的命令通过的，它们不是为了劳动者的利益。但是，增加社会的负担毕竟不会对社会中的任何人有好处。如果我们的头脑里总记住服务的理念，那么社会上的工作机会就会多于人们能做的工作。

为服务而成立的产业完全可以免去对慈善家的需要。一个慈善家，不管他的动机是多么高尚，都不是为了人们的自强而做的，我们必须要自强。一个社会对现有的东西表示不满意和不满足，这是个好社会。当然，我不是指那种琐碎的、经常的、斤斤计较的、没完没了的不满，而是指一种广阔而勇敢的不满，它相信已做过的一些事情在以后能够并且应该做得更好。

为服务而成立的产业——员工和领导一样都必须服务——它能够提供优厚的工资，使得每个家庭都可以养活自己。一个把时间和金钱用来帮助弱者为自己做得更多的慈善家，比那种只会施舍而鼓励懒散的慈善家要好得多。

慈善像别的产业一样应该也有生产能力，我相信它也能够成为有生产能力的产业。

我对一所中等职业学校和一所医院进行了调查，想看看这些通常被认为慈善的机构，能不能靠自己站住脚跟，我发现它们完全能够自给自足。

我并不赞同这种中等职业学校，即孩子们在那里只是获得一些零散的知识，并没有学会怎样运用这些知识。中等职业学校不应该是技术学院和普通学校的结合，它应该是使孩子们能进行生产的场所。如果他们做一些没用的事情，如写一篇文章然后又把它扔掉，他们不会对此感兴趣，也不会获得他们有权获得的任何知识。

当然，在上学期间，孩子们是没有生产能力的，学校应当——除非有赞助——设法资助学生。很多学生都需要资助，他们必须做能找到的任何工作，因为他们没有机会去选择。

当孩子们不经过训练便进入生活时，他们只是为社会增加了不合格的劳动力数量而已。现代工业需要有一定的能力和技术，他们既不可以尽早离开学校，也不宜长期待在学校里。为了能引起这些孩子们的兴趣，对他们进行培训，劳动培训部门采用了更先进的学习制度，但即使这样也是权宜之计，因为它只是迎合，而不是满足孩子们正常的创造性本能。

为了满足这些要求——既对孩子们进行各种教育，又要在生产线上进行工业培训——亨利·福特中等职业学校在1916年成立了。我们并没有把慈善和它联系在一起，它是为了帮助那些为环境所迫，过早离开学校的孩子们而建立的。这样一来，我们就可以为工厂输送经过训练的制造者。

从一开始，我们便设立了三条重要原则：

第一，孩子应当被作为孩子来看待，不能够被当作未成年的工人。

第二，文化教育和工业培训共同进行。

第三，孩子们对他的工作具有自豪感和责任感，认为训练他去做的工作是有用的，他制造的是有工业价值的东西。

学校是私立的，招收12岁—18岁的孩子，它是以奖学金为基础的。每个孩子在入学时一年给400美元现金的奖学金，如果他的成绩令人满意，奖学金将逐渐增加到最高600美元。

课堂和车间工作的成绩都有记录，同时还要记录孩子勤奋的表现，对他以后的奖学金的调整是根据他的勤奋程度。

除了奖学金外，每个月还给一小笔钱，但这笔钱必须存起来，作为结余资金，必须存在银行，直到他离开学校，或者经过学校允许后，在紧急情况时使用。

学校管理的问题一个一个地解决了，同时我们也发现了一些实现目标的更好的方式。在刚开始时，孩子们一天有1/3的时间用于课堂学习，2/3的时间用于车间工作。但一天当中两项任务的安排阻碍了孩子们的进步，现在孩子们是按周进行安排的——即一周用于课堂学习，两周用于车间学习。课程连续进行，各学习小组轮流进行他们的学习。

能够找到的最好的老师就是工厂职员，教材便是福特工厂，它可以比绝大多数大学提供更多的实践教学的机会。

福特中等职业学校的学生们正在上课

算术课的内容来自于具体的车间问题。孩子们的头脑不再会被那代表4英里的神秘的A和代表2英里的B而弄糊涂。实际的程序和状况就展现在他眼前——教会他如何观察。城市不再是地图上的一个个黑点，世界不再只是写在书上的文字。运往新加坡的产品和来自非洲和南美洲的原材料，就展现在他们面前。世界成了活生生的、人们居住的星球，而不是摆在讲台上的彩色地球仪。

在物理课和化学课上，工厂完全可以提供一个实验室，理论在这里转化成了实际，教学内容就是实际经验。

假设要教学生水泵的工作原理，老师可以先讲解零件和其各自的功能，然后回答学生的问题，最后让他们一群人一起去机房看看那台真实的大水泵。学校里有固定的生产车间，而且车间的设备是最好的。

孩子们可以在任何一台机器上工作，可以生产公司所需要的零件。因为我们对零件的需求是如此之多，这张需求单里几乎可以包括学校的工厂所生产的一切。如果这些产品通过检验，将由福特公司予以购买，当然，不能通过检验的零件只能算学校的损失了。

有些进步最快、操作水平最好的孩子，完全能做精细的测定微螺旋的工作，他们在每一步操作时能明白其目的和相关的原理，并且可以修理他们所操作的机器，甚至还学会了在操作机器时保护自己。他们学习一些制模工作，在干净、明亮的教室里，他们和老师一起学习和摸索，为他们成功的人生打下坚实的基础。

当他们毕业时，工厂将向他们提供优厚的工作待遇。在这里，孩子们的学习能力和道德素质都得到了提高。对他们的监管不是权威压制式的，而是像朋友一样。

每个孩子的家庭状况都被了解得很清楚，他的性情也会得到注意。在这里，没有人试图去娇惯他，也没有人试图把他当成性格软弱的人看待。

有一天，两个孩子打架，学校并没有对他们进行一般性的说服教育，而是提议他们用一种更好的方式来解决他们之间的分歧。但如果他们男子汉气概十足，更喜欢用原始的方式来解决，学校甚至提供给他们两副拳击手套，让他们到工厂的某个角落去决斗，而对他们唯一的约束就是必须在那里结束矛盾，不能在工厂外面继续打架，结果两人在短暂的对抗之后却建立了友谊。

当然，对待他们还要像对待孩子一样，孩子天性中好的一面要受到鼓励。在课堂上或车间里，人们经常会看到他们眼睛里闪烁着快乐的光芒。他们在这里有一种集体归属感，感觉到自己正做着有价值的事情。 他们经常会主动地、如饥似渴地学习，因为这些东西是每个活泼的孩子都想学到的。而他们所学到的这些，他们的家人没有一个能够教会他们。

学校最初只有6个孩子，现在已有了200人。由于学校建立了这样一套实用的教学制度，还可以扩大到700人。学校开始的时候出现过财政赤字，但我一直认为，任何有价值的东西都能够支持下去，学校也是如此发展起来的，现在它已经完全能够维持自己的运行了。

同时，我们也能够让这些孩子享受其少年时代。当然，这些孩子是在学习做工人，但他们却没有忘记自己仍是个孩子，这点是最重要的。他们一小时挣19美分—35美分——这比他们做任何其他的适合孩子做的工作所挣的都多，而且他们待在学校比出去找工作更能帮助养家。

当他们毕业时，就已具备了良好的普通文化教育、初步的技术教育，完全可以成为一个相当有技能的工人，挣一份好的工资。如果他们愿意，这些工资又能给他们继续接受教育提供帮助。如果他们不想接受更多的教育，至少也有了挣得一份好工资的技术。

我们没有要求孩子们必须进工厂工作，但他们中的大多数却愿意进工厂，因为他们不知道去哪里找到更好的工作。我们也一直在使我们的工作成为人们心目中的好工作，但丝毫没有义务束缚孩子们必须去做，他们自己选择自己的道路。这里没有慈善行动，学校必须自己承担自己的一切。

福特医院也是按照同样的思想而创立的。但是由于战争的原因，我们把它交给了政府，成了第36综合性军医院，住着1500位病人，但当时医院的工作并没有进展到确定的目标点。

1914年，它作为底特律综合医院，计划用公众的捐助来重新建设。和其他人一样，我也捐助了，于是医院的建设开始了。然而第一栋楼还没有建成，所有的资金使用完了。

他们请求我再次捐助，但是我拒绝了，因为我认为管理者在动工之前，应该知道这栋楼要用多少钱才能建成。而现在这样的开端就使人对医院建成之后，将会管理成什么样没有信心。但是，我提议把医院全部接管过来，并提出把所有的捐赠都退回去。

这事办成后，我们终于向前推进自己的工作，直到1918年8月1日，整个医院被转交给了政府。但是在1919年10月，政府又把它交还给了我们，同年的11月10日，第一位病人被接受住进了医院。

福特医院位于底特律的西大波尔瓦德，占地20英亩，因此还有很大的扩张余地。我们想建立一所全新的医院，因此医院的最初设计被彻底废除了，我们准备建立一所在设计和管理方面都很独特的医院。

为有钱人开设的医院有很多，为穷人开设的医院也有很多，但是没有一所医院是为那些能支付得起一定的医疗费、并且愿意自己支付费用、以免有受别人救济感觉的人而开设的。人们总是认为医院不可能既是服务性的，又能自负盈亏——即医院要么是由私人捐赠而维持，要么是为谋利而建立的。

我们要建的这所医院首先要自立，然后以最低的费用提供最好的服务，而不带有丝毫的慈善色彩。

我们建造的这栋新楼里没有病房，只有房间。所有的房间都是供个人私用的，并且每个房间都有浴室。这些房间24套一组，大小相同，家具相同，装潢也相同，所有房间没什么区别，这就使人在医院内没有任何可挑选的，每一个人都和其他人一样处于同等的地位。

福特医院

这种管理方式下的医院，是为病人而设立还是为医生而设立，这一点根本无法肯定。对一个能干的外科大夫或内科大夫用于慈善行动的时间，我不是没有注意到，同时我也无法信服手术费应该根据病人的贫富状况来规定，并且我非常认同所谓的“职业成规”是对人类的诅咒，而且也阻碍着医疗事业的发展，同时对疾病的诊断也没有大的发展。我并不想建立这样的一所医院——即医院的每一条规定不是为了保证病人按照他确实所患的病进行医治，而是保证按照某个医生认定的他所患的病进行医治。这使得要纠正一个错误的诊断将非常困难。给病人会诊的医生，除非他是一个非常通情达理的人，否则不会改变诊断或治疗方案；并且即使诊断或治疗方案被改变了，通常也不会让病人知道。似乎自然地产生了这样的观念——病人，特别是在医院里的病人，成了医生的财产。一个有良知的行医者也许不会剥削病人，但一个没有良知的行医者确实是在剥削着许多的病人。在这种管理方式之下，很多医生都把坚持他们诊断的正确性当作是与病人的康复一样重要的东西。

我们设立医院的目的就是要废除所有这一切，把病人的利益放在第一位。它被称为“封闭式”的医院，因为医院里的所有医生和护士都是按年聘用的，并且不能自行到外面去行医。

包括实习医生在内，医院一共有21个外科大夫和内科大夫。这些人都是通过精心挑选出来的，他们的工资至少达到一个行医的成功人士所能挣得的数目。

当然，他们中没有一个人能够从医治任何一位病人中，获得病人的金钱利益。医院规定，病人不能由外面来的医生进行治疗。但我们给家庭医生留有一定的位置，我们并没有取代家庭医生，通常是接过他放下的严重病人，并且尽可能快地把治愈得差不多的病人交还给他去护理。

我们的制度是不希望病人在医院住多余的时间——我们不需要这么做。我们与家庭医生一起照顾病人，但当病人住在医院期间，我们承担全部的责任。我们只是对外面的医生进行封闭，但我们并没有封闭与家庭医生的合作。

我们对病人的管理很有意思。

来医院看病的病人，首先由高级大夫检查，然后再转给三四位或更多的大夫检查。不管病人是因什么病而来医院，这种多重检查都要进行，因为我们逐渐认识到，重要的是整个身体的健康，而不是身体中的某一种病症。

每一个医生都对病人进行一次彻底检查，检查过后都要写下一份检查结果，并交给主任医师，做检查的医生没有机会与别的医生进行讨论或咨询。诊断意见最少有3份，有时候是6份或7份，这些绝对完整和独立的诊断意见，将交到医院院长的手里，它们将成为这一病例的记录。

采取这种谨慎的措施，是为了在目前的医疗水平内，保证诊断的正确性。

目前，医院能提供600张病床。医疗费是根据固定的收费表来收取的，收费表包括住院费、膳食费、药费、手术费、护理费，除此之外没有其他额外的费用。在这里没有私人护士，如果病人需要更多的照顾，那么由医院给他再加一位护士，但不用多付钱。事实上，这种情况很少发生，因为病人都是根据他们所需要护理的程度进行分组的。

根据情况的不同，有的护士一个人要护理2个病人，有的护士一个人护理5个病人，但是最多不能超过7个。在这种安排下，一个护士护理7个非病危的病人也是可以的。

在一般的医院里，护士们通常要来来回回走很多的路。如果她们浪费在走路上的时间多于护理病人的时间，那么这所医院的设计就要改一改，我们所设计的每一层楼都具有完整的功能。就像在工厂里我们致力于消除浪费的操作一样，我们同样在医院里也尽力消除浪费的动作。

病人为住院、护理和药物所需缴纳的费用是4.5美元一天，随着医院规模的扩大，这一收费还会有所降低。

进行大手术的手术费是125美元，小手术的收费则在固定的收费表中规定，所有收费标准都是统一的。

医院就像工厂一样，要有一个成本计算系统，使收费将根据收支的平衡来进行调整。

似乎没有任何理由会使这些试验不能成功。医院的成功纯属管理和数学上的事。能够使一座工厂提供服务的优秀管理方法，同样也可以使一所医院提供最大的服务，并且其收费处于很低的、每个人都能支付得起的范围之内。

在医院和工厂之间唯一的财务差别，就是我们不指望医院回报利润，我们只希望它能承担自身的费用支出。到现在为止，对这所医院的投资大约是900万美元。

如果我们能够摆脱这些慈善事业，而把那些现在用于这些慈善事业的资金投入生产之中，使物资的生产更便宜、产量更高一些，那么我们不但能够从公众身上卸下繁重的税务，让人们轻松一些，而且还能增加财富。

我们把太多东西用于私人的利益上了，应该去做一些服务集体利益的事情。而在公共服务方面，我们还需要进行更多的建设性考虑。

在经济事务中，我们需要进行一种“训练”。对投机资本抱有过分的奢望，如同对不负责任的劳动抱有不合理的要求一样，都是由于人们对生活中经济基础的无知而造成的。

没有人能够从生活中获取比生活本身所能给予的更多的东西，然而，几乎每个人都自认为能够获得。投机资本想要得到比自身能有的更多，劳动报酬要比自身能得的更多，原材料销售商也想要得到更多，购买商品的公众也想要得到更多。一个家庭中支出多于收入是无法支撑生活的，这一点孩子都知道，但是人们似乎从来都不知道超过自己收入的支出是不可能的。

在排除慈善的过程中，我们在头脑中不仅要牢记现存的经济事实，而且还要记住，如果缺乏对这些经济事实的了解，就会导致恐惧。消除了恐惧心理，我们就可以自力更生，在自力更生的地方，慈善就不会存在。

恐惧是由于过分地依赖于外部事物而产生的。有的是依赖于工头的善良，有的是依赖于某个工厂的繁荣，有的是依赖于市场的稳定——换句话来说，恐惧就是那些把自身的事业依赖于外界环境的人所产生的情绪。恐惧是身体凌驾于灵魂之上的结果。

失败的心情纯属于精神上的体现，并且是造成恐惧的原因，这种心情总是在那些没有远见的人身上表现出来。他们总是做着某些这样的事情——在做一件事情的时候，他们失败了；在做另一件事情的时候，他们又面临危机；在做别的事情的时候，他们又碰到了似乎无法克服的困难。然后他们就喊着“失败了”便把整个事情都扔掉。

他们甚至没有给自己一次机会去尝试失败，也没有给自己一个机会去证明其是对或错。他们只是被一些很一般的困难击败了，而这些困难在每一种工作中都可能会遇到。

被击败比失败更厉害。他们所需要的不是智慧、金钱、才智或者“推动力”，而仅仅是毅力。这是一种粗糙、原始、简单的力量，我们又把它称之为“咬定青山不放松”的力量，是无冕之王。

人们在某些事情上的看法是完全错误的。例如人们总是看到别人成功，并且在某种程度上成功很轻松和容易。但这并不是事情的本来面貌，失败才是容易的，成功却是非常艰难。一个人可以轻轻松松地失败，但只有他付出他所有的一切和所能做的一切时，他才有可能成功。正是因为这一点，才使得成功如此的艰难。

如果一个人对工业发展的形势经常感到担心，他就应该改变一下他的生活，让自己不再依附于工业的发展。土地总是有的，现在耕作土地的人比以前少多了。

如果一个人活在对某个雇主的恩惠之中，而又担心其会改变并感到恐惧，他就应该使自己从中摆脱出来，不依靠任何雇主而生活。他可以做自己的老板，也许他会成为一个比较穷的老板，但至少摆脱了那种恐惧的心理，而这一点就相当于一大笔钱和一个好的职位。

对于这种人来说，重要的是战胜自我，超越自我，在日常生活中摆脱恐惧。

记住：在那些你丧失自由的地方，成为一个自由人；在你失败的地方，赢得战斗。

这样，你将会看清自己，如果你的外部环境中有许多不对之处，而且在你的自身内部也有不对的地方，你自身的一些不对之处会毁掉你外部环境中本来是好的方面。

人类仍然是地球上的万物之灵。无论发生什么，人还是人。企业明天也许会不景气，但他还是自己，他经历了环境的变化，就像经历温度的变化一样，他仍然是自己，只要他让这种自信重生，他就会在自身之内挖掘出新的矿藏。

在他自身之外，没有任何让他安全之处；在他自身之外，也没有任何财富。只有在自身内部消除恐惧，才能带来安全和财富。

让每个美国人在救济面前都能像钢铁一样坚强。我们应该憎恨娇宠，因为它是麻醉药。

让我们远离救济，让那些脆弱的人去接受救济吧！

第二十二章

一切都是可能的

我们正处在变化之中，这种变化在我们的周围缓慢地、几乎不被觉察地，但却以坚定的步伐到处发生。

我们逐渐学会了将结果与原因相联系。我们称之为动荡的东西（在那些传统机构内部似乎是不安），很大一部分实际上是某些东西将要获得新生的表征。公众的观念正在发生变化，实际上我们只需要换一种思维方法，就能把过去糟透了的制度变成未来很好的制度。

我们正在抛弃那些过去被人们称赞为坚强的东西，实际上它是头脑僵硬，铁石心肠。同时我们也正在摒除像泡沫一样的忧愁。第一种人对强硬和进步区分不开，第二种人则把心肠软和进步混为一谈。

我们对现实有了更好的认识，并且开始知道在我们的世界已经出现了生活最需要的物品。一旦我们知道它们是什么，我们就应该更好地利用它们。

无论是什么错误——事实上我们知道这个世界有许多不对之处——我们都可以通过理清错误的定义而改正错误。我们正在相互观察，看到一个人有什么，另一个人缺什么，我们个人从中所做的事务已经超越了个人的范围。

可以肯定的是，人的天性渗透到了我们大部分的经济问题当中。自私是存在的，毫无疑问它使得生活中的所有竞争活动都充满了它的色彩。如果自私只是某个阶级的特征的话，那么它是很容易对付的。但它是存在于人类的一切当中，并且贪婪也是同样存在的。

嫉妒是这样，羡慕也同样如此。

但是，纯粹为生存而去奋斗却比过去要少多了，虽然一种不安宁的感觉正在增强——我们有机会追求一些更好的东西。

当我们习惯于文明的修饰之后，便很少地想到它了。正如世界对进步的了解一样，它是伴随着生活中的大量事物而增加的。

在普通美国人家的院子里，齿轮、机械材料比一个非洲国王的整个王国的还要多。普通美国小孩身边的工具，比整个爱斯基摩社会所有的还多。厨房用具、餐厅用具、卧室用具和煤矿设备可以开出一张单子，这张单子将使500年前最奢侈的大富豪目瞪口呆。

生活设施的增加还只是到达一个阶段。我们就像那些带着他所有的钱财到镇上来的印第安人一样，买下他们所看到的每一种东西，却没有充分意识到很大一部分劳动和工业材料被用来为世界增加了一些毫无价值的小玩意儿。

这些小玩意儿被制造出来只是为了销售，被买下来也只是为了占有——它并不能为这个世界提供服务，如同它们最初只是浪费一样，最终将成为垃圾。

人类已经向前发展，超越了生产小玩意儿的阶段，工业已经被用于满足世界的需求。因此我们可以更进一步地发展，朝着我们现在很多人可以期望的生活方向发展。但是目前“已经够好了”的阶段却在阻碍着我们去获得那种生活。

我们正在摆脱对物质占有的崇拜，成为富人不再是什么了不起的事。事实上，成为富人不再是世人共同的雄心壮志了。

人们不再像他们过去那样为挣钱而挣钱了。当然，他们也不再敬畏钱，不再站着向拥有它的人致敬了。因为积攒我们并不需要的东西，并不能增加我们的荣耀。

只要稍微想一想就可以明白，就个人利益而言，大量地积攒金钱并没有任何意义。

一个人只是一个人，不论是穷人还是富人，他依靠同样数量和种类的食物来维持生活，用同样多的衣服为自己保持温暖，没有人能同时住两套房屋。

但是如果一个人能想到服务，如果一个人有着非同一般的宏伟计划，如果一个人拥有想使产业像玫瑰一样开出那么美丽的花朵来的雄心壮志，一天的工作生活突然变成新鲜的充满激情的人类动机，那么，一个人从一大笔金钱中看到的，就像一个农夫从他的玉米苗中看到的一样——新的、更大的丰收的开始，这丰收的喜悦将像太阳的光辉一样普照大地。

这个世界上有两种傻瓜。

一种傻瓜是百万富翁。他认为通过聚敛钱财，能在某种程度上积累真正的权力。

另一种傻瓜是身无分文的革命家。他认为只要他能从一个阶级手中把钱夺过来，再把钱交给另一个阶级，这世界上的所有弊病都能够治好。

他们都是走上了歧路。

他们试图买下世界上所有的国际象棋和多米诺骨牌，以为这样他们就可以获得大量的棋牌技巧。我们时代一些最会赚钱的人，从来没有为人类的财富增加过一分钱的东西。难道一个玩牌的人为这个世界增加过财富吗？

如果我们每个人都尽我们最大的创造能力去创造财富的话，那么每个人都能够获得足够的东西，这个世界也能够为每个人提供足够的东西，这将是很容易做到的事。在这个世界上出现的任何真正的生活必需品的匮乏——不是因为钱包里缺少金属片的撞击声引起的虚幻的匮乏——都只能归因于缺少足够的生产，而缺少生产通常只能归因于缺乏怎样生产和生产什么的知识。

我们必须相信以下这些是出发点：

大地出产，或者能够生产足够的物质，以供每个人过上美好的生活——不只是粮食，而且还有我们需要的其他一切东西。因为一切都是从土地上生产出来的。

劳动、生产、分配和报酬是可以组织得非常好的，能够根据公正的原则让每个人得到和他的奉献相称的一份。

无论人类本性的弱点如何，我们的经济制度都可以调整好——虽然也许不能消除——使自私没有权利造成严重的经济上的不公平。

企业的生存是容易还是困难，要看生产和分配中体现出来它是有技术还是缺乏技术。

有人认为企业是为了利润而存在的，这是错误的，企业的存在是为了服务。它是一种职业，必须有被认可的职业道德，违背这种职业道德将使一个人失去他原先的社会地位。

企业需要更多的职业精神。这种职业精神从自豪感中，而不是从被强制中获取职业的正义。这种职业精神能够发现自己被人们违背之处，并能对此加以惩罚，使得企业有一天会变得清白。

一台时不时停一下的机器，是一台有毛病的机器，它的毛病就在它的自身内部。一个经常得病的身体，是一个有病的身体，他的疾病就存在于他的自身体内。企业也是如此，它的错误——其中很多纯粹是属于企业的道德错误——阻碍着它的发展，并且使它一会儿得一场病。终有一天，企业道德将被普遍认可，到那时候，下海经商将被看作是所有职业中最古老、最有用的职业。

福特正在研究发动机

福特公司所做的一切——我所做的一切——就是想要证明那种将服务置于利润之上的、能使世界变得更加美好的事业是一项高贵的职业。

我经常想，我们公司之所以能取得在某种程度上被认为是显著的发展，要归于一些偶然事件——我不想说“成功”，因为这个词是墓志铭，而我们才刚刚开始。我们所使用过的一些方法，虽然方法本身非常好，但只适合制造我们特定的产品，而不能应用于任何其他的企业，或者不能应用于与我们不同的其他生产或人类事业中去。

曾有人想当然地认为我们的理论和方法从根本上就是不对的，这是因为他们没有理解。事实已经驳斥了这种观点，但是仍然有人真诚地相信，我们所做的一切不能由任何其他公司去做——我们是在被一根魔杖驱使，我们或任何其他人都不能按照我们生产汽车和拖拉机的模式去制造鞋子、帽子、缝纫机、钟表、打字机，或任何其他的生活必需品。只要我们冒险进入其他生产领域，很快就会发现我们的错误。

对于这些说法，我不能同意。没有任何东西是从天上掉下来的。这本书前面的篇章可以证明这点。

我们没有什么东西是别人所不能拥有的。我们并没有什么特殊的好运——除了那些总是垂青任何尽最大努力工作的人的好运之外。

在我们开始的时候，没有任何可以被称之为有利的因素，我们几乎是从零做起。我们所拥有的都是我们创造出来的，是我们通过对一种原则的坚定信仰和不间断的劳动而获得的。

我们把一种被当作奢侈品的东西变成一种生活必需品，没有在耍花招或诡计。当我们开始制造我们目前这种汽车时，全国只有很少的好公路，汽车也很少。公众的头脑中根深蒂固的观念是，在最好的情况下一辆汽车也只不过是有钱人的玩具。

我们唯一的有利之处，就是没有先例。

我们根据一种在当时尚未被企业所知的信仰开始投入生产。新的观念总是会被人们看成是古怪的。我们中的一些人生来就是这样，我们不能不去想象任何新的东西都必须是古怪的，并且可能是奇异的。

源于我们信仰的机械产品经常在变化。我们不断地发现新的和更好的方式，并把它用于实践当中，但我们并没有发现有必要去改变这些原则。

我不能想象，怎么可能会有必要去改变这些原则？因为我坚信它们绝对是普遍适用的，肯定能够引导所有的人走向更美好、更广阔的生活。

如果我不这么认为的话，我将不会一直工作，因为我所挣的钱并不重要。只有被用来以实际的例子推进一条原则时，金钱才是有用的。这条原则就是企业只有提供服务，才是真正的企业；企业必须少从社会获取，而多付出给社会，除非每个人都能从一个企业的存在中获得好处，否则这个企业就不应该存在。

我已经用汽车和拖拉机证明了这点。

我想用铁路和公共服务公司来证明它——不是为了使我个人满意，也不是为了从中赚钱——应用这些原则而不能获利是完全不可能的，我想要证明它，那么，我们所有的人拥有的就会更多，通过增加所有企业提供的服务，我们所有的人就可以生活得更好。

贫穷不可能用公式来消除，它只能通过艰苦的、聪明的工作来消除。实际上，我们是证明一种原则的实验站。我们确实赚到了钱，但这只不过正是我们对它的更进一步的证明，因为这是不用言词就能自行确立的一种证据。

在第一章中，我已阐述过我们的信条。

在根据这些信条而完成了我们的工作之后，让我再把它重复一遍——因为它是我们所有工作的基础：

对未来毫不畏惧，对过去充满敬意：

一个害怕未来、害怕失败的人，会使他的行为处处受到限制。失败是更富智慧的行为，再次开始的唯一机会。诚实的失败并没有什么不光彩，丢人的是害怕失败。

过去的一切只有对进步指出了可能的途径和方式时，才是有价值的。

不要理会竞争：

不论是谁，如果能将一件事干得更好，就应该由他去做这件事。试图不让另一个人从事商业是犯罪——因为他为了个人的利益而企图降低别人的条件——用权力而不是用智慧。

把服务置于利润之前：

没有利润，企业就无法存在。获取利润并不是注定错误的。诚实经营的商业企业不可能得不到利润回报，但利润必须依靠良好的服务而获得。它不能是基础，必须是服务的结果。

生产不是低价买进高价卖出：

它是这样一个过程：以公平的价格买进原料，以尽可能低的成本把这些原料转化成可消费的产品，再把它交给消费者。赌博、投机和损人的交易，只会阻碍这一过程。

我们必须生产，但生产背后的精神才是更加重要的。那种服务的产品必然会带来真正的服务愿望。各种完全人为的规则在金融和工业方面建立起来，并作为法律被通过，这些东西的经常性失败证明它们甚至连好的猜想都算不上。

所有经济推理的基础是大地和它生产的东西。使大地以各种形式生产出足够多和足够可靠的作为真正生活基础的物品——不仅仅是局限于吃和喝的生活——才是最高的服务，这是一套经济制度的真正基础。

我们能制造产品——生产的问题已经被最完美地解决了，我们可以把任何一种东西成百万地批量生产。我们的物质生活方式很有力地证明了这一点。

现在人们还在盼望、期待着将许多程序和改进用于实践当中去，以使生活的物质水平达到极其完美的程度。但是我们过度地陷入了我们所做的事情之中，被它包围着——我们对自己为什么做这些事情的理由没有给予足够的关心。我们的整个竞争机制、我们的全部创造性表达、我们所有人员的工作，都是围绕着物质生产中心——还有物质生产的副产品：成功和财富。

比如有一种观点认为，个人或一个集体的利益可以通过以牺牲另一个人或另一群体的利益为代价的方式来获得。然而，通过消灭一个人的方式，不可能得到任何好处。

如果农民压倒了工业主，他会变得更好些吗？如果工业主压倒了农民，他就会变得更好些吗？资本家能够通过压倒劳动者而获益吗？或者劳动者能够通过压倒资本家而获益吗？或者一个企业的人能够通过压倒竞争对手而获益吗？

不能！

毁灭性的竞争不会给任何人带来好处，必须抛弃那种引起大批企业失败而给少数企业带来利润的竞争。毁灭性的竞争缺乏那种产生进步的品质，进步来自于高尚的竞争。

糟糕的竞争是个人式的，它是一种个人或集体利益的膨胀。它是一种战争，是由那种想除掉某个人的欲望煽动起来的。也就是说，它的动机既不是对生产的骄傲感，也不是希望在服务中超人一等的愿望，更不是想用科学的方法进行生产的正常的抱负。它只是被排挤别人的欲望所推动，为了获得更多的金钱而去垄断市场——一旦达到了目的，它就以质量低劣的产品来代替以前高质量的产品。

把我们从那种渺小的毁灭性的竞争中解脱出来，也就可以把我们从许多观念中解脱出来。

我们被紧紧地捆绑着去使用单一的老办法，但我们需要机动性，否则我们使用一些东西时只会采用一种方法，只用一条渠道去输送许多东西，一旦这种使用量减少了，或那条渠道给堵住了，企业的运转也就停顿下来了，所有“萧条”的悲惨局面便开始了。

就拿玉米为例子来说吧。

在美国，储存了上百万上千万蒲式耳的玉米，但却看不到如何消耗。一定数量的玉米被用作人和动物的粮食，但并不是所有的玉米。在《禁酒法》被通过之前，相当一部分的玉米被用于酿酒，这并不是一条使用好玉米的好办法。但在漫长的岁月里，人们只是顺着这两条渠道使用玉米，当其中的一条被堵住时，玉米的存货便开始堆积起来。通常使货物不能流通是钱的因素，但即使有足够的钱，我们也不可能消费掉我们某些时候所拥有的粮食。

当食物多到不能作为粮食去消费时，为什么不找其他的消费途径呢？为什么只把玉米用去喂猪和酿酒呢？为什么呆坐不动，不为降临到玉米农场的可怕灾难而悲伤呢？除了生产猪肉或酿造威士忌酒之外，难道玉米就没有别的用处了吗？

肯定有。只要是最重要的用途能够完全满足，玉米应该还有很多用途。总是有足够的渠道保持着畅通，以使玉米能被使用而不至被浪费掉。

有一段时间，农民把玉米当成燃料烧——玉米很多而煤很少。这是处理玉米的极为野蛮的方式，但这里面包含着一个新想法的萌芽——玉米中有燃料，可以从玉米中提取油和酒精燃料。

打开这种新思路是一个非常重要的时刻，因为这样一来，储存堆积的玉米就可以挪动了。

为什么我们的弓上只有一根弦？为什么不能有两根？如果一根断了，还有另一根。如果生猪饲养业衰退了，那么农民为什么不把他的玉米变成拖拉机燃料？

我们需要更多的多样化，到处都四通八达不是个坏主意。我们有一个单行的货币体制，对于那些拥有它的人来说，这是非常好的体制。对于吃利息的人、控制信贷的金融家来说，这是完美的体制。这些人直接拥有叫作钱的商品，并直接拥有造钱和使用钱的机器。然而，人们发现这是一套糟透了的体制，因为它限制了生产，堵塞了流通。

如果有对利益集团的特殊保护，那么也应该有对平民百姓的特殊保护。多样化的出路，多样化的用途，多样化的金融途径，是我们应对经济危机的最有力的防御。

劳动也是这样，应该由年轻人组成机动劳动力队伍，可以为田野的收割、矿井、工厂或铁路提供紧急援助。如果由于煤炭的缺乏，使得几万家企业有熄火的危险，一百万人有失业的危险，那么有足够数量的人自愿去煤矿和铁路上工作，则既是一件好工作又是很人道主义的事。

在这个世界上总有一些事情需要去做，而且只有我们去做。整个世界可能好吃懒做，在工厂中也许会“无事可做”。在这个地方或那个地方也许会“无事可做”，但总是有一些事情需要去做。这一现实应该促使我们去建立一个我们自己的组织，使得这些“有事情需要做”可以做到，并使失业下降到最低的程度。

每一种进步都以很微妙的方式在个人身上开始，群众并不比单个的个人相加更强些。这种进步就在人的自身之内开始，当他由兴趣所至发展到有明确的目的，当他从犹豫不决发展到具有决定性的方向，当他由不成熟的判断发展到成熟的判断，当他由实习生变成师傅，当他由业余爱好变成一个在工作中发现真正乐趣的工人，当他由一个需要别人看管的人变成一个值得信任的、不用监督和驱策就能干好自己工作的人时，那时候整个世界就前进了。

前进并不是件容易的事。当所有的人都被教导一切都应该轻松容易时，我们是生活在一个萧条的时代。真正有意义的工作却从来都不是轻松容易的。你所承担的责任越重，你的工作就越难做。

当然，轻松也有它应有的地方——每一个工作着的人都应该有足够的休息和闲暇，工作劳苦的人应该有舒适的椅子、温暖的火炉、快乐的环境，这些是他应有的权利。但一个人只有做完他的工作之后，才能享受他的轻松。工作从来都不可能被罩上轻松的面纱。

有些工作是不必要的劳累，它可以通过适当的管理来减轻。应该采用每一种装置，使人们能自由地干他们的工作，血肉身躯不应该被用来承担那些本来可以由钢铁承担的重负。但即使条件到了最好的程度，工作也仍然就是工作，任何一个投入其工作的人都会感到这是工作。

没有多少可以挑挑拣拣的，那些被分派的工作可能远远不如人们所期望的，但一个人的真正事业并不总是他愿意选择去做的事业，而是他被选择去做的事业。现在，微不足道的工作要比未来社会的多，只要还有这样的琐碎工作，就需要有人去做。但是，并没有理由因为一个人的工作微不足道而去处罚他。

有一点可以用于说明这些简单的工作，而不能用于说明那些所谓的“重要工作”，那就是它们是有用的，是令人尊敬的，是诚实的。

已经到了必须把苦役从劳动中剔除出去的时候了。人们反对的不是工作，而是其中的苦役，我们必须将我们所发现的每个地方的苦役驱逐出去。在把惩罚犯人的踏轮从日常工作中剔除出去之前，我们不可能创造完全文明的社会。

现在，在某种程度上发明从事着这种事情。我们在将人们从榨取他们力气的又重又累的工作中解脱出来这方面，取得了很大的成功。但是即使是在减轻重活的时候，我们也没能消除工作中的单调。

这是在向我们召唤的另一个领域——废除单调。为了做到这一点，毫无疑问，我们会发现应该对我们的体制做出另一些必要的改变。

现在的工作机会远比过去多得多，进步的机会也更多了，这一点是真的。现在的年轻人进入企业时，他所进入的一套体制和25年前的年轻人开始自己生活时所进入的体制是完全不同的。这套体制变得更紧密了，其中游戏或摩擦更少了。很少有事情能符合个人的喜好和愿望，现在的工人发现自己只是一个组织中的一部分，而这个组织很少能带给他主动性。

虽然一切就是如此，但“人只是机器”并不是真的，在组织中个人机会已经完全失去也不是真的。

如果年轻人愿意从这些观点中解脱出来，按照体制的本来面貌去看待它，那么他将会发现，他原来以为是障碍的东西实际上是一种帮助。

企业组织并不是阻碍能力扩张的手段，而是减少因为平庸所导致的操作失误和浪费的手段；它并不是阻碍那些有抱负、头脑清晰的人发挥他们最大能力的手段，而是制止那些狂傲自大的人表现出他们最糟糕的一面的手段。

那也就是说，当懒散、粗心、迟钝和无精打采得以肆无忌惮地横冲直撞的时候，所有的人都要因此而受到连累。企业不可能繁荣发展，因此也不可能付出生活所需的工资。

当一个组织推动那些满不在意的人工作得比他们的本性使他们工作得更好时，这是为他们好——他们在身体、精神和经济上都会更好。如果随便放纵这些满不在意的人，使他们自行其是的话，我们怎么能够付出工资呢？

如果一个企业的制度在将平庸提升到更高标准的同时，却将有能力的人降到了更低的标准，那么这将是非常糟的制度，确实是非常糟的制度。但是一种制度，即使是一种非常完美的制度，也必须要有能干的人来操作它。

没有一种制度能够自动运行，而且现在制度的运行比旧制度的运行需要动更多的脑筋。现在比以往任何时候都更加需要有头脑的人，虽然需要他们的地方也许和以前不同了。这就好像动力一样：以前，每一台机器都是由脚力来带动，这种动力对机器来说也不错；但是我们现在则将动力往回搬了——把它集中到了动力房中。这样，我们就可以使工厂中的每一件工作不再需要最高的能力才能做好了，那些头脑更聪明的人被派到智能电站去工作了。

每一个企业在发展的同时，也为那些有能力的人创造了新的施展才能的空间，这是它必然可以做到的。但是，这并不是意味着每天都有新的机会，并且机会会蜂拥而至。根本就不是这么回事。机会只有在经过艰苦的劳动之后才会到来，只有那些能够经受得住日常的辛劳、并且依然能够保持生机和机警的人，最终才能赢得机会。

一个人在企业中并不是为了追求一鸣惊人，而是脚踏实地、扎扎实实地工作。大企业的行动必须保持从容和谨慎。有抱负的年轻人应该把目光放得长远一些，从而为事业的发展留下充分的时间。

大量的事情正处在变化之中。我们应该学会去做自然的主人，而不是做自然的仆人。虽然我们已经拥有了那么多奇妙的技术，但我们对于自然资源仍然极大地依赖，并且这些自然资源是无法替代的。

我们开采煤炭、开采矿石和砍伐树木，可是我们使用煤和矿石，这些东西便被消耗掉了，树木也不能在短期内重新长大以供我们使用。终有一天，我们将不再依靠煤炭，而是充分利用我们周围的热能——现在我们能够通过水力发电来获取能量。我们将进一步改进这种方法。

我十分相信，随着化学的发展，我们将发现一种新的方法，它能把越来越多的东西变成比金属更加耐用的物质——我们还没有研究棉花的使用方法。我们将会制造出比自然生长出来的木材更好的材料。

真诚服务的精神将会为我们创造一切。

我们每个人应该诚恳地干好我们的每一份工作。

一切都是有可能的……

“信仰是希望获得的东西，是那些尚未被看到的事物存在的证据。”